省域副中心城市建设的理论与实践

THEORY AND PRACTICE OF PROVINCIAL SUB-CENTER CITY CONSTRUCTION

任杲 著

社会科学文献出版社
SOCIAL SCIENCES ACADEMIC PRESS (CHINA)

序

任杲是我指导的博士生，来自山西长治。记得当年他毕业选择工作地点时，在留京还是回家乡发展的艰难选择上，我坚决支持他回家乡发展，这里面有两个原因。一是同为来自山西的我，大学毕业前一直在山西接受教育，对家乡人民怀有深厚的感情。后来考研、读博，一直到工作，都无缘为家乡人民服务。任杲回家乡工作，自私一点说，正好可以弥补我愧对家乡父老乡亲们辛勤培养的缺憾。二是任杲虽然在博士生中比较出类拔萃，具备较为突出的科研能力，但是在北京人才众多、科研竞争压力极大的学术环境下，个人成长的空间并不一定大。相反，家乡人民寻觅人才如饥似渴，个人发挥作用的空间会更大。时间已经证明我当初的判断，任杲在长治学院工作的这几年，得到长治学院领导的鼎力支持和长治市政府的高度重视，在教书育人、学术研究和服务地方经济社会发展等方面作出了较为显著的成就。

这几年，任杲和我虽然身处两地，但是学术交流探讨从未中断。前几年，长治市政府委托他开展省域副中心城市研究，他把这个消息告诉我后，我为他感到由衷的高兴，并鼓励他拿出真本事，好好研究。同时，根据自己的知识积累和课题研究经验，我就课题研究框架、思路和调研计划制定等也向他提供了一些具体建议，并希望他将最终成果整理出版成书。令人欣喜的是，他没有让我失望。当他把整理出来的厚厚一沓书稿交给我过目，并希望我作序时，我感觉这是他回报家乡人民的最好礼物，欣然应允。

推动省域副中心城市发展研究，是山西省区域协调发展的客观需求，也是长治市政府瞄准发展定位、抢抓发展机遇、勇于担当作为的具体体现。为什么要建设省域副中心城市，选择什么样的城市建设省域副中心城市，建设省域副中心城市有没有规律可循，全国有哪些建设省域副中心城市的样板城市的经验可供学习借鉴，长治要建设什么样的省域副中心城市，长治怎样去建设省域副中心城市？要回答这些问题，既需要丰富的地方实践经验，更需要深厚的学理支撑。任杲依托长治学院提供的学术研究平台，组建学术研究团队，圆满完成了长治市政府委托的研究课题，得到了长治市政府和长治学院的高度肯定。

作为课题研究的最终成果，该书体现了以下三方面特色。一是理论与实践相结合。本书不是简单的地方经验汇总，而是从学理视角诠释省域副中心城市建设的理论和实践问题，每个篇章都蕴含了理论研究的内涵。二是研究视野开阔。本书立足长治，放眼全国。从全国格局看待长治发展问题，牢牢把握住了长治发展的大局；从比较借鉴中寻求答案，找到了长治发展的良策；从地方实践中把脉，找到了长治发展问题的症结；从多角度综合研究，迸发出学术思想的火花。三是求真务实。本书对关键领域、关键环节、关键问题展开深入研究，处处体现出长治特色、长治问题、长治做法，很接地气。

本书集中展示了任杲及其研究团队对长治建设省域副中心城市的看法。由于研究资历尚浅，对一些问题的认识还比较肤浅，书中难免会存在这样或那样的问题，望学术界同仁海涵包容。最后，衷心地希望任杲再接再厉，在学术研究、教书育人和服务地方经济社会发展等方面多出成果，出好成果！

2024 年 10 月 19 日

目 录

第一篇 省域副中心城市建设的理论支撑与类别探究

第一章 省域副中心城市建设的理论基础 / 3
  第一节 省域副中心城市的概念及特征 / 3
  第二节 省域副中心城市建设的相关理论 / 7

第二章 省域副中心城市建设的政策取向 / 15
  第一节 城镇体系规划视角下省域副中心城市建设取向 / 15
  第二节 国土空间规划视角下省域副中心城市建设取向 / 22

第三章 省域副中心建设城市的类别探究 / 30
  第一节 省域视角下的城市类别分析 / 30
  第二节 全国视角下的城市类别分析 / 35
  第三节 建设省域副中心城市挑战初探 / 42

第二篇 省域副中心建设城市竞争力与活力比较分析

第四章 新时代城市竞争力与城市活力分析框架 / 53
  第一节 新时代城市竞争力与城市活力内涵阐释 / 53

第二节　新时代城市竞争力与城市活力的分析维度 / 59

第五章　省域副中心建设城市竞争力与活力评价 / 67
　　第一节　新时代城市竞争力与城市活力的评价体系构建 / 67
　　第二节　新时代城市竞争力与城市活力测度 / 72
　　第三节　省域副中心建设城市障碍因素诊断 / 81

第三篇　省域副中心城市建设的实践探索

第六章　赣州省域副中心城市建设经验 / 92
　　第一节　学者观点视角下赣州省域副中心城市建设经验 / 92
　　第二节　政策文件视角下赣州省域副中心城市建设经验 / 102
　　第三节　赣州省域副中心城市建设经验 / 120

第七章　长治省域副中心城市建设策略 / 132
　　第一节　加快构建产业转型升级示范区 / 132
　　第二节　稳步建设现代化太行山水名城 / 153
　　第三节　着力打造对外开放枢纽型城市 / 171
　　第四节　完善保障机制建设 / 176

第四篇　省域副中心城市建设的专项研究

第八章　城市创新生态系统构建方式 / 192
　　第一节　城市创新生态系统的内涵阐释 / 193
　　第二节　城市创新生态系统构建的时代价值 / 195
　　第三节　构建城市创新生态系统的理论框架 / 198
　　第四节　长治创新生态系统的现状梳理 / 201
　　第五节　长治构建城市创新生态系统的推进路径 / 206

第九章　城市农业全产业链优化路径 / 213
　　第一节　农业全产业链优化的时代价值 / 214
　　第二节　农业全产业链优化的理论框架构建 / 217
　　第三节　古田食用菌产业发展模式概述 / 221
　　第四节　平顺潞党参产业发展现状分析 / 226
　　第五节　平顺潞党参全产业链优化的推进路径 / 231

第十章　城市高质量人口发展特征及对策 / 240
　　第一节　人口发展特征指标选取说明 / 240
　　第二节　省域副中心建设城市人口发展特征的比较分析 / 242
　　第三节　长治人口高质量发展战略举措 / 248

第十一章　城市全方位推动高质量发展指标体系建构 / 261
　　第一节　全方位推动高质量发展的理论逻辑 / 262
　　第二节　高质量发展指标体系编制经验探析 / 265
　　第三节　编制全方位推动高质量发展指标体系的重点方向 / 278
　　第四节　城市全方位推动高质量发展指标体系一览 / 285

参考文献 / 291

附　录 / 299

后　记 / 319

第一篇
省域副中心城市建设的理论支撑与类别探究

内容提要

省域副中心城市建设是新形势下，山西、河南、湖北等省级行政区，推动形成优势互补高质量发展的省域经济布局的重要举措。相较于国家中心城市、都市圈、城市群等研究热点，以省域副中心城市为主题的研究较少。本篇从建设省域副中心城市的理论基础、政策取向、类别探究三方面出发，深入了解建设省域副中心城市的学理支撑，全面把握建设省域副中心城市的政策取向，细致分析建设省域副中心城市的类别。

篇章结构安排如下：第一章，梳理省域副中心城市概念、特征，以及中心地理论、成长三角理论、非均衡发展理论等内容，奠定建设省域副中心城市的理论基础。第二章，基于省级行政区城镇体系规划与国土空间规划，在中长期视角下，深刻剖析省域副中心城市建设的政策取向。第三章，以省级行政区"十四五"规划中提到的14个省域副中心建设城市为研究对象，精准剖析城市类别，分析短期内各城市提升辐射带动力面临的挑战。

研究发现：省域副中心城市是仅次于省域中心城市，较同省周边城市经济实力更强、人口规模更大、辐射范围更广、城市功能更完善，肩负促进省域经济高质量发展、优化区域协调发展格局使命的重要城市。相较于前期省级行政区的城镇体系规划，更多省份在国土空间规划中明确了省域副中心城市的建设构想。山西、河南、湖北、湖南、安徽、江西、广东、广西等8个省级行政区在"十四五"规划纲要中提出省域副中心城市规划，大同、长治、临汾、洛阳、襄阳、宜昌、岳阳、衡阳、芜湖、赣州、汕头、湛江、柳州、桂林等14个城市承担省域副中心城市的建设重任。目前，赣州建设成为省域副中心城市的条件最为成熟；洛阳、岳阳、襄阳和柳州次之；大同、长治、临汾、宜昌、衡阳、芜湖、汕头、湛江和桂林相对落后。城市配置资源能力不足、融入全球市场的运输成本较高、经济发展方式亟待转变等，是制约14个城市建设成为省域副中心城市的主要障碍。

第一章 省域副中心城市建设的理论基础

省域副中心城市通常是指在一省范围内,综合实力较周边城市强大,仅次于省会城市且与省会城市有一定距离,拥有独特优势资源或产业,对区域经济发展具有带动能力的重点城市。建设省域副中心城市的主要目的在于推动区域经济科学、协调、可持续发展,再造经济增长极,减轻省域中心城市的发展压力。本章着重从梳理省域副中心城市的概念特征、阐释建设省域副中心城市理论两方面出发,为建设省域副中心城市提供学理依据。

第一节 省域副中心城市的概念及特征

2001年7月和2002年7月,湖北省社会科学院秦尊文研究员,根据湖北经济东西发展不平衡的特点,两次在《要文摘要》上发表文章,主张湖北省推行"一主两副"的战略布局,即湖北省在发挥武汉这一中心城市龙头作用的同时,还应该在鄂西地区确立一到两个城市重点发展,承担起鄂西地区经济发展的核心作用。随后,襄阳、宜昌被赋予建设湖北省域副中心城市的重任,省域副中心城市概念被正式提出。然而,相较于城市群、国家中心城市等国家战略层面的研究热点而言,学术界对其研究较少,因此省域副中心城市建设标准、发展特征等基础研究较为薄弱,以下从省域副中心城市内涵和特征两方面对有代表性的学术成果进行梳理。

一 省域副中心城市的概念

省域副中心城市是众多城市类型中的一种，其内涵特征跳不出城市概念的内核。阐释省域副中心城市的概念，首先需要明晰城市的内涵。当前，学术界常用的城市定义有以下三种。一是，《中共中央关于经济体制改革的决定》指出，城市是我国经济、政治、科学技术、文化教育的中心，是现代工业和工人阶级集中的地方，在社会主义现代化建设中起着主导作用。二是，刘明富（1988）将城市定义为居民集中居住的地域。其中绝大多数居民主要从事工业、商业和服务行业。三是，谢文蕙和邓卫（1996）认为，城市是国家经济、政治、科学技术和文化教育的中心，是现代工业与第三产业集中的地方，在国民经济和社会发展中起主导作用。可见，城市是非农人口与非农产业的集聚地，是区域经济发展的增长极。

在城市内涵基础之上，从区域发展的视角出发，进一步延伸出中心城市的概念，代表性观点如下：王兴平和黄兴文（2002）指出中心城市是区域发展的增长极，它通过和区域的互动作用，实现各种要素与资源的最优配置，带动城市与区域共同体的发展。高玲玲（2015）提出，中心城市指在一定地理范围内的社会经济活动中处于主要地位、具有综合功能或多种主导功能的大城市，对该地理范围内的社会经济发展发挥着集聚和辐射作用。雷斌（2015）认为，中心城市是指在一定地域范围内具有辐射带动功能、居于主导地位、起着枢纽作用的大城市和特大城市。由此可知，中心城市不仅强调企业和人口或生产要素的集聚与扩散，而且强调城市与区域经济社会的良性互动，即中心城市是区域生产要素的集聚地，是推动区域经济发展的重要引擎。区域在为中心城市高质量发展提供生产要素的同时，还为中心城市生产的商品和服务等提供广阔的消费市场。根据中心城市的规模和影响范围，可将其分为全球城市、国家中心城市、区域中心城市和省域中心城市等。

显然，省域副中心城市属于中心城市的范畴，可将其看作省域中心城市的下一级中心城市，代表性的省域副中心城市内涵阐释详见表1-1。省域副中心城市中的"省域"强调了其集聚和辐射范围,通常在一省范围内,"副中心"说明了其在省域经济社会发展中仅次于省域中心城市,充当着"副班长"的重要角色。由此,可将省域副中心城市界定为仅次于省域中心城市,较同省周边城市经济实力更强、人口规模更大、辐射范围更广、城市功能更完善,肩负促进省域经济高质量发展、优化区域协调发展格局使命的重要城市。

表 1-1　学者关于省域副中心城市内涵汇总

学者	内涵
彭智敏 (2006)	省域副中心城市是在一个省范围内,经济实力较周边地市强大,经济辐射力超出了自身管辖的行政区范围,拥有独特的优势资源或产业,且与主中心城市有一定距离(一般在300公里)、未来能够带动周边区域发展的大城市或特大城市
陈圣安 (2007)	省域副中心城市是指一个省内经济社会事业发展和行政级别仅次于省会所在地城市的大城市
赵霞、陈丽媛 (2009)	省域副中心城市即在一省局部范围之内对周边区域发挥重要影响并且能够带动其发展的中心城市
丁宏鸣 (2010)	省域副中心城市就是在一省范围内起到区域经济发展极点功能的城市
中共宜宾市委 宜宾市人民政府 决策咨询委员会 (2019)	省域副中心城市,通常指在一省范围内,综合实力较强,拥有独特的优势资源或产业,且与省主中心城市有一定距离,可以被赋予带动周边区域经济发展重任的大城市
张希奇 (2020)	省域副中心城市是指具备较高的工业化和城市化水平,在一定区域内的经济活动中处于重要地位,具有较完善的社会经济发展服务体系和较强的社会经济发展带动能力,区位优势明显、基础设施良好的区域性核心城市
曾光 (2021)	省域副中心城市,通常是指在一省范围内综合实力较周边城市强大,且与主中心城市有一定距离,可以被赋予带动周边区域发展重任的区域中心城市
田艳平、秦尊文 (2022)	省域副中心城市是指在一省范围内,综合实力较周边城市强大,经济辐射力超出了自身管辖的行政区范围,拥有独特的优势资源,且与主中心城市有一定距离、可以被赋予带动周边区域发展重任的特大城市或大城市
刘金峰 (2023)	省域副中心城市是与省域中心城市相对而言的,它本质上反映的是省域中心城市与其他城市之间的区域协调、功能优化等问题,强调了副中心城市对中心城市可以起到一定的补充、配合作用

二 省域副中心城市的特征

省域副中心城市一般是在省域中心城市层级下,以部分省域为主要集聚地和辐射地,促进省域经济社会协调发展的城市。在强调与省域中心城市具有适宜物理距离的前提下,学者们进一步提炼出省域副中心城市应具有较大经济体量和人口规模、基础设施完备、同周边城镇存在紧密的产业协作关系、对省域经济辐射带动作用强等特征。省域副中心城市的特征不仅阐释了其与一般地级市的区别,而且从本质上指明了加快人口和产业集聚、完善基础设施建设、加深与周边城镇职能分工等省域副中心城市建设方向。代表性省域副中心城市特征详见表1-2。

表1-2 省域副中心城市的特征

学者	特征
彭智敏 (2006)	具有较强的经济实力和一定的人口规模;距离中心城市不能太近、太偏
陈圣安 (2007)	内陆型省域副中心城市的人均GDP相当于省会城市的60%以上;社会商品零售额、固定资产投资、地方一般预算收入相当于省会城市的40%以上;利用外资、外贸出口、高新技术产值相当于省会城市的30%以上;城镇居民收入、农民人均收入相当于省会城市的90%以上
赵霞、陈丽媛 (2009)	承担一定的城市功能;有一定的人口规模和经济实力;城市建设较完善;与主中心城市有一定的距离
丁宏鸣 (2010)	具有较强的经济基础和相当的人口规模;具有自己的经济腹地和便利的经济网络;同中心城市的经济网络通畅
李春香 (2012)	省域副中心城市发展的必备条件除了具有较强的经济实力、一定的人口规模以及适当的距离,具有一定的辐射实力、潜力和有效的辐射范围外,还需具备发展的载体与网络,具有自己的经济腹地和便利的经济网络,即周边有相应的城市群,并与之有密切的经济、文化、物流联系
黄昌富、胡玉蓉 (2012)	大部分省域副中心城市不仅在省域内承担重要的角色,担负着省域副中心的职能,还在特定方面在更为广阔的区际分工甚至全国分工中承担着重要的职能
陈善浩等 (2016)	辐射范围较广;综合实力较强;距省会城市距离较远
张希奇 (2020)	经济实力与人口规模靠前;区位优势和辐射作用明显;发展优势和潜力后劲突出

续表

学者	特征
荀关玉 （2021）	协调中心城市与其他城市经济发展之间的联系，增强副中心城市的经济发展，扩大生产规模；弥补中心城市的经济辐射缺失，发挥其经济势能，辐射周边带动区域经济发展；通过内部的辐射作用，实现副中心城市与中小城市、城镇和乡村的协调发展，也可以在区域经济中产生一定的激化和带动作用
苏美蕊、任杲 （2022）	具有较强的经济基础和拥有相当的人口规模；具有自己的经济腹地和便利的经济网络；与周边城市有密切的经济、文化和物流联系；与主中心城市有着通畅的经济交通网络，但又与主中心城市有较远的距离
周秘、刘多 （2023）	周边有相应的城市群或都市圈，即具有自己的经济腹地，并与之有密切的经济、文化、物流联系；具有地理区位优势，与中心城市的距离应合理，既不能太近也不能太远，要起到弥补中心城市经济辐射范围有限的作用，同时又要避免与中心城市存在过度空间重叠；具有较强的经济实力和一定的人口规模
刘金峰 （2023）	具有较强的经济实力和一定的人口规模；与省域中心城市形成合理分工，并对其他城市产生一定的辐射带动作用

第二节　省域副中心城市建设的相关理论

建设省域副中心城市，是国内学者为解决 21 世纪以来省域经济社会发展不均衡提出的省域协调发展战略。由于其始终未能上升到国家战略层面的高度，且理论研究历程较短，因此建设省域副中心城市的理论基础较为薄弱。然而，考虑到省域副中心城市概念特征建立在中心城市基础之上，其建设主要目的在于带动省域经济社会发展，故城市经济学、区域经济学、人文地理学中的中心地理论、成长三角理论，以及非均衡发展理论等均能够从学理层面为省域副中心城市建设提供科学依据。

一　中心地理论

中心地理论由德国城市地理学家克里斯塔勒和德国经济学家廖什分别于 1933 年和 1940 年提出，该理论旨在解释城市和市场之间的空间分布及其相

7

互关系。

中心地理论的基本假设是，人们在追求经济利益的过程中，会选择就近购买商品和服务。根据这个假设，中心地理论提出了三个基本概念：中心地、市场区域和等级体系。具体而言，中心地是指提供商品和服务的地点，具有一定的经济、行政和文化功能。它可以是一个城市、一个镇或一个村庄。中心地的规模和功能取决于其所服务的人口数量和需求水平。大型中心地通常提供更多、更高级的商品和服务，而小型中心地则提供较少、较基础的商品和服务。市场区域是指中心地的影响范围，也就是中心地向周边地区提供商品和服务的区域。市场区域的大小取决于中心地的等级和功能。一般来说，高级中心地的市场区域较大，低级中心地的市场区域较小。市场区域可以重叠，形成一种层次结构，即较小的中心地被较大的中心地所包围。等级体系是中心地之间的一种层次结构。在这个等级体系中，大中心地周围会有许多小中心地，小中心地周围又会有更小的中心地，以此类推。这种等级体系使得人们可以就近获取所需的商品和服务，从而提高经济效率。中心地的等级体系在一定程度上反映了人口分布和经济活动的集聚特征。

中心地理论认为，区域内的城镇规模体系在市场、交通、行政等原则的支配下，存在一个有规则的等级关系，表现为每个高级中心地都附属有几个中级中心地和更多的低级中心地。通过对相应城市提供的商品和服务档次来分析和定性，可以确定其在区域系统中的地位和作用。中心地级别越高，中心地数量越少，服务半径越大，提供的商品和服务种类也越多。而各级中心地的辐射范围由经济距离决定。每一个等级的地域系统具有相应级别的中心城市，这一中心城市与更高级别的中心城市相比就成为副中心城市。

具体到一省内，一个中心城市向周边区域提供服务的理想形态是圆，受限于其半径有效性，经济辐射范围有力所不能及之处，这就需要在省域中心城市以外，有一个承接中心城市经济资源，起到连接、纽带作用，并辐射周边地区的副中心城市带动区域经济发展。由此可知，省域副中心城市介于其他地市之上，主要功能在于弥补省域中心城市的经济辐射缺失，带动周边区域经济发展。

二 成长三角理论

"成长三角"最早由时任新加坡第一副总理吴作栋于1989年12月首次提出,旨在将新加坡、马来西亚南部的柔佛州和印度尼西亚的巴淡岛(后扩展到整个廖内群岛)联系起来,利用三地之间地理邻近性和经济互补性的特征,进行区域联合开发,实现共同发展,该方案又被称为"新柔廖成长三角"设想。

"新柔廖成长三角"设想产生的背景如下:北美自由贸易区、欧洲经济区等区域性贸易集团成立,使得出口导向型的东盟经济发展模式受挫,新加坡、马来西亚、印度尼西亚须展开区域经济合作,以共同应对世界经济区域化带来的严峻挑战。新加坡是"新柔廖成长三角"设想中最发达的地区,1992年其人均国民生产总值已达到15750美元,该设想符合其寻求廉价劳动力、土地和其他自然资源,以及为大量剩余资本寻找出路的迫切需要。柔佛州地处马来西亚半岛的最南端,南隔1.2公里宽的柔佛海峡与新加坡隔海相望,是马来半岛的第二大州,也是马来西亚经济最发达的州之一,积极参与"新柔廖成长三角"设想,符合其在2000年实现建设新兴工业化州的愿景。廖内省是印度尼西亚27个省中的重要省份之一,分为大陆和廖内群岛两大部分,参与"新柔廖成长三角"设想的主要是廖内群岛,其中部分岛屿与新加坡极为接近,如巴淡岛距离新加坡只有20公里,加入"新柔廖成长三角"有助于解决其在发展过程中面临的资金和技术短缺问题。按照"新柔廖成长三角"设想,廖内群岛中巴淡岛等集中发展劳动密集型产业,柔佛州主要发展层次较高的加工业,新加坡侧重发展资金和技术密集的工业和服务业,通过共同组成互补性的分工区域,实现经济增长所需生产要素的最佳结合。

将"新柔廖成长三角"设想上升至成长三角理论,即由若干个(不一定是3个)在空间距离上适度、经济上具有互补优势的区域增长极,共同构成经济合作开发区,通过开展投资、贸易和技术转让,在互利的基础上进行合作,达到共同发展的目的。从几何学上来讲,成长三角可以在空间上形成一个稳定的面，三个增长极可以覆盖更大的空间范围；从发展经济学的角度看，成长三角的互动性比单一增长极更具有空间扩张力和规模扩展力。

一般地，省域中心城市是省域范围内最强有力的增长极，但是某些省域中心城市地理位置偏安一隅，或其辐射范围有限，难以带动省域经济全面发展。此时，若联合省内其他次增长极城市，组成新的"成长三角"，则会对全省经济社会发展起到协调促进作用。那么，除省域中心城市之外，"成长三角"的其他城市即省域副中心城市。

三　非均衡发展理论

省域副中心城市，一方面相较于省域中心城市而言，处于区域从属地位；另一方面相较于更低级别的城镇而言，处于区域中心地位。在省域中心城市之外，通过建设省域副中心城市带动省域经济发展，实质上是非均衡发展思想在省域层面的应用，故可从增长极理论、循环累积因果理论、区域经济梯度转移理论和中心—外围理论等非均衡发展理论入手，阐释建设省域副中心城市的机理。

（一）增长极理论

增长极理论由法国经济学家佩鲁在1950年首次提出，该理论被认为是区域经济学中经济区域观念的基石，是不平衡发展论的依据之一，旨在解释经济增长和发展的不均衡现象。

增长极理论的核心观点是，经济增长和发展在特定的区域或地点上是不平衡的，而且这种不平衡性具有自我强化的趋势。增长极被认为是引领经济增长的核心区域，它们在经济活动、投资、创新和就业机会等方面具有较高的集聚性。增长极理论强调了地理空间的重要性，认为地理位置、资源配置和区域间的相互作用是决定经济增长的关键因素。增长极之所以可以形成和发展，是外部经济效应、关联效应和溢出效应三者共同作用的结果。首先，增长极具有外部经济效应，即在增长极内部，经济活动和资源的集聚会产生正向的外部效应，进一步吸引更多的资源流入该区域。这种外部经济效应包括技术创新、专业人才集聚、供应链形成等。其次，增长极与周边地区之间存在关联效应，即增长极的发展可以通过供应链、价值链、创新链、资金链延伸等方式，向周边地区传导经济增长的动力。最后，增长极还具有溢出效应，即增长极内部的经济活动和创新能够溢出至周边地区，进一步推动整个区域的经济社会发展。

由此可知，增长并非同时出现在所有地方，它以不同的强度首先出现于一些点或增长极上，然后通过不同的渠道向外扩散，并对整个经济产生不同的终极影响。进而，在促进区域经济高质量发展过程中，应选择若干条件较好的城市重点发展，最终通过重点城市的扩散效应，由点及面地带动区域经济整体发展。在省域范围内，省域的增长极就是省域中心城市。一般地，它既是一省的政治中心，还是一省的经济中心，通过扩散效应推动省域经济发展。而省域副中心城市是仅次于省会城市的增长极，承担着省一级增长极和市一级增长极在区域空白处的过渡扩散效应，以带动省域经济社会均衡发展。

（二）循环累积因果理论

循环累积因果理论由瑞典著名经济学家缪尔达尔于1957年率先提出，旨在分析一个地区内的经济活动和资源分配产生的连锁反应。

循环累积因果理论的核心观点是，在社会经济发展的动态过程中，社会经济各因素之间存在循环累积的因果关系。即某一社会经济因素的变化，会引起另一社会经济因素的变化，并且后一经济因素的变化反过来会加强前一经济因素的变化，最终导致社会经济过程沿着最初的那个因素变化方向发展，从而形成累积性的循环发展趋势。循环累积因果理论受到回流效应和扩散效应的共同作用。回流效应是指，落后地区的资本、劳动力、资金和技术等生产要素，会自发地向发达地区流动，最终导致落后地区要素不足，发展更加缓慢。扩散效应是指，经济发展到一定的水平，发达地区生产要素向落后地区流动，以此带动落后地区的发展。通常地，在市场机制的作用下，回流效应往往大于扩散效应，即发达地区更发达、落后地区更落后。

基于此，在经济发展初期，政府应当优先发展条件较好的地区，以寻求较高的投资效率和较快的经济增长速度,再通过扩散效应带动其他地区的发展,但需防止累积循环因果效应造成的贫富差距无限扩大。对于省域经济发展而言,在市场机制的自发作用下,生产要素将优先从其他城市集聚至省域中心城市和省域副中心城市,以此带动中心城市经济社会优先发展,之后可通过打破行政壁垒、健全交通体系等举措,最终实现省域经济社会一体化进程。

(三) 区域经济梯度转移理论

区域经济梯度转移理论源自美国经济学家弗农(1966)提出的产品生命周期理论,旨在解释不同地区之间经济发展的不平衡现象和转移过程。

区域经济梯度转移理论认为,区域经济的发展取决于其产业结构状况,而产业结构状况又取决于该地区的经济部门,特别是主导部门在工业生命周期中所处的阶段。如果其主导部门由创新主体的专业部门构成,则说明该区域具有发展潜力,为高梯度区域。随着时间的推移及工业生命周期阶段的变化,生产活动将通过多层次的城市系统,逐渐由高梯度区域向低梯度区域转移。区域经济梯度转移之所以成为必要与可能,主要是资本和技术转移、劳动力转移和产业结构转移三方面因素综合作用的结果。资本和技术转移:发达地区通常具有更多的资本和先进的技术,而欠发达地区则相对缺乏。为了追求更高的投资回报率和降低成本,资本和技术会从发达地区向欠发达地区转移。这种转移可以通过直接投资、技术转让与合作等方式实现,从而促进欠发达地区的经济发展。劳动力转移:当发达地区面临劳动力供应过剩或成本上升的压力时,劳动力可能会向欠发达地区转移。这种转移可以通过人口流动、农民工转移和就业机会的吸引等方式实现。产业结构转移:发达地区通常具有成熟的传统产业和先进的高新技术产业,而欠发达地区则可能依赖传统的农业和低附加值的制造业。为了提高经济竞争力和适应全球经济发展趋势,地区会进行产业结构的调整和转移,以发展新兴产业和知识密集型产业。这种转移可以通过政策引导、产业集群发展和技术创新等方式实现。

该理论主张发达地区应首先加快发展,然后通过产业和要素向较发达地区和欠发达地区转移,以带动整个经济的发展。就省域经济发展而言,除省域中心城市以外，通过建设省域副中心城市，优先使其引进和掌握先进技术，率先发展一步，随后逐步将其发展成熟的产业向其他城市转移，最终达到缩小城市发展差距、促进省域经济社会协调发展的目的。

（四）中心—外围理论

中心—外围理论，是20世纪六七十年代发展经济学研究发达国家与不发达国家之间不平等经济关系时，所形成的相关理论观点的总称。中心、外围的概念和分析方法后来被引入区域经济的研究之中，融入明确的空间概念，逐步形成解释区域之间经济发展关系和空间模式的中心—外围理论。其中，美国学者弗里德曼在1966年提出的中心—外围理论较具代表性。

中心—外围理论认为，在若干区域之间出于多种原因，个别区域率先发展成为中心地区，其他区域则因发展缓慢而成为外围地区。中心地区与外围地区之间存在不平等的发展关系。中心地区由于发展条件突出或受历史偶然事件的影响，发展条件较优越，经济效益较高，在经济发展中居主导地位。而外围地区则因地理条件及资源劣势等而经济效益较低、经济发展相对缓慢，在经济发展中处于支配地位。中心地区在发展中具有优势地位，是主导效应、信息效应、心理效应、现代化效应、连接效应和生产效应等六个自我强化、反馈效应综合作用的结果。主导效应指外围的自然、人文和资源向中心地区的净转移。信息效应指中心地区内部潜在相互作用的增加。心理效应指中心地区创新的成功会对更多创新产生刺激作用。现代化效应指中心地区为适应创新而发生的社会价值观念和行为方式的转化。连接效应指中心地区的一个创新会引起新的创新趋势。生产效应指中心地区为创新而提供有吸引力的结构支撑，包括经济规模的扩张和生产专业化。信息效应和心理效应常常与主导效应相伴随，而现代化效应则与连接效应和生产效应密切相连。

一般地，处于支配地位的中心地区，由于市场机制的作用产生外部生产要素的净流入，累积优势及迅速的经济增长过程由此开始，表现为区域发展中的单核结构。随着经济进入起飞阶段，单核结构则可能被多核结构取代，即当经济进入持续增长阶段时，政府为消除因经济增长差距过大而导致的区域差异，必然采取一定的区域政策来促进外围落后地区发展，促使中心—外围模式逐渐消失。就省域经济社会发展而言，可通过省域副中心城市建设，改变省域经济发展过度依赖省域中心城市的现象，形成多个中心—外围区域，最终通过扩散效应带动省域经济社会协调发展。

中心地理论、成长三角理论，以及增长极理论、循环累积因果理论、区域经济梯度转移理论和中心—外围理论等非均衡发展理论均可为省域副中心城市建设奠定理论基础。首先，省域副中心城市是省域城镇规模体系中的重要组成部分，是集聚与辐射作用仅次于省域中心城市的中心城市，是中心地理论在省域经济布局中的具体安排；其次，省域副中心城市集聚与辐射作用的发挥，与省域中心城市及其周边城镇地理上的接近性、经济上的互补性和产业上的协作性密不可分，是成长三角理论在省域经济布局中的实践探索；最后，省域副中心城市是填补省域中心城市集聚与辐射缺失的增长极，是增长极理论、循环累积因果理论、区域经济梯度转移理论和中心—外围理论中非均衡发展思想的集中体现，并最终通过制度安排、产业转移等方式带动省域经济社会均衡发展。

此外，省域副中心城市客观上要求与省域中心城市具有一定的物理距离，即要求省域副中心城市建设要注重选取那些经济辐射空间大于行政区划空间的特殊地市。若将其按照一般地级市对待，则有可能削弱其带动省域经济发展的能力；若给予其省域副中心城市地位，实则赋予了其辐射带动超过其行政区划空间的区域经济发展权利。由此，建设省域副中心城市是区域行政管理体制机制创新之举，弥补了省域中心城市和一般地级市之间城市管理不能适应区域经济发展（行政空间小于经济空间）的需求。

第二章　省域副中心城市建设的政策取向

建设省域副中心城市实质上是省级行政区为推动省域经济社会协调发展而制定的具有省级特色的区域发展战略，具有鲜明的政策取向。梳理各省及自治区城镇体系规划、国土空间规划中城镇体系的论述，有助于从中长期的政策层面，了解现阶段省域副中心城市的建设情况，为省域副中心城市的实践探索奠定基础。本章重点比较了城镇体系规划视角和国土空间规划视角下的省域副中心城市建设取向。

第一节　城镇体系规划视角下省域副中心城市建设取向

城镇体系规划是指一定地域范围内，以区域生产力合理布局和城镇职能分工为依据，确定不同人口规模等级和职能分工的城镇分布和发展规划，涵盖城市发展定位、市域交通发展策略、市域总人口及城镇化水平等内容。从省域城镇体系规划入手，有助于从省域城镇发展布局视角，了解前期省级政府对于建设省域副中心城市的具体安排。

在可查询到的东部地区省域城镇体系规划中，广东的省域副中心城市安排最具代表性，即明确提出强化广州、深圳在全省及华南地区的中心城市职能，培育汕头、湛江—茂名的省域副中心城市职能。此处城镇体系的安排有两个深意。一是由于省域副中心城市是省级行政区，为弥补省域中心城市经济辐射缺失而进行的城镇空间布局优化，更多考虑从经济社会发展全局推动省域经济社会协调发展,故广东摆脱了市域行政区划的限制,将经济发展区域"湛江—茂名"视为省域副中心城市。二是城市的行政级别越高,其资源配置能力越强,经济社会发展越成熟。自然地,省会城市或首府城市不仅是省域的政治中心,往往也是省域的经济中心。同时,各省域的副省级城市、国家计划单列市等,同样拥有较强的资源配置能力,在经济社会发展中带动作用更大。如此,相较于汕头和湛江—茂名,深圳作为副省级城市、国家计划单列市、经济特区、全国性经济中心城市和国家创新型城市,对于整个华南地区的经济社会发展都具有引领作用。若从广东省域视角出发,深圳更能承担省域副中心城市的职能,若从华南区域视角出发,亦可将其视为区域副中心城市。

设置省域副中心城市本质上是优化省域中心城市与其他城市间的功能定位,促进省域协调发展。河北、福建、山东、浙江四省虽无明确提出省域副中心城市的建设目标,但也都在各省域中心城市层级下,分别安排了唐山、厦门、泉州、青岛、宁波、温州和金华—义乌都市区核心区域,承担协调带动省域经济社会发展的重任,实质上是赋予了上述城市或区域省域副中心城市的发展地位。

江苏和海南的城镇体系规划布局较为特殊,既无建设省域副中心城市的城镇布局,也无明确各省域中心城市层级下的中心城市。具体表现为江苏结合全省城镇空间发展态势,基于所辖地市的实际,引导中心城市差异化发展;海南在大力发展海口中心城市的基础上,对所辖地级市和部分省辖县级市提出促进产业集聚发展的目标任务。东部地区省域城镇发展布局详见表2-1。

表2-1 东部地区省域城镇发展布局

省份	城镇发展布局
《河北省城镇体系规划(2016-2030年)》	全省中心城市划分为省域中心城市(石家庄、唐山)、区域中心城市(保定、邯郸)、重要节点城市(承德、张家口、秦皇岛、廊坊、沧州、衡水、邢台、定州、辛集)、县域中心城市(井陉、正定、行唐等117个县及县级市)四个层级。此外,按照工贸型、商贸型、农业型和旅游型四种类型,择优培育169个重点镇

续表

省份	城镇发展布局
《江苏省城镇体系规划（2015-2030年）》	结合全省城镇空间发展态势，引导中心城市差别发展，培育具有国际竞争力的专业化城市。南京，国家重要的科教基地、综合性产业基地、交通枢纽和历史文化名城；无锡，国家高新技术产业基地、先进制造业基地和风景旅游城市；徐州，全国重要的综合性交通枢纽，长三角区域中心城市；常州，国家高新技术产业基地、创新创智型城市和文化旅游名城；苏州，国家高新技术产业基地、创新型城市和风景旅游城市；南通，江海交汇的现代化国家港口城市；连云港，我国沿海中部沟通东西、连接南北的区域性中心城市；淮安，国家历史文化名城和生态旅游城市；盐城，东北亚特色物流转运基地；扬州，长三角先进制造业基地、旅游休闲与生态宜居城市；镇江，长三角先进制造业基地，现代山水花园城市；泰州，中国医药名城和长三角先进制造业基地；宿迁，以轻工业为主导、现代旅游休闲服务业为特色的生态园林城市
《浙江省城镇体系规划（2011-2020年）》	全省范围内形成长三角区域中心城市4座（杭州、宁波、温州和金华—义乌都市区核心区域），省域中心城市7座（嘉兴、湖州、绍兴、衢州、舟山、台州、丽水）、县（市）域中心城市60座左右[富阳、临安、余姚等城镇密集地区的县（市）域中心城市]，以及点状发展地区的县（市）域中心城市（桐庐、淳安、建德等城镇）、省级重点镇200个左右、一般镇400个左右
《福建省城镇体系规划（2010-2030）》	依据城市在国家和福建省域中的地位和作用，在全省范围内形成由省域中心城市（福州、厦门、泉州）、省域次中心城市（宁德、南平、三明、龙岩、漳州、莆田、平潭综合实验区）、地方性中心城市或都市区副中心城市（邵武、福安、永安等13个城市）、县域中心城市[建宁县、武平县、寿宁县等40余个县（市）]、中心镇、一般镇组成的六级城镇等级体系
《山东省城镇体系规划（2011-2030年）》	根据城市集聚辐射影响力，建构区域中心城市（济南、青岛）、地区中心城市（淄博、烟台、潍坊、济宁、临沂）、市域中心城市（枣庄、东营、泰安、威海、日照、莱芜、德州、聊城、滨州、菏泽）、县级市和县城[荣成、邹城、龙口等83个县（市）]的四级中心城市体系
《广东省城镇体系规划（2012-2020）》	强化广州、深圳在全省及华南地区的中心城市职能；培育汕头、湛江—茂名的省域副中心城市职能；增强佛山、珠海、惠州、东莞、韶关、梅州、中山、江门、肇庆、清远、揭阳、潮州、阳江、汕尾等地区性中心城市或地方性中心城市的辐射带动能力；积极将河源、云浮等地方性中心城市及各县级市、县城（城关镇）和相对发达镇发展成为新增城镇人口的重要载体
《海南省城镇体系规划（2003~2020年）》	大力发展海口中心城市，形成资本与技术高度集中、自身增长迅速并能对邻近地区产生强大辐射作用的"增长极"；积极发展三亚、儋州、东方、琼海，促进产业集聚发展；巩固发展五指山、文昌、万宁、澄迈、临高、定安、屯昌、乐东、陵水、白沙、昌江、琼中、保亭、洋浦开发区，带动其所在区域城、镇、乡社会经济全面发展；集约发展170个小城镇

17

江西和湖北城镇体系规划中明确提出分别建设九江、赣州、襄阳、宜昌为省域副中心城市。山西在省域中心城市太原层级下，将建设大同、长治和临-侯-运复合中心等区域性中心城市，实质上是赋予了区域性中心城市为省域副中心城市的地位。安徽和湖南分别将省会城市合肥、长沙，同芜湖、株洲和湘潭视为城镇体系规划中的第一级，考虑到省会城市在省域经济社会的中心作用，继而可将芜湖、株洲、湘潭视为各自省份的省域副中心城市。

在中部地区，河南城镇体系规划最为特殊，除全省中心城市郑州外，按照城市职能等级，大体将所辖地级市分为区域中心城市和区域次中心城市两级。区域中心城市包括洛阳、开封、新乡等11个城市，难以区分某城市在省域经济社会发展中具有引领作用，故可将河南视为无明显的省域副中心城市建设取向。中部地区省域城镇发展布局详见表2-2。

表2-2　中部地区省域城镇发展布局

省份	城镇发展布局
《山西省城镇体系规划（2006-2020年）》	依据城镇区域关系、城镇的区域地位和经济区组织的发展需要，将全省城镇分为省域中心城市（太原）、区域性中心城市[大同、长治和临（临汾）-侯（侯马）-运（运城）复合中心]、区域性次中心城市（阳泉、晋中（太原分中心）、朔州、忻州、晋城、临汾、侯马、运城、吕梁、介休、宁武)、地方性中心城镇（其他设市城市和县城，共87个）、中心镇（共100个左右）、一般建制镇（近期450个左右，远期500个左右）等六个等级
《安徽省城镇体系规划（2011-2030年）》	城镇功能体系分为区域性特大城市（合肥、芜湖）、区域性中心城市（蚌埠、阜阳、黄山、安庆）、地区性中心城市（马鞍山、铜陵、宣城、六安、池州、滁州、淮南、淮安、宿州、亳州）、特别政策区（主要是指江北集中区和江南集中区）、县级市和县域中心城市等五个等级
《江西省城镇体系规划（2015-2030年）》	构建由区域中心、地区中心、县（市）域中心组成的中心城市体系。区域中心包括省域中心城市[南昌（含南昌县、新建县）]和省域副中心城市[九江（含九江县、瑞昌市、湖口县、星子县）、赣州（含赣县、上犹县）]两类；地区中心包括地区性中心城市[上饶（含上饶县）、景德镇（含浮梁县）、鹰潭、抚州、新余、宜春、萍乡、吉安（含吉安县）等]和地区副中心城市两类（共青城-德安、修水、瑞金、鄱阳、樟树、丰城、高安、龙南、南城等）；县（市）域中心包括县（市）域中心城市和重点镇两类
《河南省城镇体系规划（2001-2020年）》	全省城镇分为全省中心城市（郑州）、区域中心城市（洛阳、开封、新乡、焦作、商丘、安阳、三门峡、漯河、平顶山、南阳、信阳）、区域次中心城市（鹤壁、濮阳、周口、许昌、驻马店、潢川）、一般城市[济源、新密、登封等102个县（市）]、中心建制镇（300个左右）、一般建制镇（1100个左右）六个职能等级

续表

省份	城镇发展布局
《湖北省城镇体系规划（2003-2020年）》	全省城镇分为六级，即省域中心城市（武汉）、区域性中心城市（具体分为两类：Ⅰ类城市为承担省域副中心城市职能的襄樊、宜昌，Ⅱ类城市包括黄石、荆州、十堰）、地区性中心城市（具体分为两类：Ⅰ类城市包括辖有县市的荆门、孝感、黄冈、咸宁、恩施、随州，Ⅱ类城市包括不带县的鄂州、仙桃、天门、潜江）、县（市）域中心城市（具体分为两类：Ⅰ类城市为设置县级市的城市，包括丹江口、松滋、石首等25个县级市的城市，Ⅱ类城市为设置县建制的县城，包括阳新、郧县、郧西等34个县建制的县城）、重点镇（全省约100个）和一般镇
《湖南省城镇体系规划（2010-2020年）》	湖南省城市类型分为五类，分别为省域中心城市（长沙、株洲、湘潭）、省域次中心城市（岳阳、常德、怀化、邵阳、衡阳）、地区中心城市（张家界、益阳、吉首、娄底、永州、郴州）、地区次中心城市［临湘市、龙山县、石门县等23个县（市）］、县域中心城市［岳阳县、安乡县、桑植县等40余个县（市）］

除广西壮族自治区和西藏自治区外，在现有的9个西部地区省级行政区中，甘肃、新疆和内蒙古明确提出了含有省域副中心城市的城镇体系规划。具体地，甘肃和新疆分别在省域中心城市兰州、乌鲁木齐层级下，将天水、酒泉-嘉峪关、平凉-庆阳，以及喀什、伊宁—霍尔果斯、库尔勒视为省域副中心城市。内蒙古尽管在城镇体系规划中，将呼伦贝尔、满洲里、扎兰屯等11个城市视为省域副中心城市，但本质上采取的是区域均衡发展战略，无法明确上述城市在省域经济社会中的地位。相反地，其将呼和浩特、包头同视为区级中心城市，实质上明确了包头需承担带动省域经济社会发展的重任，即将包头视为内蒙古自治区省域副中心城市更为适宜。

贵州将城乡规模体系划分为六类。其中，省域中心城市包含全省城镇发展的主核心——贵阳都市区，以及全省城镇发展的次核心——遵义都市区。自然地，全省城镇发展的次核心遵义都市区可视作贵州的省域副中心城市。

四川、云南、陕西、青海、宁夏五个省级行政区，直接将省会或首府城市同所辖地级市分述，即在各自的城镇体系规划中，无明确的省域副中心城市建设安排。西部地区省域城镇发展布局详见表2-3。

表2-3 西部地区省域城镇发展布局

省份	城镇发展布局
《内蒙古自治区城镇体系规划（2003-2020年）》	城镇等级结构分为五个级别，分别为省级中心城市（呼和浩特、包头）、副中心城市（呼伦贝尔、满洲里、扎兰屯、乌兰浩特、通辽、赤峰、集宁、锡林浩特、鄂尔多斯、乌海、临河）、29个片中心城市、47个旗县域中心城镇和作为乡苏木域中心的一般建制镇
《四川省城镇体系规划（2014-2030年）》	中心城市体系分为四级，国家中心城市（成都）、区域性中心城市（绵阳、达州、南充、乐山、自贡、宜宾、泸州、攀枝花）、地区性中心城市（广元、马尔康、巴中、德阳、广安、遂宁、康定、雅安、眉山、资阳、内江、西昌）、县（市）域中心城市［具体分为两类：Ⅰ类城市为九寨沟、松潘、剑阁等数个重点县（市）城区，Ⅱ类城市为平武、青川、南江等数十个一般县（市）城区］
《贵州省城镇体系规划（2011-2030年）》	城乡规模体系划为六级：省域中心城市（具体分为两类：Ⅰ类城市为全省城镇发展的主核心，即贵阳都市区，Ⅱ类城市为全省城镇发展的次核心，即遵义都市区）、区域中心城市（六盘水、安顺、毕节、铜仁、兴义、都匀和凯里的中心城市，以及盘县和德江县城）、地方中心城市（黔西、织金和开阳等19个县城）、一般县城（纳雍、赫章、安龙等15个县城）、小城镇［百余个重点小城镇（集镇）］、乡村居民点
《云南省城镇体系规划（2012-2030年）》	中心城市（镇）划分为六级：区域国际门户城市（昆明）、区域中心城市（麒麟、红塔、楚雄、大理、隆阳、瑞丽、蒙自、文山、景洪、思茅、临翔、古城、邵阳）、州（市）域中心城市（安宁、嵩明、宣威等24座城市）、县域中心城市（按矿冶及制造主导类、煤炭主导类、烟草种植主导类、旅游主导类、电力工业主导类、化工主导类和现代农业主导类分为七类）、省级重点镇（按现代农业型、工业型、旅游型、商贸型、边境口岸型、生态园林型分为六类）和发展镇（规划900个左右）
《陕西省城镇体系规划（2006-2020年）》	全省城市划分为四个等级：西北地区中心城市（西安）、省域中心城市［咸阳、宝鸡、渭南、铜川、延安、榆林、汉中、安康、商洛、杨凌（区）］、县域中心城市（华阴、韩城、兴平等市和县城关镇等，共计83个）、一般建制镇
《甘肃省城镇体系规划（2013-2030年）》	全省中心城市分为五级：省域中心城市（兰州）、省域副中心城市地区（天水、酒泉-嘉峪关、平凉-庆阳）、地区中心城市（白银、陇南、合作、金昌、武威、张掖、定西、临夏市、敦煌、陇西、岷县、夏河、成县、静宁）、县域中心城市（玉门、高台、永昌等60余个县城所在地），以及百余个重点镇（乡）
《青海省城镇体系规划（2015-2030年）》	全省城镇等级体系分为四类：省域中心城市（西宁）、区域中心城市（海东、格尔木、德令哈、玉树）、小城市［民和、互助、共和、贵德、西海（含海晏县城）、门源、同仁、玛沁］，以及80个重点城镇
《宁夏回族自治区城镇体系规划（2014-2030年）》	宁夏回族自治区城镇等级体系分为五类：区域中心城市（银川）、地区中心城市（石嘴山、吴忠、中卫、固原）、县（市）域中心城市（灵武、高沙窝、盐池等13个城市）、重点镇（38个）以及一般镇（84个）

续表

省份	城镇发展布局
《新疆维吾尔自治区城镇体系规划（2012-2030年）》	新疆维吾尔自治区城镇等级体系分为五类：中心城市（乌鲁木齐）、副中心城市（喀什、伊宁-霍尔果斯、库尔勒）、绿洲中心城市（克拉玛依、阿克苏、哈密等18个城市）、小城镇（培育70个左右小城市和县城、62个重点镇、150个左右一般镇）、兵团城镇（规划形成11个城市、6个垦区中心镇、52个特色团场城镇、110个左右一般团场城镇和400~500个连队居住区）

注：未查询到《广西壮族自治区城镇体系规划（2010-2020年）》和《西藏自治区城镇体系规划（2012-2020年）》内容。

在东北地区的城镇体系规划中，均无明确的省域副中心城市提法，但黑龙江和辽宁分别认定了齐齐哈尔、牡丹江、佳木斯、大庆和大连在各自省域经济社会发展中的重要作用。具体地，在黑龙江城镇体系规划中，在省域中心城市哈尔滨之后，齐齐哈尔、牡丹江、佳木斯和大庆被列为区域性中心城市；在辽宁城镇体系规划中，大连同省会城市沈阳一道被视为省域中心城市。继而，上述城市实质上承担着推动省域经济社会协调发展的使命，可将其视为省域副中心城市。吉林与辽宁和黑龙江显著不同，至2020年规划建设15个错位分工、职能明确的中心城市，建设省域副中心城市的倾向不明显。东北地区省域城镇发展布局详见表2-4。

表2-4　东北地区省域城镇发展布局

省份	城镇发展布局
《辽宁省城镇体系规划（2003-2020年）》	城镇职能等级分为五级：省域中心城市（沈阳、大连）、市域中心城市（鞍山、抚顺、本溪、丹东、锦州、营口、阜新、辽阳、铁岭、朝阳、盘锦、葫芦岛）、县域中心城市、中心镇、一般城镇
《吉林省城镇体系规划（2006-2020年）》	规划在2020年建设15个中心城市：长春，全国重要的汽车工业、食品工业基地和科教文贸城市；吉林，东北地区以化工为主的工业基地；四平，吉林省南部交通枢纽；辽源，以纺织服装、新材料为主的加工制造业城市；通化，吉林省重要的钢铁工业基地；白山，以能源、食品和冶金工业为主的工贸城市；松原（含前郭县城），吉林省西部中心城市；白城，吉蒙黑交界地区的门户城市；延吉（含朝阳川镇），具有民族特色的东北亚重要旅游城市；梅河口，吉林省南部地区交通枢纽，商贸、物流中心；敦化，以林产品加工、医药产业为主的加工制造业城市；珲春，吉林省对外开放口岸城市；双辽，以能源、建材产业为主的加工制造业城市；松江河（含原东岗镇区），长白山旅游服务基地；陶赖昭-五棵树-菜园子组合城市，吉林省北部门户城市

续表

省份	城镇发展布局
《黑龙江省城镇体系规划（2001-2020年）》	规划全省城镇分为六级：省域中心城市（哈尔滨），区域性中心城市（齐齐哈尔、牡丹江、佳木斯、大庆），地方性中心城市（绥化、鹤岗、鸡西、双鸭山、七台河、伊春中心城、黑河、北安、加格达奇、富锦、尚志、肇东、绥芬河、密山），县（县级市）域中心城镇（阿城、呼兰、宾州等66个中心城镇），县（县级市）域区片中心城镇、重要工矿区、分散布局城市市区、县域副中心或相应区域中心，一般建制镇，镇域中心、第二和第三产业集聚地

综上，在可查询到的25个省级行政区中，广东、江西、湖北、内蒙古、甘肃、新疆等6个省级行政区，明确提出了省域副中心城市的建设目标；河北、福建、山东、浙江、山西、安徽、湖南、贵州、黑龙江和辽宁等10个省级行政区，也均从实质上赋予了唐山、厦门、泉州等城市承担省域副中心城市建设任务；仅有江苏、海南、河南、云南、四川、陕西、青海、宁夏、吉林等9个省级行政区，无明显的省域副中心城市建设安排。

第二节　国土空间规划视角下省域副中心城市建设取向

国土空间规划是国家空间发展的指南、可持续发展的空间蓝图，是各类开发保护建设活动的基本依据。将主体功能区规划、土地利用规划、城乡规划等空间规划融合为统一的国土空间规划，实现"多规合一"，是建立全国统一、责权清晰、科学高效的国土空间规划体系，整体谋划新时代国土空间开发保护格局的必然要求。相较于前期各省份的城镇体系规划而言，国土空间规划更具全局性与时代性。

在可查询到的东部地区7个省份的国土空间规划中，仅有广东提出在推动广州、深圳"双城"联动的基础上，支持汕头、湛江建设省域副中心城市。相较于《广东省城镇体系规划（2012-2020年）》中的城镇体系安排而言，深圳仅次于广州带动省域经济社会发展的重任没有变，而建设省域副中心城市的任务由汕头、湛江-茂名，转为汕头、湛江。

浙江、福建、山东和海南四省在城镇空间结构的安排中，分别将省会城市与省域经济社会发展较好的城市放在同一层级。具体地，浙江提出省域城镇体系中的"双核"为杭州、宁波—舟山，福建支持福州、厦门打造500万人口以上的特大城市，山东提升济南、青岛两大中心城市能级，海南规划形成海口、三亚2个省域中心城市。相应地，宁波—舟山、厦门、青岛和三亚可视作各自省份的省域副中心城市。相较于前期各省城镇体系规划中的城镇职能安排，浙江将省域经济社会发展的重点由宁波、温州、金华-义乌都市区核心区域转为宁波—舟山；福建更加重视厦门在省域经济社会发展中的重要地位；三亚在海南所辖市中脱颖而出，成为推动海南省域经济社会发展的重要引擎；山东省域副中心城市的安排没有明显变化，青岛依旧为山东东部区域的增长极。

河北和江苏的城镇空间结构安排较为特别。河北提出"高水平建设雄安新区，强化石家庄高端引领，提升唐山、保定、邯郸核心功能"。设立河北雄安新区，是以习近平同志为核心的党中央深入推进京津冀协同发展作出的一项重大决策部署，是重大的历史性战略选择，是千年大计。基于此，高水平建设雄安新区自然成为河北城镇空间布局的关键，然而在建设初期，雄安新区尚无法有效带动区域经济社会协调发展。相应地，将唐山、保定和邯郸视为现阶段河北省域副中心城市更为适宜。江苏提出以南京都市圈、苏锡常都市圈和徐州都市圈为核心促进省域经济社会高质量发展，除南京外，苏州、无锡、常州、徐州等都市圈核心城市，可视作江苏的省域副中心城市。相较于前期河北、江苏城镇体系规划，河北在凸显雄安新区重要地位的同时，加入保定、邯郸，与唐山一同成为引领河北省域经济社会协调发展的中心城市；江苏突出了苏州、无锡、常州、徐州在各自都市圈的核心作用，实质上明确了其省域副中心城市的发展地位。东部地区省域城镇空间格局详见表2-5。

表2-5 东部地区省域城镇空间格局

省份	城镇发展布局
《河北省国土空间规划（2021—2035年）》	高水平建设雄安新区；强化石家庄高端引领；提升唐山、保定、邯郸核心功能；加强承德、张家口、秦皇岛、廊坊、沧州、衡水、邢台支撑；提升县域新型城镇化水平，打造县域中心城市；有重点地发展小城镇和特色小镇；扎实推进美丽乡村建设

续表

省份	城镇发展布局
《江苏省国土空间规划（2021—2035年）》	构建"三圈两带"的城镇空间格局。"三圈"即南京都市圈、苏锡常都市圈和徐州都市圈（南京、苏州、无锡、常州、徐州为相应都市圈中心城市）；"两带"即沿海城镇带和沿江城市带。连云港、宿迁、淮安、盐城、扬州、泰州、镇江、南通等设区城市，以及县级城市和重点中心镇等为"三圈两带"的城镇空间格局提供支撑
《浙江省国土空间规划（2021—2035年）》	构建"一湾双核、四极多群"的城镇空间格局。"一湾"即环杭州湾环现代化都市连绵区，"双核"即杭州、宁波-舟山双核，"四极"即以杭州、宁波、温州、金义四大都市区为主体的城镇发展极，"多群"即嘉兴、湖州、绍兴、衢州、舟山、台州、丽水等以设区市为中心的城镇集群
《福建省国土空间规划（2021—2035年）》	支持中心城市扩容提级，鼓励县城和小城镇特色发展。支持福州、厦门打造500万人口以上特大城市，统筹推进泉州、漳州、莆田、宁德、南平、三明、龙岩等中心城市发展，突出平潭综合实验区的特殊国家战略职能，发挥中小城市的支撑作用，提升县城承载能力，增强小城镇集聚能力
《山东省国土空间规划（2021—2035年）》	构建"一群两心三圈"城镇空间布局。围绕落实黄河流域生态保护和高质量发展战略，充分发挥山东半岛城市群龙头作用，提升济南、青岛两大中心城市能级，做强省会经济圈、提升胶东经济圈、振兴鲁南经济圈，形成高效、集聚、富有活力和竞争力的城镇空间新格局。城镇规模体系安排如下：特大城市2个（济南、青岛），大城市14个（淄博、枣庄、东营、烟台、潍坊、济宁、泰安、威海、日照、临沂、德州、聊城、滨州、菏泽），中等城市21个，小城市57个，建制镇若干
《广东省国土空间规划（2021—2035年）》	构建"一核两极多支点"的国土空间开发利用格局。"一核"即推动广州、深圳"双城"联动，强化珠三角核心引领带动作用；"两极"即支持汕头、湛江建设省域副中心城市，培育汕潮揭都市圈和湛茂都市圈；"多支点"即建设若干个重要发展节点，具体增强汕尾、阳江的战略支点功能，增强韶关、清远、云浮、河源、梅州等地级市中心城区的综合服务功能
《海南省国土空间规划（2021—2035年）》	全省规划形成2个省域中心城市（海口、三亚）、2个区域中心城市（儋州、琼海）、14个市县域中心城镇（临高、澄迈、定安等），以及159个小城镇（其中重点镇56个）的城镇空间格局

在中部六省的国土空间总体规划中均明确提出了省域副中心城市的建设安排，大同、长治、临汾、芜湖、赣州、南阳、襄阳、宜昌、岳阳和衡阳被赋予了建设成为省域副中心城市的重任。

特别地，河南将洛阳作为中原城市群的副中心城市。根据国务院2016

年12月28日批复的《中原城市群发展规划》，中原城市群包括河南的郑州、开封、洛阳、南阳、安阳、商丘、新乡、平顶山、许昌、焦作、周口、信阳、驻马店、鹤壁、濮阳、漯河、三门峡、济源，山西的长治、晋城、运城，河北的邢台、邯郸，山东的聊城、菏泽，安徽的淮北、蚌埠、宿州、阜阳、亳州等5省30座城市。显然，相较于南阳，洛阳需要辐射带动的区域范围更大。换句话说，若洛阳要成为中原城市群副中心城市，首先需要有效带动河南省域经济社会全方位发展，成为河南省域副中心城市。

相较于前期的城镇体系规划，除安徽、湖北省域副中心城市的发展定位没有发生变化之外，山西、江西、河南、湖南均有调整。具体地，山西将大同、长治和临（临汾）—侯（侯马）—运（运城）复合中心调整为大同、长治和临汾；江西更加突出赣州省域副中心城市的地位，继而将九江排除在外；河南在众多区域中心城市中，进一步明确了洛阳和南阳的重要地位；湖南改变了省域副中心城市的发展方向，由株洲、湘潭改变为岳阳和衡阳。中部地区省域城镇空间格局详见表2-6。

表2-6 中部地区省域城镇空间格局

省份	城镇空间格局
《山西省国土空间规划（2021—2035年）》	构建以"一主三副六市域中心"为主体的国土空间开发利用格局。"一主"即太原都市区，"三副"即大同、长治和临汾三个省域副中心城市，"六市域中心"即运城、晋城、阳泉、朔州、忻州、吕梁六个市域中心
《安徽省国土空间规划（2021—2035年）》	提升合肥全球竞争力（争创国家中心城市），增强芜湖全国竞争力（省域副中心城市），做强区域性中心城市（安庆、阜阳、蚌埠、黄山），做优地区性中心城市（淮南、马鞍山、淮北、铜陵、滁州、宿州、六安、亳州、池州、宣州）
《江西省国土空间规划（2021—2035年）》	重点发展"一主一副"省域中心城市，强化南昌省域中心城市地位，推进赣州省域副中心城市建设；加强"两级多点"城镇功能集聚，加快建设九江、上饶成为长江经济带重要区域中心城市，提升宜春、景德镇、萍乡、新余、鹰潭、吉安、抚州等地区中心城市地区综合服务功能；引导县域中心城市差异化发展；因地制宜推动重点镇、特色镇发展
《河南省国土空间规划（2021—2035年）》	打造高品质城镇空间，形成国家中心城市（郑州）、中原城市群和省域副中心城市（洛阳为中原城市群副中心城市，南阳为省域副中心城市）、区域中心城市（安阳、鹤壁、濮阳等15个城市）、县级城市与小城镇协同发展，多中心组团式网络化的现代城镇体系

续表

省份	城镇空间格局
《湖北省国土空间规划（2021-2035年）》	构建省域中心城市（武汉）、省域副中心城市（襄阳、宜昌）、地区中心城市（十堰、荆门、孝感等13个城市）、重要节点城市、一般县城和小城镇的城镇等级结构，形成大中小城市和小城镇协调发展的城镇规模结构，支撑形成以武汉、襄阳、宜昌都市圈为主的多中心、多层级、多节点的城镇空间格局
《湖南省国土空间总体规划（2021-2035年）》	构建"一圈一群三轴多点"的城镇空间新格局。"一圈"即长株潭现代化都市圈，"一群"即环长株潭城市群，"三轴"即京广、沪昆、渝长厦城镇发展轴，"多点"即岳阳、衡阳两个副中心，以及常德、邵阳、张家界、益阳、郴州、永州、怀化、娄底、吉首等多点

在西部 11 个省级行政区中，广西、西藏、甘肃、宁夏和新疆明确提出了省域副中心城市的建设设想，即分别将桂林、柳州、日喀则、天水、酒泉-嘉峪关、庆阳-平凉、固原、喀什、伊宁、库尔勒、克拉玛依和阿克苏共 12 个城市或区域视为省域副中心城市。内蒙古、贵州、陕西、青海尽管没有明确提出省域副中心城市的建设目标，但实际上仍确认了包头、赤峰、鄂尔多斯、遵义、渭南中心城区-铜川中心城区-杨凌示范区、海东地区等在各自省域内仅次于省会或首府城市的发展地位。云南和四川在国土空间规划中，侧重"城市群""城镇带"的城镇发展布局，尚无明确省会城市之外的中心城市。

相较于前期各省级行政区的城镇体系规划，四川、云南、贵州和甘肃没有对省域副中心城市作出新的安排，表现为四川和云南依旧没有提出省域副中心城市的建设规划；贵州和甘肃仍将遵义都市区、天水、酒泉-嘉峪关、庆阳-平凉视为承担带动省域经济社会协调发展重任的城市或地区。内蒙古、陕西、青海、宁夏、新疆则分别增加了省域副中心城市的建设方案，具体地，内蒙古除包头外，增加了赤峰和鄂尔多斯；新疆将喀什、伊宁-霍尔果斯、库尔勒调整为喀什、伊宁、库尔勒、克拉玛依和阿克苏；陕西、青海和宁夏指出了渭南中心城区、铜川中心城区、杨凌示范区、海东地区和固原在省域经济社会发展中的重要性，实质上给予上述城市或地区省域副中心城市的发展地位。西部地区省域城镇空间格局详见表 2-7。

表 2-7 西部地区省域城镇空间格局

省份	城镇空间格局
《内蒙古自治区国土空间总体规划（2021-2035年）》	规划呼和浩特1个Ⅰ型大城市，包头、赤峰、鄂尔多斯3个Ⅱ型大城市，乌兰察布、通辽、乌海3个中等城市，巴彦淖尔、呼伦贝尔、乌兰浩特、锡林浩特、满洲里5个Ⅰ型小城市，霍林郭勒、二连浩特、丰镇、根河、额尔古纳、牙克石、扎兰屯、阿尔山、巴彦浩特9个Ⅱ型小城市，67个中心城镇
《广西壮族自治区国土空间规划（2021-2035年）》	城镇体系规划分为国家边疆中心城市（南宁）、自治区副中心城市（桂林、柳州）、区域中心城市（河池、贺州、百色、来宾、梧州、贵港、玉林、崇左、钦州、防城港、北海）三类。此外，建设数十个县（区、市）行政中心城市
《四川省国土空间规划（2021-2035年）》	构建"一圈一轴、两翼三带"城镇格局。"一圈"即成都都市圈（以成都为中心，德阳、眉山、资阳为支撑）；"一轴"即成渝城镇主轴（以成都和重庆为核心，依托多条复合交通走廊，辐射带动遂宁、资阳和内江等沿线地区）；"两翼"即川南城镇组群、南广城镇组群和达州都市区；"三带"即成德绵眉乐雅广西攀发展带，成遂南达发展带，攀乐宜泸沿江发展带
《贵州省国土空间总体规划（2021-2035年）》	推动形成"一群两圈多组"的组团式新型城镇化空间结构。"一群"即黔中城市群，持续提高黔中集聚水平；"两圈"即贵阳-贵安-安顺都市圈和遵义都市圈，构建网络化发展格局；"多组"即12个城镇组集群，促进相邻地区城镇组群式发展
《云南省国土空间规划（2021-2035年）》	落实国家战略，培育"一圈一核，两群一带"城镇空间格局。"一圈"即昆明都市圈；"一核"即滇中城市群，包括昆明、曲靖、玉溪、楚雄州等地区；"两群"即滇东北城镇群（加快昭阳、鲁甸、大关一体化进程）、滇西城镇群（引导培育以大理和保山为核心，联合带动丽江、临沧、芒市等）；"一带"即8个沿边州市、25个边境县的州市府所在地和县城
《西藏自治区国土空间规划（2021-2035年）》	构建区域中心城市（拉萨），区域副中心城市（日喀则），片区中心城市（噶尔、那曲、昌都、山南、林芝），沿边县级行政中心（定日县、定结县、岗巴县等20个城市）四级城镇职能结构
《陕西省国土空间规划（2021-2035年）》	构建"一圈四极六城多镇"的城镇发展格局。"一圈"即以西安主城区、咸阳主城区及西咸新区为核心，渭南中心城区、铜川中心城区、杨凌示范区为副中心组成的西安都市圈，是全省发展的核心区域；"四极"即宝鸡、渭南、汉中和榆林等4个区域中心城市；"六城"即铜川、延安、安康、商洛、杨凌示范区和韩城等6个市域中心城市；"多镇"即县城（市）和重点镇
《甘肃省国土空间规划（2021-2035年）》	构建"一带一廊多通道、一主三副多节点"城镇开发格局。"一带"即丝绸之路甘肃段城镇综合发展带；"一廊"即西部陆海新通道南向开放发展廊道；"多通道"即构建多条区域协同发展通道；"一主"即兰州；"三副"即天水、酒泉-嘉峪关、庆阳-平凉；"多节点"即地区中心城市及县域中心城市
《青海省国土空间规划（2021-2035年）》	提升各级中心城市承载能力，持续推进人口向西宁、海东地区集聚；形成以县城和中心镇为重要载体的城镇圈，引导农牧民就近向城镇有序集聚，促进本地城镇化发展

续表

省份	城镇空间格局
《宁夏回族自治区国土空间规划（2021—2035年）》	构建"一主一带一副"的城镇空间格局，"一主"即银川，建设黄河"几"字弯宜居宜业区域中心城市；"一带"即沿黄城市群（带），促进沿黄城市群全面一体化发展；"一副"即固原，强化其在宁夏南部地区的辐射带动作用
《新疆维吾尔自治区国土空间总体规划（2021—2035年）》	打造"一主五副，多心多点"的中心城市体系。"一主"即乌鲁木齐为全疆主中心；"五副"即喀什、伊宁、库尔勒、克拉玛依和阿克苏5个副中心城市；"多心"即哈密、石河子、和田等8个区域性中心城市，吐鲁番、塔城、博乐等21个地区性中心城市；"多点"即71个县域中心城镇，68个重点镇

辽宁、吉林和黑龙江3省在各自的国土空间规划中，均未明确提出省域副中心城市的建设方案。具体地，辽宁和黑龙江分别将大连、齐齐哈尔、牡丹江、佳木斯和大庆视为仅次于省会城市的中心城市，需更多促进省域经济协调发展，这一城镇职能等级安排同两省前期城镇体系规划相一致。吉林构建"一圈、三区、四轴带"的城镇空间格局，即除长春外没有提出中心城市的建设安排，更多强调城市间的错位发展。东北地区省域城镇空间格局详见表2-8。

表2-8 东北地区省域城镇空间格局

省份	城镇空间格局
《辽宁省国土空间规划（2021—2035年）》	构建"一圈一带，两核双轴"的城镇空间格局。"一圈"即沈阳现代化都市圈（以沈阳为中心，鞍山为副中心）；"一带"即辽宁沿海经济带（以大连为龙头，营盘辽东湾产业高地为支撑的海洋经济发展带）；"两核"即沈阳、大连；"双轴"即沈大城镇发展轴、京沈城镇发展轴
《吉林省国土空间规划（2021—2035年）》	构建"一圈、三区、四轴带"的城镇空间格局。"一圈"即长春现代化都市圈（以长春为主，联动吉林、四平、松原、辽源、梅河口）；"三区"即沿主要通道重点打造延珲（珲春、延吉、龙井、图们）、通白（白山、通化、延边部分区域）和白洮（白城区域）三个城镇集聚区；"四轴带"即沿中蒙俄开发开放、沿图们江鸭绿江开发开放、哈大先进制造业、集双门户四个发展轴带
《黑龙江省国土空间规划（2021—2035年）》	构建"一圈一团一带K形点轴"的新型城镇化空间格局，形成省域中心城市（哈尔滨）、区域性中心城市（齐齐哈尔、牡丹江、佳木斯、大庆）、地区性中心城市（北安、七台河、鸡西、双鸭山、鹤岗、伊春、绥化、黑河、加格达奇区）、地方性中心城市（20个县级市，46个县城）的新型城镇体系

综上,与前期各省域城镇体系规划显著不同,在省域国土空间规划层面,更多省级行政区对建设省域副中心城市进行了布局。具体地,在可查询到的27个省级行政区的国土空间规划中,广东、江西、湖北、湖南、山西、安徽、河南、广西、西藏、宁夏、甘肃和新疆等12个省级行政区明确提出了建设省域副中心城市的战略构想;河北、江苏、浙江、福建、山东、海南、内蒙古、贵州、陕西、青海、辽宁和黑龙江等12个省级行政区也均在各自省域中心城市层级下,赋予了保定、苏州、厦门等城市协调省域经济社会发展的重任,实质上确定了上述城市的省域副中心城市地位;云南、四川、吉林等3省国土空间规划,侧重于城市群、城市带的城镇空间布局,没有明确的省域副中心城市建设趋向。

第三章 省域副中心建设城市的类别探究

在促进劳动力、资本等生产要素合理流动和高效集聚，充分发挥中心城市辐射带动作用的区域协调发展思路指引下，各省级行政区在中长期的城镇体系规划与国土空间规划中，分别对省域副中心城市建设作出了具体安排。进一步地，从短期视角出发，结合各省级行政区的"十四五"规划纲要，对各省域副中心城市进行类别探究，有助于针对性地了解省域副中心建设城市发展情况。山西、河南、湖北、湖南、安徽、江西、广东、广西等8个省级行政区在"十四五"规划纲要中提出，大同、长治、临汾、洛阳、襄阳、宜昌、岳阳、衡阳、芜湖、赣州、汕头、湛江、柳州、桂林等14个城市需提升各类生产要素集聚程度，加快建设省域副中心城市，形成省域经济发展的新增长极。本章从城市在省域及全国城市中的地位出发，结合城市行政等级、海陆位置、资源禀赋对省域副中心建设城市进行类别探究。

第一节 省域视角下的城市类别分析

省域副中心城市建设的主要目的在于弥补省域中心城市的辐射缺失，形成省域经济社会发展的重要增长极。继而，从城市是非农产业和非农人口集聚地的定义出发，通过测算各城市非农产业产值和城镇人口数与各自省会城市的比例关系，探究2000年、2010年和2019年省域副中心建设城市的发展类型。显然，各城市非农产业产值和城镇人口数与相应省会城市的差距越小，其对于省域经济社会的辐射带动作用越大。其中，非农产业产值来源于《中国城市统计年鉴》、城镇人口数来源于全国第五次、第六次人口普查数据，以及2020年省市统计年鉴和2019年城市统计公报。

具体地，若城市非农产业产值和城镇人口数大于相应省会城市数量的1/2，则认定其为Ⅰ型省域城市；若城市非农产业产值和城镇人口数量高于相应省会城市数量的1/3，且有一项低于相应省会城市数量的1/2，则认定其为Ⅱ型省域城市；若城市非农产业产值和城镇人口数有一项不足相应省会城市数量的1/3，则认定其为Ⅲ型省域城市。Ⅰ型省域城市、Ⅱ型省域城市、Ⅲ型省域城市对于弥补省域中心城市辐射缺失的作用依次衰减。

一 2000年省域城市分类

2000年，在大同、长治、临汾、洛阳、襄阳、宜昌、岳阳、衡阳、芜湖、赣州、汕头、湛江、柳州、桂林共14个城市中，有3个Ⅰ型省域城市、6个Ⅱ型省域城市和5个Ⅲ型省域城市。2000年，各省域副中心建设城市非农产业产值和城镇人口数与相应省会城市的比例详见表3-1。

表3-1 各省域副中心建设城市非农产业产值和城镇人口数与省会城市的比例

单位：%

城市	非农产业产值比重			城镇人口数比重		
	2000年	2010年	2019年	2000年	2010年	2019年
大同	47.19	37.74	31.31	47.39	52.54	59.74
长治	43.82	50.35	39.87	32.53	40.22	50.18
临汾	44.51	47.12	33.85	38.55	50.76	63.49
芜湖	61.77	41.24	38.08	46.07	37.94	40.14
赣州	44.76	43.66	57.54	71.77	94.82	107.26
洛阳	55.10	54.45	41.84	51.04	52.73	52.98
宜昌	28.11	25.41	25.53	23.47	26.84	25.52
襄阳	28.25	24.16	27.54	35.78	36.50	38.83
衡阳	42.75	26.60	26.69	66.01	66.74	60.04
岳阳	47.02	30.47	30.31	56.82	52.87	51.16

续表

城市	非农产业产值比重			城镇人口数比重		
	2000年	2010年	2019年	2000年	2010年	2019年
汕头	18.84	10.84	11.01	38.68	34.67	30.15
湛江	13.13	10.57	10.61	28.89	24.11	24.45
柳州	66.97	77.51	72.63	70.33	60.56	57.02
桂林	81.96	57.87	40.48	70.34	51.43	55.61

3个Ⅰ型省域城市为洛阳、柳州和桂林。其非农产业产值和城镇人口数与相应省会城市的比例分别为55.10%、51.04%；66.97%、70.33%；81.96%、70.34%。具体地，桂林、柳州和洛阳非农产业产值和城镇人口数与相应省会城市的差距依次变大，代表他们对省域经济社会发展的带动作用依次减弱。

6个Ⅱ型省域城市为大同、临汾、芜湖、赣州、衡阳和岳阳。其中，非农产业产值与省会城市最为接近的城市是芜湖（61.77%），差距最大的城市是衡阳（42.75%）；城镇人口数与省会城市最为接近的城市是赣州（71.77%），差距最大的城市是临汾（38.55%）。

5个Ⅲ型省域城市为长治、宜昌、襄阳、汕头和湛江。具体地，宜昌和湛江非农产业产值和城镇人口数均不足各自省会城市的1/3，在省域经济社会发展中的辐射带动作用最小。襄阳和汕头非农产业产值低于省会城市的1/3，但城镇人口数高于省会城市的1/3。长治非农产业产值和城镇人口数相当于省会城市的43.82%和32.53%，反映出其在Ⅲ型省域城市中，对省域经济社会的辐射作用最大。

二　2010年省域城市分类

2010年，在大同、长治、临汾、洛阳、襄阳、宜昌、岳阳、衡阳、芜湖、赣州、汕头、湛江、柳州、桂林共14个城市中，具有3个Ⅰ型省域城市、5个Ⅱ型省域城市和6个Ⅲ型省域城市。2010年各省域副中心建设城市非农产业产值和城镇人口数与相应省会城市的比例详见表3-1。

3个Ⅰ型省域城市依旧为洛阳、柳州和桂林。其非农产业产值和城镇人口数与相应省会城市的比例依次为54.45%、52.73%；77.51%、60.56%；57.87%、51.43%。与2000年显著不同的是，桂林非农产业产值和城镇人口数与省会城市的差距拉大，分别降低了24.09个和18.91个百分点，反映出其对于广西经济社会的辐射带动作用急剧衰减。

5个Ⅱ型省域城市为大同、长治、临汾、芜湖和赣州。其中，长治非农产业产值相当于省会城市的1/2，在5个城市中最高，大同最低，为37.74%；赣州城镇人口数与省会城市较为接近，芜湖城镇人口数与省会城市的差距最大，仅相当于省会城市的37.94%。

6个Ⅲ型省域城市为宜昌、襄阳、衡阳、岳阳、汕头和湛江。具体地，宜昌和湛江非农产业产值和城镇人口数均低于相应省会城市的1/3。岳阳、衡阳、襄阳和汕头非农产业产值不及相应省会城市的1/3；但城镇人口数与省会城市的比例均高于34%，其中衡阳最高达到了66.74%。

三 2019年省域城市分类

2019年，在大同、长治、临汾、洛阳、襄阳、宜昌、岳阳、衡阳、芜湖、赣州、汕头、湛江、柳州、桂林共14个城市中，具有2个Ⅰ型省域城市、5个Ⅱ型省域城市和7个Ⅲ型省域城市。2019年各省域副中心建设城市非农产业产值和城镇人口数与相应省会城市的比例详见表3-1。

2个Ⅰ型省域城市为柳州和赣州。特别的是，赣州非农产业产值与省会城市的比例，同柳州城镇人口数与省会城市的比例较为接近，分别为57.54%和57.02%；赣州城镇人口数较其省会城市多出7.26个百分点。

5个Ⅱ型省域城市为长治、临汾、芜湖、洛阳和桂林。其中，洛阳和桂林非农产业产值相当于各自省会城市的41.84%和40.48%，是其由Ⅰ型省域城市降为Ⅱ型省域城市的主要原因。在剩余的3个城市中，长治非农产业产值与省会城市的比例最高为39.87%。就城镇人口数与省会城市的比例而言，5个城市中临汾最高达63.49%，芜湖市最低为40.14%。

7个Ⅲ型省域城市为大同、宜昌、襄阳、衡阳、岳阳、汕头和湛江。其中。宜昌、汕头和湛江非农产业产值和城镇人口数均不足相应省会城市的1/3。大同、襄阳、衡阳和岳阳非农产业产值与省会城市的比例低于32%，而其城镇人口数分别相当于省会城市的59.74%、38.83%、60.04%和51.16%，表明4个城市在各自省份中的非农产业集聚能力较小。

四 省域层面城市类别变动分析

通过大同、长治、临汾、洛阳、襄阳、宜昌、岳阳、衡阳、芜湖、赣州、汕头、湛江、柳州、桂林共14个城市非农产业产值和城镇人口数与省会城市的比例变动，可将省域城市类型变动情况分为三类，详见表3-2。

表3-2 省域副中心建设城市类型变动情况

年份	Ⅰ型省域城市	Ⅱ型省域城市	Ⅲ型省域城市
2000年	洛阳、<u>柳州</u>、桂林	大同、<u>临汾</u>、<u>芜湖</u>、赣州、衡阳、岳阳	长治、<u>宜昌</u>、<u>襄阳</u>、<u>汕头</u>、<u>湛江</u>
2010年	洛阳、<u>柳州</u>、桂林	大同、长治、<u>临汾</u>、<u>芜湖</u>、赣州	<u>宜昌</u>、<u>襄阳</u>、衡阳、岳阳、<u>汕头</u>、<u>湛江</u>
2019年	<u>柳州</u>、赣州	长治、<u>临汾</u>、<u>芜湖</u>、洛阳、桂林	大同、<u>宜昌</u>、<u>襄阳</u>、衡阳、岳阳、<u>汕头</u>、<u>湛江</u>

注：含"＿"的城市表明其在三个年份中类型不存在变化。

一是省域城市类型不变。柳州、临汾和宜昌等7个城市没有发生类型变动。具体地，柳州一直处于Ⅰ型省域城市行列，临汾、芜湖始终为Ⅱ型省域城市；宜昌、襄阳、汕头和湛江持续位于Ⅲ型省域城市。这表明上述7个城市对于省域经济社会的辐射带动作用没有发生明显改变。需要说明的是，2019年宜昌、汕头和湛江非农产业产值和城镇人口数均不足相应省会城市的1/3，与其各自省会城市——武汉、广州，具有强大的辐射影响力密切相关。

二是省域城市类型越级。长治和赣州分别实现了省域城市类型的越级。其中，长治由2000年的Ⅲ型省域城市上升为2010年和2019年的Ⅱ型省域城市；赣州由 2000 年和 2010 年的Ⅱ型省域城市进阶为 2019 年的Ⅰ型省域城市。这充分反映出两个城市非农产业和非农人口集聚状况逐渐变好，对于省域经济社会的辐射带动作用进一步加强。

三是省域城市类型降级。洛阳、桂林、大同、衡阳和岳阳等 5 个城市出现了城市类型的降级，即他们在省域经济中的辐射带动作用减弱。具体地，洛阳和桂林由 2000 年和 2010 年的Ⅰ型省域城市降为 2019 年的Ⅱ型省域城市；大同、衡阳和岳阳均由Ⅱ型省域城市降为Ⅲ型省域城市，其中，衡阳和岳阳在 2010 年出现了降级，大同则是在 2019 年出现降级。

新形势下，柳州、赣州为Ⅰ型省域城市，能够较好地弥补省域中心城市辐射缺失。长治、临汾、芜湖、洛阳、桂林为Ⅱ型省域城市。其中，长治由Ⅲ型省域城市升级为Ⅱ型省域城市，说明其发展态势较好；洛阳和桂林 2019 年由Ⅰ型省域城市降为Ⅱ型省域城市，反映其在省域副中心城市建设进程中面临巨大挑战的同时，具有较大发展潜力；临汾和芜湖长期处于Ⅱ型省域城市类型，表明其对于省域经济社会的协调带动作用稳定，城市建设基础条件较好。大同、宜昌、襄阳、衡阳、岳阳、汕头、湛江为Ⅲ型省域城市，非农产业和非农人口集聚面临省域中心城市及周边地市的不利影响。其中，大同、衡阳和岳阳由Ⅱ型省域城市降为Ⅲ型省域城市，需警惕非农产业的进一步衰落；宜昌、襄阳、汕头和湛江持续处于Ⅲ型省域城市，要尽力避免其在省域层面的低水平徘徊。

第二节　全国视角下的城市类别分析

考虑到省域副中心城市被赋予较一般地级市更多的发展重任，其非农产业和非农人口的集聚程度理应更高。全面了解省域副中心城市的发展地位，揭示省域副中心城市面临的挑战，还需将其放在全国地级及以上城市的平台上进行分析。基于此，本章采用 2000 年、2010 年以及 2019 年非农产业产值和城镇人口数，从全国层面出发，对省域副中心城市类别进行分析。

具体地，以全国城市非农产业产值均值和城镇人口数均值为依据，可将城市划分为四种类型，即Ⅰ类城市——非农产业产值高于全国城市均值、城镇人口数高于全国城市均值；Ⅱ类城市——非农产业产值低于全国城市均值、城镇人口数高于全国城市均值；Ⅲ类城市——非农产业产值低于全国城市均值、城镇人口数低于全国城市均值；Ⅳ类城市——非农产业产值高于全国城市均值、城镇人口数低于全国城市均值。

一 2000年地级及以上城市分类

2000年全国地级及以上城市中非农产业产值和城镇人口数齐全的城市共262个，以非农产业产值均值305.09亿元和城镇人口数均值162.60万人为标准，可将城市划分为四种类型，详见表3-3。

表3-3 2000年地级及以上城市分类

城市类型	城市
Ⅰ类城市 （59个）	上海、北京、广州、深圳、天津、苏州、重庆、杭州、成都、无锡、武汉、宁波、沈阳、青岛、大连、南京、泉州、佛山、福州、济南、石家庄、哈尔滨、温州、烟台、唐山、长春、绍兴、郑州、西安、南通、淄博、台州、长沙、昆明、潍坊、保定、常州、鞍山、徐州、江门、金华、济宁、东莞、邯郸、临沂、汕头、扬州、南昌、盐城、洛阳、惠州、南阳、茂名、泰州、吉林、太原、泰安、襄阳、揭阳
Ⅱ类城市 （13个）	湛江、兰州、合肥、乌鲁木齐、衡阳、绵阳、南宁、贵阳、黄冈、荆州、齐齐哈尔、阜阳、菏泽
Ⅲ类城市 （178个）	邢台、中山、盘锦、岳阳、肇庆、玉溪、德州、秦皇岛、常德、衡水、株洲、平顶山、许昌、绥化、连云港、新乡、抚顺、包头、张家口、滨州、周口、枣庄、淮安、安阳、桂林、德阳、安庆、湘潭、孝感、聊城、郴州、荆门、焦作、驻马店、三明、滁州、黄石、永州、牡丹江、宝鸡、芜湖、咸阳、赣州、九江、龙岩、信阳、柳州、莆田、邵阳、南平、商丘、曲靖、濮阳、潮州、日照、大同、呼和浩特、开封、怀化、宜宾、韶关、宁德、十堰、遵义、辽阳、临汾、三门峡、锦州、长治、营口、本溪、益阳、丹东、克拉玛依、承德、葫芦岛、运城、巢湖、晋城、海口、衢州、娄底、漯河、渭南、宿迁、宣城、玉林、泸州、梅州、自贡、蚌埠、晋中、宜春、上饶、赤峰、达州、马鞍山、云浮、通化、汉中、内江、南充、乐山、淮南、六安、攀枝花、原阳、阳江、佳木斯、丽水、咸宁、汕尾、吉安、莱芜、宿州、亳州、四平、清远、阳泉、鸡西、通辽、铁岭、随州、资阳、梧州、萍乡、景德镇、银川、广安、西宁、淮北、眉山、舟山、梧州、北海、遂宁、延安、鄂州、吴忠、铜陵、六盘水、朔州、白山、忻州、鹤壁、天水、榆林、白银、钦州、贵港、朝阳、黄山、伊春、双鸭山、河源、雅安、阜新、安康、黑河、广元、新余、七台河、辽源、白城、鹤岗、张家界、石嘴山、鹰潭、池州、巴中、保山、安顺、防城港、乌海、铜川、金昌、嘉峪关、三亚
Ⅳ类城市 （12个）	大庆、嘉兴、厦门、威海、东营、镇江、沧州、漳州、湖州、宜昌、珠海、廊坊

2000年全国地级及以上城市分类情况如下。

Ⅰ类城市59个，上海、北京、天津和重庆等4个直辖市，深圳、宁波、青岛和大连等4个计划单列市，广州、杭州和成都等17个省会城市，汕头、洛阳和襄阳等3个省域副中心建设城市，以及苏州、无锡和泉州等31个地级城市同属Ⅰ类城市。

Ⅱ类城市13个，兰州、合肥和乌鲁木齐等5个省会（首府）城市，湛江和衡阳等2个省域副中心建设城市，以及绵阳、黄冈和荆州等6个地级市同属Ⅱ类城市。

Ⅲ类城市178个，呼和浩特、海口和银川等4个西部地区的省会（首府）城市，岳阳、桂林、芜湖、赣州、柳州、大同、临汾和长治等8个省域副中心建设城市，以及邢台、中山和盘锦等166个地级市同属Ⅲ类城市。

Ⅳ类城市12个，计划单列市厦门，省域副中心建设城市宜昌，以及大庆、嘉兴和威海等10个地级市同属Ⅳ类城市。

二 2010年地级及以上城市分类

2010年，全国地级及以上城市中非农产业产值和城镇人口数齐全的城市共286个，以非农产业产值均值1376.16亿元和城镇人口数均值223.66万人为标准，可将城市划分为四种类型，详见表3-4。

表3-4 2010年地级及以上城市分类

城市类型	城市
Ⅰ类城市（62个）	上海、北京、广州、深圳、天津、苏州、重庆、杭州、无锡、佛山、武汉、青岛、成都、南京、宁波、大连、沈阳、长沙、东莞、唐山、烟台、郑州、济南、泉州、哈尔滨、南通、西安、长春、石家庄、常州、福州、温州、淄博、潍坊、徐州、绍兴、合肥、台州、济宁、嘉兴、临沂、洛阳、南昌、扬州、邯郸、厦门、鞍山、金华、昆明、盐城、沧州、泰州、泰安、中山、太原、保定、惠州、吉林、南宁、南阳、江门、德州
Ⅱ类城市（25个）	岳阳、乌鲁木齐、襄阳、淮安、漳州、衡阳、汕头、湛江、兰州、贵阳、新乡、邢台、连云港、菏泽、赣州、揭阳、宿迁、周口、曲靖、上饶、齐齐哈尔、南充、荆州、邵阳、阜阳

37

续表

城市类型	城市
Ⅲ类城市 （189个）	宜昌、枣庄、茂名、常德、柳州、湖州、平顶山、廊坊、珠海、许昌、安阳、株洲、焦作、芜湖、通辽、清远、郴州、九江、营口、日照、松原、赤峰、桂林、肇庆、咸阳、长治、宝鸡、龙岩、盘锦、商丘、抚顺、安庆、临汾、本溪、延安、张家口、三明、三门峡、信阳、秦皇岛、吕梁、湘潭、绵阳、马鞍山、德阳、遵义、驻马店、莆田、锦州、呼伦贝尔、承德、宜宾、银川、开封、克拉玛依、宜春、晋城、晋中、衢州、辽阳、运城、渭南、玉林、濮阳、玉溪、大同、十堰、乐山、牡丹江、黄石、朔州、孝感、丹东、衡水、达州、黄冈、泸州、西宁、宁德、丽水、漯河、新余、韶关、荆门、舟山、铁岭、娄底、内江、吉安、怀化、永州、南平、四平、自贡、通化、海口、淮南、益阳、滁州、朝阳、潮州、蚌埠、六安、巢湖、抚州、莱芜、资阳、攀枝花、阳江、梧州、梅州、巴彦淖尔、萍乡、乌兰察布、六盘水、宿州、绥化、葫芦岛、百色、铜陵、眉山、宣城、贵港、广安、景德镇、阳泉、淮北、咸宁、河源、汉中、白山、钦州、忻州、汕尾、乌海、遂宁、鹤壁、亳州、河池、辽源、佳木斯、白城、酒泉、鄂州、随州、鸡西、鹰潭、北海、来宾、庆阳、昭通、云浮、阜新、七台河、石嘴山、崇左、双鸭山、白银、防城港、黄山、安康、池州、广元、天水、雅安、贺州、商洛、张家界、三亚、金昌、巴中、安顺、鹤岗、保山、嘉峪关、平凉、吴忠、普洱、铜川、武威、张掖、临沧、黑河、伊春、中卫、陇南、丽江、定西、固原
Ⅳ类城市 （10个）	呼和浩特、包头、鄂尔多斯、大庆、镇江、东营、威海、聊城、滨州、榆林

2010年全国地级及以上城市分类情况如下。

Ⅰ类城市62个，上海、北京、天津和重庆等4个直辖市，深圳、青岛、宁波、大连和厦门等5个计划单列市，广州、杭州和武汉等19个省会（首府）城市，省域副中心建设城市洛阳，以及苏州、无锡和佛山等33个地级城市同属Ⅰ类城市。

Ⅱ类城市25个，乌鲁木齐、兰州和贵阳等3个省会（首府）城市，岳阳、襄阳、衡阳、汕头、湛江和赣州等6个省域副中心建设城市，以及淮安、漳州和新乡等16个地级市同属Ⅱ类城市。

Ⅲ类城市189个，银川、西宁和海口等3个西部地区的省会（首府）城市，宜昌、柳州、芜湖、桂林、长治、临汾和大同等7个省域副中心建设城市，以及枣庄、茂名和常德等179个地级市同属Ⅲ类城市。

Ⅳ类城市10个，涵盖内蒙古自治区首府城市呼和浩特，以及包头、鄂尔多斯和大庆等9个地级市。

三 2019年地级及以上城市分类

2019年，全国地级及以上城市中非农产业产值和城镇人口数齐全的城市共296个，以非农产业产值均值2996.73亿元和城镇人口数均值274.41万人为标准，可将城市划分为四种类型，详见表3-5。

表3-5 2019年地级及以上城市分类

城市类型	城市
Ⅰ类城市（67个）	上海、北京、深圳、广州、重庆、苏州、成都、武汉、杭州、天津、南京、无锡、宁波、郑州、青岛、长沙、佛山、泉州、东莞、合肥、济南、西安、南通、福州、常州、烟台、大连、徐州、温州、唐山、昆明、沈阳、厦门、绍兴、扬州、长春、南昌、石家庄、嘉兴、潍坊、盐城、台州、泰州、洛阳、哈尔滨、金华、襄阳、漳州、临沂、南宁、太原、惠州、贵阳、济宁、淄博、淮安、岳阳、乌鲁木齐、保定、沧州、南阳、常德、邯郸、赣州、菏泽、遵义、中山
Ⅱ类城市（35个）	衡阳、廊坊、九江、江门、兰州、连云港、宿迁、周口、德州、茂名、新乡、汕头、商丘、湛江、宜春、泰安、阜阳、驻马店、信阳、上饶、曲靖、平顶山、荆州、安阳、孝感、聊城、黄冈、南充、揭阳、邢台、邵阳、永州、毕节、玉林、运城
Ⅲ类城市（188个）	湖州、柳州、株洲、东营、许昌、呼和浩特、威海、滁州、包头、焦作、绵阳、莆田、龙岩、大庆、宜宾、三明、滨州、郴州、安庆、宁德、湘潭、德阳、开封、宝鸡、马鞍山、咸阳、吉安、泸州、肇庆、十堰、银川、蚌埠、荆门、日照、玉溪、达州、宿州、南平、黄石、鞍山、乐山、桂林、海口、长治、枣庄、延安、益阳、亳州、渭南、衢州、娄底、吕梁、漯河、清远、宣城、秦皇岛、六安、咸宁、怀化、濮阳、赤峰、丽水、临汾、晋中、汉中、三门峡、晋城、张家口、抚州、衡水、西宁、吉林、大同、自贡、舟山、营口、内江、眉山、盘锦、承德、淮南、遂宁、韶关、六盘水、北海、钦州、广安、阳江、安康、贵港、鄂州、百色、随州、淮北、朔州、昭通、铜仁、通辽、潮州、梅州、河源、克拉玛依、汕尾、鹤壁、攀枝花、忻州、呼伦贝尔、新余、铜陵、鹰潭、锦州、景德镇、萍乡、梧州、齐齐哈尔、抚顺、广元、安顺、黄山、保山、辽阳、云浮、池州、商洛、本溪、阳泉、河池、乌兰察布、普洱、巴彦淖尔、葫芦岛、庆阳、通化、朝阳、牡丹江、资阳、巴中、丹东、三亚、拉萨、雅安、防城港、绥化、崇左、贺州、哈密、四平、临沧、乌海、松原、酒泉、天水、吴忠、来宾、铁岭、张家界、石嘴山、白山、海东、丽江、佳木斯、白银、阜新、中卫、辽源、白城、陇南、平凉、鸡西、武威、定西、张掖、黑河、吐鲁番、铜川、双鸭山、金昌、嘉峪关、固原、鹤岗、日喀则、儋州、七台河、昌都、伊春、山南、林芝、那曲
Ⅳ类城市（6个）	鄂尔多斯、镇江、芜湖、宜昌、珠海、榆林

2019年全国地级及以上城市分类情况如下。

Ⅰ类城市67个，上海、北京、重庆和天津等4个直辖市，深圳、宁波、青岛、大连和厦门等5个计划单列市，广州、成都和武汉等21个省会（首府）城市，洛阳、襄阳、岳阳和赣州等4个省域副中心建设城市，以及苏州、无锡和佛山等33个地级城市同属Ⅰ类城市。

Ⅱ类城市35个，兰州是唯一属于该类型的省会城市。衡阳、汕头和湛江等3个省域副中心建设城市，以及廊坊、九江和江门等31个地级市同属Ⅱ类城市。

Ⅲ类城市188个，呼和浩特、银川、海口、西宁和拉萨等5个西部地区的省会（首府）城市，柳州、桂林、长治、临汾和大同等5个省域副中心建设城市，以及湖州、株洲和东营等178个地级市同属Ⅲ类城市。

Ⅳ类城市6个，涵盖芜湖和宜昌等2个省域副中心建设城市，以及鄂尔多斯、镇江和珠海等4个地级市。

四 全国层面城市类别变动分析

按照全国地级及以上城市非农产业产值均值和城镇人口数均值，可将城市分为四种类型。2000年、2010年和2019年14个省域副中心建设城市类别变动情况如表3-6所示，具体可分为以下四种类型。

表3-6 省域副中心建设城市类别变动情况

城市类型	2000年	2010年	2019年
Ⅰ类城市	汕头、洛阳、襄阳	洛阳	洛阳、襄阳、岳阳、赣州
Ⅱ类城市	湛江、衡阳	岳阳、襄阳、衡阳、汕头、湛江、赣州	衡阳、汕头、湛江
Ⅲ类城市	岳阳、桂林、芜湖、赣州、柳州、大同、临汾、长治	宜昌、柳州、芜湖、桂林、长治、临汾、大同	柳州、桂林、长治、临汾、大同
Ⅳ类城市	宜昌	—	芜湖、宜昌

注：含"＿"的城市表明其在三个年份中类型不存在变化。

一是城市类型保持不变。洛阳作为"十四五"时期河南省唯一的省域副中心建设城市，在三个年份中一直为Ⅰ类城市，即非农产业与非农人口集聚状况在14个城市中最好。湛江、衡阳持续位于Ⅱ类城市，即非农产业人口集聚状况优于非农产业，在城市发展过程中尚未将人口优势转化为产业优势，提升产业发展效率是今后省域副中心城市建设的主要抓手。桂林、柳州、大同、长治、临汾始终是Ⅲ类城市的代表，按城市非农产业产值排序，桂林和柳州排名靠前，但在省域副中心城市建设进程中，5个城市共同面临加速非农产业和非农人口集聚的双重压力。

二是城市类型越级。岳阳、赣州实现了全国城市类别的"三级跳"。它们不仅在14个城市中发展较好，而且是地级市中的典范。具体地，2000年岳阳和赣州均为Ⅲ类城市，非农产业和非农人口集聚状况均落后于全国城市平均水平；2010年二者的非农人口数率先高于全国城市均值，成为Ⅱ类城市；2019年，两个城市补足了非农产业发展的短板，非农人口和非农产业集聚程度同时领先于全国城市平均水平，成为Ⅰ类城市。此外，芜湖也实现了城市类型的越级，即2000年和2010年为Ⅲ类城市，2019年非农产业产值首先优于全国城市均值，成为Ⅳ类城市，今后应以农业转移人口市民化为重点，有序推动新型城镇化进程。

三是城市类型降级。汕头是唯一出现城市降级的城市，2000年非农产业和非农人口集聚程度均高于全国城市平均水平，属Ⅰ类城市；2010年和2019年非农产业产值低于全国城市均值，成为Ⅱ类城市。由此可见，促进非农产业集聚、做大经济规模是汕头重返Ⅰ类城市的关键。

四是城市类型波动。襄阳和宜昌的城市类型出现了波动。具体而言，襄阳由2000年的Ⅰ类城市，衰落为2010年的Ⅱ类城市，2019年又成为Ⅰ类城市，非农产业产值是否达到全国城市均值决定了襄阳的城市类型。宜昌2000年为Ⅳ类城市，2010年为Ⅲ类城市，2019年再度成为Ⅳ类城市，与襄阳不同，城镇人口数能否高于全国城市均值影响了宜昌城市类型的变动。今后，襄阳应以发展非农产业为重点，宜昌则以扩大非农人口为抓手，争取早日实现省域副中心城市建设目标。

第三节 建设省域副中心城市挑战初探

省域副中心城市兼有带动省域经济增长和区域协调发展的双重重任,应以非农产业和非农人口集聚高于全国城市均值为目标。上文分析指出,至2019年,仅有洛阳、襄阳、岳阳和赣州等4个省域副中心建设城市为Ⅰ类城市。鉴于此,本节从城市行政等级、海陆位置、资源禀赋等视角出发,分析Ⅰ类城市组成,揭示省域副中心城市建设面临的挑战。

一 以城市行政等级为视角

以城市行政等级为视角,我国地级及以上城市可分为四类:一是正省(部)级城市,即4个直辖市:北京、上海、天津和重庆。二是副省(部)级城市,包括10个省会城市所在市:哈尔滨、长春、沈阳、济南、南京、杭州、广州、武汉、成都、西安;5个计划单列市:大连、青岛、宁波、厦门、深圳。三是准副省(部)级城市,即除上述城市以外的所有省会(首府)城市,共17个:郑州、长沙、合肥、福州、昆明、南昌、石家庄、南宁、太原、贵阳、乌鲁木齐、兰州、呼和浩特、银川、海口、西宁、拉萨。四是一般地级城市,近300个。

一般来说,城市行政级别越高,其经济和社会发展的权限越大,调配资源的能力也就越强,进而促使城市经济、人口集聚程度较高。突出表现为2000年、2010年和2019年Ⅰ类城市中直辖市、副省(部)级城市以及省会(首府)城市分别为25个、28个和30个,占准副省(部)级以上城市的比重依次升高,分别为71.43%、80.00%和83.33%(拉萨数据在2000年和2010年存在缺失,在相应年份统计比重时将其剔除)。具体地,4个直辖市、10个副省(部)级省会城市始终处于Ⅰ类城市行列;5个计划单列市和17个省会(首府)城市呈现变动。2010年相较于2000年,Ⅰ类城市中多了计划单列市——厦门、省会(首府)城市——合肥和南宁;2019年相较于2010年,Ⅰ类城市中又增加了省会(首府)城市——贵阳和乌鲁木齐。Ⅰ类城市中直辖市、副省（部）级城市以及省会（首府）城市名单详见表3-7。

表3-7　Ⅰ类城市中直辖市、副省（部）级城市以及省会（首府）城市名单

年份	直辖市、副省(部)级城市以及省会(首府)城市
2000年 （25个）	上海、北京、广州、深圳、天津、重庆、杭州、成都、武汉、宁波、沈阳、青岛、大连、南京、福州、济南、石家庄、哈尔滨、长春、郑州、西安、长沙、昆明、南昌、太原
2010年 （28个）	上海、北京、广州、深圳、天津、重庆、杭州、武汉、青岛、成都、南京、宁波、大连、沈阳、长沙、郑州、济南、西安、哈尔滨、长春、石家庄、福州、合肥、南昌、厦门、昆明、太原、南宁
2019年 （30个）	上海、北京、深圳、广州、重庆、成都、武汉、杭州、天津、南京、宁波、郑州、青岛、长沙、合肥、济南、西安、福州、大连、昆明、沈阳、厦门、长春、南昌、石家庄、哈尔滨、南宁、太原、贵阳、乌鲁木齐

注："_"的城市表明其在三个年份中存在变化。

此外，从直辖市、副省（部）级城市以及省会（首府）城市总数占Ⅰ类城市的比重来看，2000年、2010年和2019年分别为42.37%、45.16%和44.78%，即城市非农产业产值和城镇人口数大于全国城市均值的城市中，有超过四成的城市为直辖市、副省（部）级城市以及省会（首府）城市。当前，以省域副中心城市为建设目标的14个城市均为一般地级市，资源调配能力远不如具有更高行政级别的城市，成为全国视角下的一类城市、面临行政级别层面的弱势。

二　以海陆位置为视角

地理位置的特殊性，往往决定了城市职能性质和规模的特殊性。自2001年中国加入世界贸易组织以来，多数沿海城市利用其便于同国际交流的地理优势，在充分发挥我国廉价劳动力比较优势的基础上，大力发展外向型经济，非农产业和非农人口快速集聚，城市规模迅速扩大。我国拥有沿海城市的省级行政区共11个，除天津和上海外，共辖51个沿海城市（港澳台地区除外）。由北至南分别为：辽宁——营口、盘锦、锦州、葫芦岛、大

连、丹东；河北——秦皇岛、唐山、沧州；山东——滨州、东营、潍坊、烟台、威海、青岛、日照；江苏——连云港、盐城、南通；浙江——嘉兴、杭州、绍兴、宁波、舟山、台州、温州；福建——宁德、福州、莆田、泉州、厦门、漳州；广东——潮州、汕头、揭阳、汕尾、惠州、深圳、中山、珠海、江门、阳江、茂名、湛江；广西——北海、钦州、防城港；海南——海口、三亚、儋州、三沙。

2000年、2010年、2019年Ⅰ类城市中沿海城市分别为22个、23个和23个，占沿海城市总数的比重分别为41.51%、43.40%和43.40%（2000年和2010年儋州、三沙数据缺失，2019年三沙数据缺失，在相应年份统计比重时将其剔除）。除去3个年份共有的18个沿海城市之外，其他略有变动，具体表现为2000年和2010年共有江门；2010年和2019年汕头、茂名、揭阳被除名，新增嘉兴、厦门、沧州和中山；2019年江门被漳州替换。Ⅰ类城市中沿海城市名单详见表3-8。

表3-8　Ⅰ类城市中沿海城市名单

年份	沿海城市
2000年（22个）	上海、深圳、天津、杭州、宁波、青岛、大连、泉州、福州、温州、烟台、唐山、绍兴、南通、台州、潍坊、江门、汕头、盐城、惠州、茂名、揭阳
2010年（23个）	上海、深圳、天津、杭州、青岛、宁波、大连、唐山、烟台、泉州、南通、福州、温州、潍坊、绍兴、台州、嘉兴、厦门、盐城、沧州、中山、惠州、江门
2019年（23个）	上海、深圳、杭州、天津、宁波、青岛、泉州、南通、福州、烟台、大连、温州、唐山、厦门、绍兴、嘉兴、潍坊、盐城、台州、漳州、惠州、沧州、中山

注：含"＿"的城市表明其在三个年份中存在变化。

进一步地，沿海城市占Ⅰ类城市的比重，在2000年、2010年和2019年分别为37.29%、37.10%和34.33%，其利用较内陆城市更加突出的地理优势，对区域的辐射带动作用愈加明显。广东省域副中心建设城市——湛江和汕头，是14个城市中仅有的沿海城市，拥有便于参与国际分工的优势。除此之外，其余12个省域副中心建设城市面临地理位置的劣势。

三 以资源禀赋为视角

资源型城市是以本地区矿产、森林等自然资源开采、加工为主导产业的城市。一方面，因原煤、原油、铁矿石等资源丰富，资源型城市可通过发展自然资源开采、加工等主导产业，实现非农产业和非农人口的快速集聚；另一方面，基于资源禀赋为主导的产业结构，往往又会造成资源型城市高耗能、高污染、高排放项目的低水平重复建设，接续替代产业发展滞后。鉴于资源型城市的特殊性，以《全国资源型城市可持续发展规划（2013－2020年）》中划定的全国资源型城市名单为依据，探讨资源型城市在Ⅰ类城市中的变动情况。除海南和西藏外，25个省份下辖126个资源型地级市。

2000年、2010年和2019年Ⅰ类城市中资源型城市分别有11个、11个和9个。相应地，占全国资源型城市的比重为8.73%、8.73%和7.14%，即仅有不足一成的资源型城市属于Ⅰ类城市。其中，唐山、淄博、徐州、济宁、邯郸、临沂、洛阳和南阳等8个资源型城市表现稳健，持续处于Ⅰ类城市行列。鞍山、吉林和泰安在2000年和2010年为Ⅰ类城市，在2019年被剔除；2019年赣州补位，成为新晋Ⅰ类城市。Ⅰ类城市中资源型城市名单详见表3-9。

表3-9 Ⅰ类城市中资源型城市名单

年份	资源型城市
2000年（11个）	唐山、淄博、鞍山、徐州、济宁、邯郸、临沂、洛阳、南阳、吉林、泰安
2010年（11个）	唐山、淄博、徐州、济宁、临沂、洛阳、邯郸、鞍山、泰安、吉林、南阳
2019年（9个）	徐州、唐山、洛阳、临沂、济宁、淄博、南阳、邯郸、赣州

注：含"＿"的城市表明其在三个年份中存在变化。

此外，相较于具有更高行政等级的城市、沿海城市，资源型城市占Ⅰ类城市的比重较低。2000年、2010年和2019年，资源型城市在Ⅰ类城市的占比分别为18.64%、17.74%和13.43%。14个省域副中心建设城市中，大同、长治、临汾、洛阳、衡阳、赣州为资源型城市，2019年只有洛阳和赣州脱颖而出，成为Ⅰ类城市。资源型城市若无法在转变经济发展方式方面取得实质性进展，建立健全促进可持续发展的长效机制，那么大同、长治、临汾、衡阳也就无法跻身Ⅰ类城市，且洛阳和赣州同样有被剔除的风险。

四 以"三非"城市为视角

除去具有准副省（部）级及以上行政等级、沿海、资源禀赋丰富的城市之外，其他城市可看作"三非"城市。2000年、2010年和2019年Ⅰ类城市中"三非"城市分别为10个、10个和15个，占相应年份Ⅰ类城市总数的比重分别为16.95%、16.13%和22.39%。苏州、无锡、佛山、保定、常州、金华、东莞、扬州和泰州等9个城市是"三非"城市中的杰出代表，在三个年份始终处于Ⅰ类城市行列。此外，2000年增加了襄阳，2010年襄阳又被德州替换；2019年襄阳、淮安、岳阳、常德、菏泽和遵义等6个城市加入Ⅰ类城市行列，德州被剔除。Ⅰ类城市中"三非"城市名单详见表3-10。

表3-10 Ⅰ类城市中"三非"城市名单

年份	"三非"城市
2000年（10个）	苏州、无锡、佛山、保定、常州、金华、东莞、扬州、泰州、襄阳
2010年（10个）	苏州、无锡、佛山、东莞、常州、扬州、金华、泰州、保定、德州
2019年（15个）	苏州、无锡、佛山、东莞、常州、扬州、泰州、金华、襄阳、淮安、岳阳、保定、常德、菏泽、遵义

注：含"＿"的城市表明其在三个年份中存在变化。

进一步分析可知，苏州、无锡、常州、扬州、泰州、金华位于"长三角一体化"发展战略的中心区；佛山和东莞是"粤港澳大湾区建设"的主要城市；保定毗邻北京，是"京津冀一体化"发展布局的中心城市。优越的地理位置是9个城市始终处于Ⅰ类城市的重要原因。在14个省域副中心建设城市中，襄阳和岳阳作为"三非"城市能够在2019年位列Ⅰ类城市，实属不易。由此可知，宜昌、芜湖、柳州、桂林以非农产业产值和城镇人口数大于全国均值为目标，建设省域副中心城市面临严峻挑战。

五　Ⅰ类城市类型对比

在Ⅰ类城市中具有双重身份的城市类型有以下两种情况：其一，既是沿海城市又是资源型城市；其二，既是沿海城市又是准副省（部）级及以上城市。其中，既是沿海城市又是资源型城市的仅有唐山；既是沿海城市又是准副省（部）级及以上城市相对较多，上海、深圳、天津、杭州、宁波、青岛、大连、福州等8个城市始终为Ⅰ类城市，2010年和2019年厦门加入该行列。

按沿海城市、资源型城市、准副省（部）及以上城市、"三非"城市、既是沿海城市又是资源型城市、既是沿海城市又是准副省（部）级及以上城市等六种城市类型，可比较2000年、2010年和2019年Ⅰ类城市类型变动情况。六种城市类型数量占Ⅰ类城市总数的比重呈现如下三个显著特征。

一是沿海城市、准副省（部）级及以上城市分别约占Ⅰ类城市的两成和三成，再加之同为沿海城市又是准副省（部）级及以上城市，三者约占据了Ⅰ类城市总数的2/3，充分反映出上述三类城市在经济社会发展中具有显著优势。

二是资源型城市占Ⅰ类城市比重下降明显，说明新形势下，相较于其他类型城市，资源型城市竞争力不足，经济结构转型升级迫在眉睫。

三是"三非"城市占Ⅰ类城市比重提升明显，主要得益于"京津冀协同发展""长江经济带发展""粤港澳大湾区建设""长三角一体化发展"等区域协调发展战略的实施，劳动力、资本等生产要素向基础条件较好的"三非"城市流动。相反地，地处非国家重大战略区域的"三非"城市，在做大城市规模、提升区域辐射带动力等方面劣势明显。

本篇小结

省域副中心城市是省级行政区为弥补省域中心城市经济辐射缺失，促进省域经济社会协调发展，而重点建设的中心城市类型。顾名思义，省域副中心城市的辐射范围通常在一省范围内，是仅次于省域中心城市的增长极与动力源。相较于一般地级市，具有较大经济和人口规模、基础设施完备、同周边城镇存在紧密的产业协作关系、对省域经济辐射带动作用强等特征。中心地理论、成长三角理论，以及非均衡发展理论均能为省域副中心城市的建设提供坚实的理论基础。

从中长期视角出发，众多省级行政区均在各自的城镇体系规划和国土空间规划中明确省域副中心城市的建设目标，并呈现如下特征。

一是相较于前期的城镇体系规划，更多省份在新时代国土空间规划中进行省域副中心城市的建设布局。诸如，海南新增三亚，内蒙古新增包头、赤峰、鄂尔多斯，宁夏新增固原，河南新增洛阳、南阳等。这一现象不仅反映出当前各省区市培育经济新增长点的迫切需求，也从侧面说明各省区市经济社会发展不平衡。继而，省域副中心城市建设已成为多数省份实现更加平衡、更加充分和更高质量发展的重要区域战略布局。

二是城市拥有的行政级别越高、发展头衔越多，往往意味着城市配置资源的能力越强，在省域范围内的中心城市地位也就越突出。诸如，省会或首府城市是省级行政机关所在地，一般承担着省域中心城市的职能；深圳、大连、青岛、宁波、厦门是15座副省（部）级城市中的计划单列市，资源配置能力强于省域范围内的一般地级市，是各自省域的副中心城市。进一步地，除各省份明确提出的省域副中心城市外，还可将城市职能体系中仅次于省会或首府城市的城市视为省域经济社会发展的增长极，以填补省域中心城市经济社会辐射缺失。

三是在以城市群、都市圈为依托，构建大中小城市协调发展的城镇格局指引下，大多数省份在国土空间规划中强化了城市之间的紧密联系，明确了都市圈、城市群、城市带的城镇空间布局。这一趋势使得省域副中心城市往往也将成为都市圈或城市群的副中心城市。诸如，河南洛阳被赋予了中原城市群副中心城市的重任；陕西渭南中心城区、铜川中心城区、杨凌示范区为西安都市圈的副中心，同时也是全省发展的核心区域。自然地，此类省域副中心城市也将其经济社会辐射范围从部分省域拓展至省域，甚至多省域，承担更多中心城市建设重任。

依据各省级行政区"十四五"发展规划，可从短期视角出发，在对建设省域副中心城市的14个城市进行类别探究的基础上，揭示提升14个城市能级面临的挑战。

研究结果表明：新形势下，赣州不仅在江西的辐射带动作用较强，而且在全国地级及以上城市中脱颖而出，最先可能建成省域副中心城市；洛阳、岳阳、襄阳和柳州在剩余的13个省域副中心城市建设中位于前列。其中，洛阳、岳阳和襄阳进一步缩小与省域中心城市的差距，切实弥补省域中心城市辐射缺失，是其建设省域副中心城市的主要抓手；柳州加大非农产业和非农人口集聚，提升城市集聚能力，是其今后省域副中心城市建设的主要方向。大同、长治、临汾、宜昌、衡阳、芜湖、汕头、湛江和桂林等城市尚不具备建设省域副中心城市的基本条件。

当前，以省域副中心城市建设为目标的14个城市均为地级市，资源调配能力远不如具有更高行政级别的城市，成为全国视角下的一类城市，面临行政级别层面的弱势。湛江和汕头是14个省域副中心建设城市中仅有的沿海城市，具有便于参与国际分工的优势。除此之外，大同、临汾和长治等其余12个城市面临地理位置的劣势。大同、长治、临汾、洛阳、衡阳、赣州为资源型城市，目前只有赣州和洛阳脱颖而出。资源型城市若无法在转变经济发展方式方面取得实质性进展，建立健全促进可持续发展的长效机制，那么，大同、长治、临汾、衡阳也就无法显著提升城市能级，且洛阳和赣州集聚辐射能力同样有被削弱的风险。

第二篇
省域副中心建设城市竞争力与活力比较分析

内容提要

"十四五"时期,山西、河南、湖北、湖南、安徽、江西、广东、广西等八个省级行政单位,确定建设大同、长治、临汾等14个省域副中心城市。省域副中心城市建设的主要目的在于填补省域中心城市辐射缺失,促进省域经济社会协调发展。继而,相较于一般的地级市,其应具有较强的新时代城市竞争力和城市活力。继而,在借鉴现有城市评价体系基础上,构建新时代城市竞争力和城市活力分析框架,对中部地区省域副中心建设城市经济社会发展情况展开分析。

篇章结构安排如下:第四章,在阐释新时代城市竞争力和城市活力内涵基础上,探讨二者之间的内在关系,尝试提出一种划分成长型城市、成熟型城市与衰退型城市的依据与方法。第五章,基于新时代城市竞争力和城市活力分析维度,构建指标评价体系,对中部地区地级及以上城市的新时代城市竞争力和城市活力进行测度。同时,重点分析阻碍省域副中心建设城市竞争力与活力提升的主要因素。

研究发现:新时代城市竞争力是指在新发展理念指引下,以实现新时代经济社会发展需求为目标,涵盖城市发展环境、城市集聚和利用生产要素,以及城市经济社会可持续发展等全方位的能力。城市活力单纯强调城市内生产要素集聚的活跃程度,本质上由新时代城市竞争力中城市集聚和利用生产要素部分组成。在新发展理念指导下,新时代城市竞争力包含城市创新发展竞争力、城市协调发展竞争力、城市绿色发展竞争力、城市开放发展竞争力和城市共享发展竞争力五个维度。城市活力可拆分为城市制度活力、城市科技活力、城市人口活力、城市资本活力四个层面。经测算,步入新时代以来,随着社会生产力的不断发展,中部地区省域副中心建设城市的新时代城市竞争力和城市活力普遍提升,但不同省域副中心建设城市的经济社会发展状况又存在明显差异。省域副中心建设城市的城市活力障碍因素大多同时阻碍其新时代城市竞争力提升,即激发城市活力与提升新时代城市竞争力并行不悖。

第四章　新时代城市竞争力与城市活力分析框架

省域副中心城市是省域经济社会的增长极，肩负着带动省域经济社会发展的重任，从本质上要求省域副中心城市较周边城市具有更强的城市竞争力、更强的生产要素集聚力，继而带动省域经济社会协调发展。2013年12月中央城镇化工作会议指出，城市的竞争力、活力、魅力，离不开高水平管理；2015年12月中央城市工作会议指出，当前和今后一个时期，要不断提升城市环境质量、人民生活质量、城市竞争力，建设和谐宜居、富有活力、各具特色的现代化城市；2019年8月中央财经委员会第五次会议指出，经济和人口向大城市及城市群集聚的趋势比较明显，一些城市特别是资源枯竭型城市、传统工矿区城市发展活力不足。由此可知，在国家战略层面，城市竞争力和城市活力多以组合形式出现，继而在测算城市竞争力的同时，衡量城市活力有助于更加全面地反映城市经济社会发展状况。本章在分析新时代城市竞争力与城市活力内涵基础上，结合新发展阶段城市竞争力和城市活力的新要求，分别探究新时代城市竞争力与城市活力的分析维度。

第一节　新时代城市竞争力与城市活力内涵阐释

城市作为一个独特的经济系统，具有高度集聚劳动力、资本、自然资源、知识与技术等生产要素的功能，并依靠生产要素的配置和组合，创造国民财富。在此基础上，城市竞争是指城市凭借自身所提供的独特的社会制度与管理模式，在吸取和集聚生产要素方面进行竞争和角逐，最终促进本城市比其他城市具有更快的经济增长和更为协调的社会发展。由此可知，城市之间的竞争从本质上是指对涉及城市发展的稀缺资源的竞争，诸如土地、资本、人才、科技、生态环境、城市形象、管理制度等，最终表现为城市具有持续稳定的经济增长，能够持续改善城市居民的生活水平。

一 新时代城市竞争力的内涵阐释

为充分反映城市竞争状况，20世纪末以来，学者们逐渐将城市视为竞争主体，在阐明城市竞争力内涵基础上，进行城市竞争力强弱的比较分析，代表性的城市竞争力概念详见表4-1。总的来说，在资源稀缺的约束下，城市竞争力涉及城市自然的、经济的、文化的发展环境的竞争，涉及集聚和利用各种促进经济和社会发展的生产要素的竞争，涉及城市更强、更为持续的发展能力和发展趋势的竞争。其中，城市发展环境是城市竞争力的前提条件，集聚和利用生产要素是城市竞争力的核心主体，持续稳定的发展能力是城市竞争力的最终目标。

表4-1 代表性城市竞争力的内涵

学者	内涵
郝寿义、倪鹏飞（1998）	城市竞争力是指一个城市在国内外市场上与其他城市相比所具有的自身创造财富和推动地区、国家或世界创造更多社会财富的现实的和潜在的能力
徐康宁（2002）	城市竞争力是指城市通过提供自然的、经济的、文化的和制度的环境，集聚、吸收和利用各种促进经济和社会发展的文明要素的能力，并最终表现为比其他城市具有更强、更为持续的发展能力和发展趋势
周德群等（2005）	城市竞争力是指在社会、经济结构、价值观、文化、制度和政策等多个因素综合作用下创造和维持的，一个城市为其自身发展在其区域中进行资源优化配置的能力
吕红平等（2008）	城市竞争力主要是指一个城市在竞争和发展过程中与其他城市相比较所具有的吸引、争夺、拥有、控制和转化资本，争夺、占领和控制市场以创造价值，为其居民提供福利的能力
翟冬平（2011）	城市竞争力指一个城市在其发展过程中所拥有的与其他城市竞争相同资源，以创造更多财富的能力

续表

学者	内涵
线实、陈振光（2014）	城市竞争力是指在政治、经济、社会等多维因素的影响下,一个城市相对于其他城市而言,吸引、控制和转化有限资源,以创造财富、提供就业,并最终实现可持续发展、提高当地居民生活质量的能力
汤凯、许锦锦（2016）	城市竞争力是其在竞争优势引领下,各方面协同发展,在与其他城市相互竞争与合作中,不断提升城市价值,为城市各利益主体提供各方面的服务并超越对手或比对手城市更快发展的能力

从城市竞争力内涵可知,城市竞争力具有三个显著特征。一是相对性,城市竞争力概念的提出源于资源的稀缺性,继而城市竞争力是一个比较的概念,面对不同的资源禀赋与发展环境,同一城市在不同范围内的竞争力强弱存在差异。二是综合性,城市竞争力不仅涉及城市的资源禀赋、政策制度与人文素养等环境因素,而且强调城市集聚和利用生产要素等能力,最终表现为城市发展能力的强弱。三是动态性,城市竞争力落脚于推动城市经济社会的持续发展与城市居民生活水平的持续改善,面临不同的经济社会发展阶段,城市竞争力追求的发展目标具有鲜明的时代特征。

因城市竞争力具有相对性、综合性和动态性等特征,面对错综复杂的国际环境和艰巨繁重的国内改革任务,城市竞争力内涵具有新的时代意蕴,即新时代城市竞争力是指在新发展理念指引下,以实现新时代经济社会发展需求为目标,涵盖城市发展环境、城市集聚和利用生产要素,以及城市经济社会可持续发展等全方位的能力。新时代城市竞争力具备两个最突出的特征。

一是新时代城市竞争力以新发展理念为指导。在深刻分析国内外发展大势的基础上,党的十八届五中全会首次正式提出创新、协调、绿色、开放、共享的新发展理念。2015年12月中央城市工作会议提出,当前和今后一个时期,我国城市工作的指导思想是全面贯彻党的十八大和十八届三中、四中、五中全会精神,以邓小平理论、"三个代表"重要思想、科学发展观为指导,贯彻创新、协调、绿色、开放、共享的新发展理念。2021年3月

《中华人民共和国国民经济和社会发展第十四个五年规划和2035年远景目标纲要》明确要求，"把新发展理念完整、准确、全面贯穿发展全过程和各领域"。为此，新时代城市竞争力需以新发展理念为指导，在城市的竞争过程中强调创新发展、协调发展、绿色发展、开放发展和共享发展。其一，在坚持质量第一、效益优先的高质量发展要求下，城市创新能力成为决定城市竞争力高低的关键因素，强调城市在制度、科技、文化等各方面的创新，继而提出城市创新发展竞争力的分析维度。其二，城市是非农产业和非农人口的集聚地，相较于以农业为主的农村而言，城市生产受自然条件的束缚较少，城市在创造大量经济财富的同时，城乡之间、用地结构以及产业分工是否协调，成为影响新时代城市能否高质量发展的重要因素，继而提出城市协调发展竞争力的分析维度。其三，长期以来，在以经济建设为中心的思想指导下，城市经济快速发展，同时资源约束趋紧、环境污染严重、生态系统退化等问题日趋严重，务必在尊重自然、顺应自然、保护自然的生态文明理念下，实现城市经济社会的可持续发展，继而提出城市绿色发展竞争力的分析维度。其四，面对有效需求不足、部分行业产能过剩、社会预期偏弱、风险隐患仍然较多，国内大循环存在堵点，外部环境的复杂性、严峻性、不确定性上升的困难和挑战，需有效统筹国内国际两个大局，使国内大循环建立在内需主动力的基础上，提升国际循环质量和水平，切实增强城市对内对外开放水平，激发和增强社会活力，继而提出城市开放发展竞争力的分析维度。其五，改革开放以来中国经济飞速发展，一跃成为世界第二大经济体，进一步要求在不断做大"蛋糕"的同时，注重分好"蛋糕"，缩小城市户籍人口与常住人口、发达地区与欠发达地区的差距，继而提出城市共享发展竞争力的分析维度。

二是新时代城市竞争力最终要为新时代的经济社会发展新要求服务。诸如，就国家层面而言，党的二十大擘画了新时代中国特色社会主义建设的宏伟蓝图，即在中国共产党的坚强领导下，全面建成社会主义现代化强国、实现第二个百年奋斗目标，以中国式现代化全面推进中华民族伟大复兴。相应地，新时代城市竞争力要为全面建设社会主义现代化国家、全面推进中华民族伟大复兴服务。就山西省域层面而言，全省锚定2035年远景目标，聚力实现转型出雏形的重要阶段性战略目标，为"十五五"基本实现转型、"十六五"全面完成转型奠定坚实基础，确保到2035年与全国同步基本实现社会主义现代化、2050年与全国同步实现社会主义现代化。相应地，山西各城市新时代城市竞争力要为到2030年基本实现转型、2035年基本实现现代化的奋斗目标服务。就长治市域层面，要努力在加快制造业振兴升级上干在先做示范、在推动文旅康养融合发展上干在先做示范、在推进新型城镇化和县域内城乡融合发展上干在先做示范，全力打造"中国神话之乡""中国古代建筑艺术博物院""中国革命根据地红色文化展示区""中国太行风光揽胜处""中国康养福地"五大品牌。相应地，长治新时代城市竞争力要为加快建设全国资源型城市转型升级示范区、现代化太行山水名城和国内一流国际知名生态文化旅居目的地服务。在此要求下，包括各省域副中心建设城市在内的所有城市，应从各自省域、市域经济社会发展实际出发，以实现中国式现代化为目标，切实增强新时代城市竞争力。

二 城市活力的内涵分析

城市竞争力与城市活力常常以组合的形式出现在政府文件中，充分反映出城市竞争力与城市活力之间的紧密关系。一般地，城市竞争力强，城市往往也更具活力；城市拥有更强的活力，也说明城市在区域竞争中更具优势。当前学术界从两个维度理解和论述城市活力的概念：一是从城市形态学角度将活力理解为由城市空间形态塑造和影响的城市生活与活动，关注的是城市活力的微观表现，通常分析如何通过街区改造等方式，激发城市区域人流、车流和资金流的流动；二是从城市社会学视角出发，将其理解为经济、社会与文化的反映与存在方式，关注城市活力的宏观意义，认为其是城市自身生存与发展的能力，与城市竞争力内涵具有较大的重合性。代表性的城市活力内涵详见表4-2。

表 4-2 代表性城市活力的内涵

学者	内涵
刘黎等 (2010)	城市活力指一个城市对经济社会发展综合目标及对生态环境、人的能力提升的支持程度
童明 (2014)	城市活力就是人们在城市环境中从事行为活动的一种衡量维度,体现为人与人之间交往的密度与频度,以及由此积攒而来的文化时间及其空间魅力
周大鸣 (2018)	在移民时代,城市活力强调城市的建设和发展要围绕在城市中生活的多元主体,既包括本地居民,也包括外来移民,在尊重多元文化共存的前提下强调一个共同感的概念,包括移民在城市中的生活感、舒适感和安全感
刘云舒等 (2018)	城市活力是指市空间中的社会活跃程度
王建国 (2019)	城市活力是城市健康成长、持续激发社会演进正向动能的本源之一,并可以划分为狭义的活力和广义的活力。狭义的活力即可直观认知到的人际交流互动、城市生活活动;广义的活力包括创新创业激励、经济制度、人才政策,以及对于异质元素的包容度、成规模建制并年龄级差合理的知识创新人群等
塔娜等 (2020)	城市活力为居民在城市空间中多种活动强度的整合
毛炜圣、钟业喜 (2020)	城市活力反映了城市发展的内生力,表现为一个城市对于生命机能、生态环境和经济社会的支持程度,体现为城市形态的合理性、城市功能的多样性和城市活动的丰富性
黎中彦等 (2021)	城市活力是指一个城市或区域的社会经济、城市发展、生态环境、国际影响等因素的能力及潜力

《当代汉语新词词典》收录了 1949 年新中国成立以来具有时代标志意义的新词。其中,将"活力"一词释为:①指生命力;②借指事物得以生存、发展的能力。在此基础上,城市活力自然也存在两种释义:一是指城市的生命力,即城市人口、企业、资本、科技、制度等经济要素的活跃程度,可将其视为城市活力的狭义概念;二是指城市得以生存、发展的能力,强调在竞争的背景下,城市在环境营造、资源集聚与利用、经济持续增长等层面的潜力,可将其视为城市活力的广义概念,同城市竞争力的内涵相一致。

为与城市竞争力有所区分,在后文分析过程中,使用狭义的城市活力概念,强调城市内集聚生产要素的活跃程度。继而,可将城市活力视为由新时代城市竞争力内涵中的核心主体组成，即相较于新时代城市竞争力较为全面反映城市经济社会发展总体状况而言，城市活力不包含城市民生福利保障、基础设施建设等层面的内容，侧重于衡量市场经济条件下生产要素的活跃程度，更多由城市经济社会发展进程中管根本、管全局、管长远的因素组成。即新时代城市竞争力和城市活力之间存在包含与被包含的关系。

三 新时代城市竞争力与城市活力的内在关系

新时代城市竞争力是指在新发展理念指引下，以实现新时代经济社会发展需求为目标，涵盖城市发展环境、城市集聚和利用生产要素，以及城市经济社会可持续发展等全方位的能力。因城市活力单纯强调城市内集聚生产要素的活跃程度，相较于城市竞争力而言，其时代特征较弱，本质上是由新时代城市竞争力中城市集聚和利用生产要素部分组成。

基于此，确定城市经济社会发展比较的区域范围之后，可依据城市的新时代城市竞争力和城市活力的排名状况，进一步将城市划分为成长型城市、成熟型城市与衰退型城市。具体地，若城市的新时代城市竞争力排名落后于城市活力排名，反映出市场机制对于城市经济社会的影响较大、城市具有较强的发展潜力，则可将此城市认定为比较范围内的成长型城市；若城市的新时代城市竞争力排名与城市活力排名同频，反映出政府对于城市经济社会发展的影响同市场机制的作用相当，即城市政府提供的公共服务、基础设施等与城市集聚和利用生产要素的能力相匹配，则可将此城市认定为比较范围内的成熟型城市；若城市的新时代城市竞争力排名领先于城市活力排名，反映出城市政府对于城市经济社会发展的影响过大，市场自发调节下的城市经济社会发展滞后，则可将此城市认定为比较范围内的衰退型城市。

第二节 新时代城市竞争力与城市活力的分析维度

省域副中心城市是仅次于省域中心城市的省域经济社会增长极，其新时代城市竞争力、城市活力应高于普通地级市。继而，在分析建设省域副中心城市的新时代城市竞争力与城市活力时,首先需要阐释新时代城市竞争力与城市活力的分析维度,为科学反映省域副中心城市的建设潜力提供前提。

一 新时代城市竞争力分析维度

明确新时代城市竞争力分析维度是构建新时代城市竞争力指标体系的基础。20世纪末至今,城市竞争力分析维度逐渐完善,涵盖了综合经济指标、财政金融状况、人才科技水平、基础设施建设、社会保障能力和对外联系紧密度等多视角,能够综合反映城市经济社会软硬发展环境、城市经济要素集聚状况、城市经济社会发展产出等情况。代表性城市竞争力分析维度详见表4-3。

表4-3 代表性城市竞争力分析维度

学者	分析维度
郝寿义、倪鹏飞(1998)	综合经济实力、资金实力、开放程度、人才及科技水平、管理水平、基础设施及住宅
徐康宁(2002)	环境要素(城市规模、城市素质、城市环境、基础设施)、经济要素(经济实力、资本与市场、国际化程度、产业结构、创新与成本)、体制要素(市场化程度、政府管理)
周德群等(2005)	对资源的吸引力(对人才的吸引力、对资本的吸引力)、处理和转换效率(劳动生产率、资本生产率、技术进步、政府管理)、产品服务的输出能力(出口能力、出埠能力、产业成长)
王晓鹏等(2008)	经济实力(综合经济指标、财政金融条件、对外开放程度)、科学技术实力、基础建设与环境质量(基础设施建设、环境质量)
刘晓英(2011)	基础竞争力系统、环境竞争力系统、核心竞争力系统
王海波等(2019)	金融服务、科技创新、产业体系、人力资本、当地需求、营商成本、制度成本、基础设施、生活环境、全球联系
黄国妍等(2019)	选取点中心度、点出度、点入度、中间中心度等网络联系能级测度指标,分析城市在全球网络体系中的竞争力
吴少华、李语佳(2021)	经济实力竞争力、基础设施竞争力、社会保障竞争力、资源环境竞争力、科技创新竞争力、对外开放竞争力

现有城市竞争力分析维度为构建新时代城市竞争力指标体系奠定了基础，但并未突出"新时代"的时代特征。继而，新时代城市竞争力需要以新发展理念为指导，为新时代的经济社会发展新要求服务，涵盖城市创新发展竞争力、城市协调发展竞争力、城市绿色发展竞争力、城市开放发展竞争力和城市共享发展竞争力五个维度。

城市创新发展竞争力涵盖城市制度创新、城市科技创新、城市文化创新三个方面。城市制度创新是指在城市治理和运行中，通过改革和创新制度，有效解决城市发展面临的棘手问题。具体包括突破行政体制、资源配置、决策机制等方面的限制，探索适合城市发展的新模式和新路径；建立多元化的参与平台，形成政府、市民、企业、社区等各方共同参与的城市治理新格局等。城市科技创新是指利用科技手段和创新思维，推动城市智能化、数字化和可持续发展。具体包括以数字化和智能化为核心，应用先进的信息技术和人工智能技术，推动城市各领域的数字化转型和智能化发展；吸引高科技企业入驻，激发城市科技创新活力，推动科技成果转化和产业升级，提升城市经济发展水平等。城市文化创新是指挖掘和传承城市独特的文化资源，推动文化产业的发展，提升城市的文化软实力和城市形象。具体包括修缮古建筑、开展文化遗产保护和传统文化教育，弘扬城市历史文化，增强城市居民的文化认同感和自豪感；搭建文化创意产业园区、打造文化品牌，吸引文化创意企业和创作者入驻城市，提升城市的文化创意能力和影响力等。

城市协调发展竞争力涵盖城市空间布局合理、城市功能定位明确、城市产业协作共赢三个方面。城市空间布局合理是指科学有效地组织和配置城市的各类空间要素，促进城市经济社会的可持续发展。具体包括科学划分城市的功能区域，避免功能重叠和冲突，实现不同功能区域之间的综合平衡；合理配置土地资源、控制建设用地规模和密度，提高城市的用地效率和空间效能等。城市功能定位明确是指明晰城市所辖区县的主要功能定位，确定城市的发展方向和重点领域，突出发展优势，实现资源互补共享。具体包括以资源禀赋为依托，确定区县主要产业发展方向，提高资源利用效率；加强对区县功能定位的监测和评估，及时调整和改进发展方向等。城市产业协作共赢是指各城市产业之间具有紧密合作、协同发展的能力，最终形成相互依赖、互补协同的新型现代产业体系。具体包括建立紧密的产业网络，促进产业间的交流、合作和信息共享，促进产业链的协同发展；通过建设产业联盟、技术创新中心等形式，推动产业链的延伸和衔接，提升产业发展竞争力。

城市绿色发展竞争力涵盖城市生产集约高效、城市生活宜居适度、城市生态山清水秀三个方面。城市生产集约高效是指立足资源优势，最大限度地提高城市生产效率和经济效益，实现城市经济的绿色发展。具体包括通过科学规划和管理，实现资源的合理配置和优化利用，减少资源浪费；采用节能技术和清洁能源，提高能源利用效率和环境效益等。城市生活宜居适度是指城市居民能够享受到身心健康、安全舒适和社区互动的良好环境。具体包括在舒适、安全和卫生的条件下，保持适度的人口密度，提供多样化的住房选择；加强公共安全管理，保障居民的人身和财产安全，营造安全稳定的社会环境。城市生态山清水秀是指在追求城市经济高速增长的同时，注重保护和改善自然生态环境，实现人与自然和谐共生的发展目标。具体包括通过控制排放源、提升能源利用效率等方式，改善城市生态环境质量；培养市民生态文明意识，提倡环保、低碳、绿色的生活方式，形成全民参与生态环境保护的良好氛围。

城市开放发展竞争力涵盖城市交通枢纽地位显著、城市集聚辐射能力增强、城市生活服务功能完善三个方面。城市交通枢纽地位显著是指有效提升城市交通运输效能，改善居民出行体验。具体包括扩大对外交通枢纽规模，增设更多交通线路，提升城市对外交流便利度；完善市内交通重要节点布局，将飞机、火车、长途汽车、公共交通等交通方式有效连接起来，构筑便捷的换乘和联运体系等。城市集聚辐射能力增强是指城市在经济、文化、科技、创新等方面具有较强的吸引力和影响力，能够在吸引资源集聚的同时，带动周边地区发展。具体包括降低市场准入门槛，吸引人才和企业的聚集，打造区域经济增长极；采用重点产业链+"链主"企业+"链核"企业的发展模式，推动区域创新链、人才链、产业链、价值链融合发展等。城市生活服务功能完善是指通过提供便利性、多样化、高质量的生活服务，满足城市居民的消费需求，增强城市居民幸福感。具体包括建设丰富多样的商业购物场所，提供全方位的商品供应和购物体验，满足城市居民购物需求；建设电影院、剧院、音乐会等文化娱乐设施，为城市居民提供生活娱乐和文化消费选择等。

城市共享发展竞争力涵盖城市基本公共服务均等化、城市民生福利体系健全、城市公共基础设施共建共享三个方面。城市基本公共服务均等化是指无论城市居民社会经济地位、居住区域或身份是否存在差异，均享有政府提供的平等的基本公共服务。具体包括不论是否存在贫穷富贵、城乡差异，每个居民都能够享有平等的教育资源；建立健全的医疗服务网络，推动医疗资源均等分布，确保城市居民都能够获得基本的医疗服务。城市民生福利体系健全是指建立完善的福利制度和服务体系，为城市居民提供全面、平等、可持续的民生福利保障。具体包括建立涵盖养老保险、医疗保险、失业保险等完善的社会保障体系，保障城市居民基本的生活质量和基本权益；注重儿童、妇女、老年人等特殊群体的特殊需求，制定针对性的保障政策，为特殊群体提供相应的保障和支持。城市公共基础设施共建共享是指政府、社会组织、企业和居民等，共同建设、享有交通基础设施、水电气供应设施、公共空间设施等。具体包括政府发挥主导作用，积极引导和协调各方共同参与公共基础设施的规划、设计、建设和运营管理；以公共利益为出发点，建设和管理以满足城市居民基本需求为目标的公共基础设施，避免个人或特定群体挤占公共资源等。

综上，在新发展理念指导下，新时代城市竞争力要为经济社会发展的新要求服务，包含城市创新发展竞争力、城市协调发展竞争力、城市绿色发展竞争力、城市开放发展竞争力和城市共享发展竞争力五个维度。在此基础上，依据五个维度的特征，每分项竞争力又可进一步拆分为三个方面，共同组成了"5×3"的新时代城市竞争力分析框架。

二　城市活力分析维度

学术界从城市空间形态影响城市生活与活动、城市自身生存与发展能力两个视角定义城市活力。相应地，城市活力的分析维度分为两个方向，一是重点考察城市空间形态塑造前后，城市人流、资金流等变化情况；二是将城市活力拆分为经济活力、社会活力、文化活力、国际活力等维度，全面分析城市经济社会发展状况。代表性城市活力的分析维度，详见表4-4。

表4-4 代表性城市活力的分析维度

学者	分析维度
刘黎等（2010）雷依凡等（2022）	城市活力体系包括经济、社会、环境及文化活力，且其相互联系密切，共同对城市活力形成支撑
王建国（2019）	城市活力分为显性和隐性两个不同的方面：显性活力指人们直接可以感知和观察到的活力；隐性活力指通过数字化、网络化等技术手段潜在影响人际交流、分享信息的能力
塔娜等（2020）	城市活力包括经济活力、社会活力和文化活力3个维度
毛炜圣、钟业喜（2020）	城市活力分为功能活力、社会活力两个维度
明雨佳等（2020）	城市活力分为人的活动、城市空间要素和人的主观感受3个维度
黎中彦等（2021）	城市活力分为经济活力、创新活力、人才活力、产业活力、幸福活力、国际活力6个维度
冯章献等（2023）	对应城市发展结构体系，城市活力体系包括经济、社会、空间、环境和文化活力5个维度

如前所述，为与新时代城市竞争力进行区分，特将城市活力视为城市内集聚生产要素的活跃程度，则城市活力的分析维度可依据制度、科技、人口、资本等生产要素，将其划分为城市制度活力、城市科技活力、城市人口活力、城市资本活力四个层面。

城市制度活力关系政府治理能力改善和经济社会制度健全，立足于政府效能优化、市场机制完善、公民参与度提升等三个方面。城市制度具有活力首先需要政府高效运转、决策迅速，积极应对经济社会发展面临的新挑战，有效回应城市居民需求和关切；其次需要充分发挥市场在资源配置中的决定性作用，不断激发市场主体的活力和创造力；最后需要畅通城市居民建设、管理和发展城市的有效途径，充分发挥人民群众主体性，全面践行人民城市理念。

城市科技活力关系现代产业体系构建与创新型国家建设，立足于科创环境营造好、科技产业发展快、科技人才引育多等三个方面。城市科技具有活力，首先需要城市鼓励和支持科学研究和技术创新，为创新创业提供包容的发展环境；其次需要注重科技产业发展，培育和壮大高科技企业，推动科技成果的转化和应用；最后需要在加大本土科技人才培养的同时，引进国内外优秀的科技人才，推动科技人才的交流与合作。

城市人口活力关系劳动力的有效供给和市场规模的扩大，立足于人口规模适度扩张、人口结构多样化、居民就业有保障等三个方面。城市人口具有活力，首先需要城市有适度的人口规模与较高的人口密度，充分发挥集聚经济的作用；其次需要年龄、性别、民族和职业等多元化的人口结构，促进社会的交流与融合；最后需要提升城市劳动参与率和就业机会，在稳定城市经济社会发展的同时，增强人口的社会融入度。

城市资本活力关系资本在经济系统中的流动性和利用效率，立足于金融体系健全、投资环境改善、企业发展能力提升等三个方面。城市资本富有活力，首先需要拥有稳健和发达的金融体系（涵盖商业银行、证券公司、保险公司、风险投资和其他金融机构等），为城市经济社会发展提供资本支持；其次需要安全、透明和稳定的投资环境，吸引各类投资资本集聚，降低投资风险和成本；最后需要吸引并孕育创新型初创企业、中小企业和大型企业等，提升企业的融资能力，提升企业发展潜力。

综上，基于城市经济社会发展的基本生产要素，可将城市活力拆分为城市制度活力、城市科技活力、城市人口活力、城市资本活力四个层面。同时，基于每个层面的实际，又可拆分出三个维度，继而形成"4×3"的城市活力分析框架。

省域副中心城市肩负着带动省域经济社会协调发展的重任，相较于一般地级市，具有更强的城市竞争力和城市活力。在新发展阶段，城市竞争力应以新发展理念为指导，为扎实推进中国式现代化注入活力，由此提出了涵盖城市发展环境、城市集聚和利用生产要素以及城市经济社会可持续发展的新时代城市竞争力内涵。城市活力单纯强调在市场机制作用下，城市内集聚生产要素的活跃程度，由新时代城市竞争力中的核心因素构成。由此可知，新时代城市竞争力与城市活力在概念上是包含与被包含的关系，继而，在确定城市比较范围的基础上，可依据城市新时代城市竞争力和城市活力的排名状况，将城市划分为成长型城市、成熟型城市和衰退型城市。依据城市经济社会发展需要，在新发展理念指导下，可提出"5×3"的新时代城市竞争力分析维度；在城市基本生产要素划分的基础上，进一步形成"4×3"的城市活力分析框架，为科学评价省域副中心城市的经济社会发展状况奠定了坚实基础。

第五章　省域副中心建设城市竞争力与活力评价

新时代城市竞争力与城市活力越强，建设省域副中心城市的潜力也就越大。选取适宜的城市经济社会发展比较对象，是客观反映省域副中心建设城市发展能级的前提。为此，本章在借鉴现有城市竞争力测度经验基础上，依据新时代城市竞争力和城市活力分析框架，构建了新时代城市竞争力、城市活力指标体系，并采用熵值法等分析方法，对长治、赣州等省域副中心建设城市的经济社会发展状况进行了评价。

第一节　新时代城市竞争力与城市活力的评价体系构建

相较于城市活力，城市竞争力的研究成果较为丰富。2012年1月至2023年4月，在中国知网以篇名"城市竞争力"为筛选条件，检索到发表在中文社会科学引文索引（CSSCI）收录期刊的文章共95篇，其中涉及评价体系的文章46篇。就城市竞争力评价指标而言，涵盖GDP、进出口总额、固定资产投资额等总量指标，人均GDP、空气质量优良天数、每万人拥有专利授权数等质量指标，以及高新产业增加值占GDP比重、城镇居民恩格尔系数、建成区绿化覆盖率等结构指标共565个。

为充分借鉴学者在测度城市竞争力中的有益经验，确保新时代城市竞争力评价体系构建的权威性与科学性，将出现5次以上的39个指标，视为测度城市竞争力的共性指标,并按照指标性质,将其分列为城市创新发展指标、城市协调发展指标、城市绿色发展指标、城市开放发展指标和城市共享发展指标。城市竞争力测度共性指标分类,详见表5-1。

表5-1 城市竞争力测度共性指标分类

指标分类	共性指标(39个)[①]
城市创新发展指标(12个)	GDP、GDP增长率、工业生产总值、固定资产投资额、高等学校数、普通高等学校学生数、高新产业增加值占GDP比重、科技支出占GDP比重、每万人拥有专利授权数、人均一般公共预算收入、在岗职工平均工资、每万人公共图书馆藏书数
城市协调发展指标(6个)	第二产业增加值占GDP的比重、第三产业增加值占GDP的比重、建成区面积、城镇居民恩格尔系数、城镇居民人均可支配收入、人均城乡居民储蓄存款年末余额
城市绿色发展指标(7个)	人均GDP、绿地面积、建成区绿化覆盖率、一般工业固体废物综合利用率、工业废水达标排放率、工业废水排放量、生活垃圾无害化处理率
城市开放发展指标(9个)	进出口总额、客运总量、货运总量、实际使用外资额、人均道路面积、国内外旅游收入、人均社会消费品零售额、人均生活用电量、每万人拥有公共汽车数
城市共享发展指标(5个)	地方财政的教育支出、人均一般公共预算支出、人均生活用水量、每万人拥有医生数、互联网宽带接入用户数

注:①括号中数字为指标个数。

城市竞争力测度共性指标为准确测度新时代城市竞争力奠定了基础,但仍有进一步完善的可能,具体表现在四个方面:一是受制于统计口径的变化,诸如人均生活用水量等指标数据不具有延续性,不能准确反映城市基础设施建设实际,改用人均供水量更为适宜;二是共性指标的筛选来源于数十篇文章,存在部分指标表征实质相似的现象,诸如第二产业增加值占GDP的比重、第三产业增加值占GDP的比重均反映城市产业协作程度,采用第二产业增加值与第三产业增加值比更为适宜;三是现有城市竞争力评价更多考虑城市经济社会发展情况,城镇居民恩格尔系数、城镇居民人均可支配收入、人均城乡居民储蓄存款年末余额等指标无法准确反映城乡协调发展状况;四是相较于总量指标,人均指标和结构指标更能够反映经济社会发展的实际,诸如绿地面积更换为人均绿地面积,互联网宽带接入用户数更换为互联网宽带接入用户数占总户数的比重更为适宜。

继而，有必要在对城市竞争力测度共性指标修正的基础上，依据新时代城市竞争力"5×3"的分析框架，初步构建城市竞争力评价共性指标体系。具体地，删除和更换了5个无法反映新时代城市竞争力要求的指标，合并了4个表征意义相同的城市竞争力测度指标，进而形成了包含32个指标的城市竞争力评价共性指标体系。城市竞争力评价共性指标体系详见表5-2。

表5-2 城市竞争力评价共性指标体系

测量维度	一级指标	二级指标（32个）[①]
城市创新发展竞争力（10个）	体制机制（—）	—
	创业创新（9个）	GDP增长率、每万人普通高等学校学生数、工业生产总值、固定资产投资额、人均一般公共预算收入、高新产业增加值占GDP比重、科技支出占GDP比重、每万人拥有专利授权数、在岗职工平均工资
	文脉传承（1个）	每万人公共图书馆藏书数
城市协调发展竞争力（2个）	空间布局（1个）	市辖区建成区面积占市辖区面积比重
	功能定位（—）	—
	产业协作（1个）	第二产业增加值与第三产业增加值比
城市绿色发展竞争力（6个）	生产集约（2个）	人均GDP、一般工业固体废物综合利用率
	生活宜居（2个）	生活垃圾无害化处理率、市辖区人均绿地面积
	生态良好（2个）	污水处理厂集中处理率、建成区绿化覆盖率
城市开放发展竞争力（9个）	交通枢纽（4个）	客运总量、货运总量、人均道路面积、每万人拥有公共汽车数
	平台地位（3个）	进出口总额、实际使用外资额、国内外旅游收入
	生活服务（2个）	人均社会消费品零售额、人均生活用电量
城市共享发展竞争力（5个）	公共服务（2个）	每万人拥有医生数、教育支出占公共财政支出比重
	民生福利（1个）	人均一般公共预算支出
	基础设施（2个）	人均供水量、互联网宽带接入用户数占总户数的比重

注：①括号中数字为指标个数。

城市竞争力评价共性指标体系中，表征城市创新发展竞争力、城市开放发展竞争力、城市绿色发展竞争力、城市共享发展竞争力、城市协调发展竞争力指标数依次减少，且各一级指标数据个数偏差较大。这一方面反映城市创新、城市开放层面的数据易于获取，学者们在评价城市经济社会发展状况时有所偏向；另一方面也印证了在经济增长减速换挡之后，现代化城市建设对于创新发展的迫切需求。

承前所述，为全面考察长治、襄阳、赣州等中部地区省域副中心建设城市经济社会发展实际，重点测算中部六省地级及以上城市竞争力，结合新时代城市竞争力测度共性指标的可获取性，进一步优化城市竞争力评价共性指标体系，将其用于比较分析省域副中心建设城市的发展潜力。新时代城市竞争力指标体系，详见表5-3。

表5-3 新时代城市竞争力指标体系

测量维度	一级指标	二级指标（15/23个）①
城市创新发展竞争力（7个）	体制机制（一）	—
	创业创新（6个）	GDP增长率、每万人普通高等学校学生数、人均一般公共预算收入、科技支出占GDP比重、在岗职工平均工资、<u>工业企业数</u>②
	文脉传承（1个）	每万人公共图书馆藏书数
城市协调发展竞争力（5个）	空间布局（3个）	市辖区建成区面积占市辖区面积比重、<u>市辖区建设用地平均产出</u>、<u>市辖区建成区人口密度</u>
	功能定位（1个）	<u>市辖区GDP占全市比重</u>
	产业协作（1个）	第二产业增加值与第三产业增加值比
城市绿色发展竞争力（3个）	生产集约（1个）	人均GDP
	生活宜居（1个）	<u>房价收入比</u>
	生态良好（1个）	污水处理厂集中处理率
城市开放发展竞争力（3个）	交通枢纽（0个）	—
	平台地位（2个）	<u>金融机构年末人民币各项贷款余额</u>、<u>流动人口数</u>
	生活服务（1个）	人均社会消费品零售额
城市共享发展竞争力（5个）	公共服务（2个）	每万人拥有医生数、教育支出占公共财政支出比重
	民生福利（2个）	人均一般公共预算支出、<u>职工基本医疗保险参保人数</u>
	基础设施（1个）	人均供水量

注：①括号中数字为指标个数；②带有"<u> </u>"指标为新增新时代城市竞争力指标。

在借鉴现有城市竞争力评价体系基础上，结合城市数据的可获取性，形成了涵盖23个指标的新时代城市竞争力评价体系，其中15个指标直接来源于城市竞争力评价共性指标体系，8个指标为新增城市共有指标。现将新增城市共有指标同一级指标的经济学逻辑阐释如下：城市工业企业数越多，表明城市创业创新环境越好，城市创新发展竞争力越强，故将工业企业数纳入城市创新发展竞争力。市辖区是城市经济发展的引擎，承载着更多的非农产业和非农人口，继而在优化城市空间布局、明确区县功能定位过程中，要突出市辖区的核心地位，继而在城市协调发展竞争力中纳入市辖区建设用地平均产出、市辖区建成区人口密度、市辖区GDP占全市比重三个指标。商业区、居住区和工业区是城市基本的三大功能区，意味着居住是城市建设所必须承担的重要职能，合理的房价收入比直接影响着城市生活的宜居性，故将其纳入城市绿色发展竞争力中的生活宜居维度。城市开放发展竞争力不仅涉及交通枢纽地位显著等表象特征，而且意蕴着城市对于人口、资本等生产要素的辐射带动作用，继而将金融机构年末人民币各项贷款余额和流动人口数纳入平台地位维度，分别表征城市在资本和人口层面的开放发展竞争力。人民城市人民建，人民城市为人民。完善的民生福利保障关乎着城市共享发展竞争力的提升，增加职工基本医疗保险参保人数指标是体现人民作为城市建设主体以及城市建设成果共享者的必然要求。

相较于城市竞争力，当前学术界探究城市活力的系统性研究不足。然而，由于城市活力综合反映城市人口、资本、科技、制度等经济要素的活跃程度，由新时代城市竞争力内涵中的核心主体组成。继而，依据新时代城市竞争力测度指标，可凝练出涵盖城市人口活力、城市资本活力和城市科技活力等在内的城市活力评价体系，详见表5-4。

表5-4 城市活力评价体系

测量维度	测量指标(6/9个)
城市人口活力(2个)	市辖区建成区人口密度、流动人口数
城市资本活力(2个)	工业企业数、金融机构年末人民币各项贷款余额
城市科技活力(5个)	每万人普通高等学校学生数、人均一般公共预算收入、GDP增长率、在岗职工平均工资、科技支出占GDP比重

注：括号中数字为指标个数；带有"＿"指标为新增城市活力共有指标。

第二节 新时代城市竞争力与城市活力测度

在新发展理念指导下，借鉴现有城市竞争力评价体系中的好经验与好做法，构建了涵盖城市创新发展竞争力、城市协调发展竞争力、城市绿色发展竞争力、城市开放发展竞争力、城市共享发展竞争力5个维度，共23个指标的新时代城市竞争力指标体系。并在此基础上，提炼出涵盖城市人口活力、城市资本活力和城市科技活力，共9个指标的城市活力评价体系。继而，选取熵值法为指标体系中的指标权重赋值，科学反映省域副中心建设城市的发展状况。

一 新时代城市竞争力与城市活力的测度方法

全面反映省域副中心建设城市的新时代城市竞争力、城市活力，需要运用多维度、多指标的评价体系进行测算。进而，合理确定指标权重，成为准确测度城市经济社会发展水平的关键。相较于主观权重赋值法，熵值法具有精准度较高、客观性较强，能够更好解释测度结果等优势。故选取熵值法确定指标权重，具体步骤如下。

第一步，指标原始数据标准化。

由于指标量纲和单位不同，直接进行数据分析会造成分析结果偏误。为此，使用极差标准化的方式对所有指标进行标准化处理。标准化后，数值降落在0~1范围内，正向指标、逆向指标标准化公式如下：

$$x_{ij} = \frac{p_{ij} - min(p_{ij})}{max(p_{ij}) - min(p_{ij})} \tag{1}$$

$$x_{ij} = \frac{max(p_{ij}) - p_{ij}}{max(p_{ij}) - min(p_{ij})} \tag{2}$$

其中，x_{ij}表示第i年第j个指标的标准化值，p_{ij}表示第i年第j个指标的原始值。i介于1和m之间，m是新时代城市竞争力和城市活力的测度年份数；j 介于 1 和 n 之间，n 是新时代城市竞争力和城市活力评价体系指标个数，分别为 23 和 9。

第二步，计算第 i 年第 j 个指标的权重。

$$Y_{ij} = \frac{1 + x_{ij}}{1 + \sum_{i=1}^{m} x_{ij}} \tag{3}$$

第三步，计算指标信息熵。

$$e_j = -\frac{1}{lnm} \sum_{i=1}^{m} (Y_{ij} \times ln\, Y_{ij}) \tag{4}$$

第四步，计算信息熵冗余度。

$$d_j = 1 - e_j \tag{5}$$

第五步，计算指标权重。

$$w_j = \frac{d_j}{\sum_{i=1}^{n} d_j} \tag{6}$$

使用熵值法确定各个指标权重后，即可与标准化后的数据结合，测算省域副中心建设城市的新时代城市竞争力和城市活力的实际水平。

二 新时代城市竞争力与城市活力的对比分析

"十四五"时期，大同、长治、临汾、洛阳、襄阳、宜昌、岳阳、衡阳、芜湖、赣州、汕头、湛江、柳州、桂林等 14 个城市，被各自的省级行政区列为省域副中心建设城市。其中，汕头、湛江、柳州、桂林 4 个城市位于沿海省份，具有融入国内国际市场的地缘优势。大同、长治、临汾等 10 个城市均为中部地区的一般地级市，将其放至同一平台进行对比分析较为合理。进而，在测算中部地区地级及以上城市竞争力和活力的基础上，重点考察 10 个省域副中心建设城市竞争力与活力情况。

2012 年 11 月，在北京召开的中国共产党第十八次全国代表大会，是在我国进入全面建成小康社会决胜阶段召开的十分重要的会议。会议明确把科学发展观作为党的指导思想，确立了"两个一百年"奋斗目标，实现了中央领导集体的新老交替。从党的十八大开始，中国特色社会主义进入新时代。进而，在综合考察包括长治、赣州在内的省域副中心建设城市发展实际时，重点评价 2012~2020 年新时代城市竞争力和城市活力的发展状况。资料来源于相应年份的《中国统计年鉴》《中国城市统计年鉴》《中国城乡建设统计年鉴》，以及各城市统计年鉴与国民经济和社会发展统计公报。缺失数据依据已有数据预测线性增长值进行补缺。

（一）新时代城市竞争力的比较分析

新时代城市竞争力涉及新发展阶段城市经济社会发展面临环境、集聚与利用生产要素能力、可持续发展结果三个层面的内容，决定着新发展阶段城市高质量发展水平。新时代城市竞争力的比较分析着重从省域副中心建设城市与代表性城市两个层面展开。

1. 省域副中心建设城市的新时代城市竞争力水平分析

2012~2020 年，中部地区省域副中心建设城市的新时代城市竞争力大体上均呈稳步上升态势，表明自步入新时代以来，随着社会生产力的不断发展，城市经济社会发展水平普遍提升。具体地，2020 年芜湖新时代城市竞争力指数为 5.9944，表明其建设省域副中心城市的基础好、实力强。临汾经济社会可持续发展能力弱，难以在激烈的城市竞争中勇立潮头。赣州新时代城市竞争力的提升最为明显，表明其城市环境营造、生产要素集聚与利用、经济社会可持续发展能力均得到极大改善，建设省域副中心城市的潜力巨大。长治和大同的新时代城市竞争力提升较慢，表明二者自宏观经济进入减速换挡新常态以来，并未找到新的经济社会发展突破点。宜昌、洛阳、襄阳、岳阳、衡阳的新时代城市竞争力呈波动发展态势，基本稳定，省域副中心城市建设中规中矩。省域副中心建设城市的新时代城市竞争力指数详见表 5-5。

表 5-5　省域副中心建设城市的新时代城市竞争力指数

城市	2012 年	2013 年	2014 年	2015 年	2016 年	2017 年	2018 年	2019 年	2020 年
芜湖	5.6796	5.6960	5.7660	5.8148	5.8683	5.9026	5.9109	5.9432	5.9944
宜昌	5.5628	5.6190	5.6731	5.7246	5.8106	5.7472	5.7788	5.8352	5.8489
洛阳	5.6541	5.6308	5.6842	5.6897	5.7259	5.7708	5.8034	5.8247	5.8357
赣州	5.4137	5.4523	5.5010	5.5478	5.6069	5.6569	5.6910	5.7449	5.7833
襄阳	5.5396	5.5357	5.6467	5.6928	5.7095	5.7359	5.7710	5.7913	5.7733
岳阳	5.5305	5.5321	5.5756	5.6014	5.6341	5.6632	5.6510	5.7122	5.7403
衡阳	5.5046	5.4975	5.5502	5.5657	5.6114	5.6361	5.6381	5.6708	5.7395
大同	5.6087	5.5735	5.6106	5.6371	5.6246	5.6690	5.6732	5.7067	5.7249
长治	5.6099	5.5677	5.5994	5.6012	5.6316	5.6721	5.6960	5.7069	5.7193
临汾	5.5176	5.4813	5.5063	5.5448	5.5634	5.6188	5.6215	5.6544	5.6731

2. 代表性城市的新时代城市竞争力分项分析

长治作为山西省域副中心建设城市，是唯一兼具四种"特殊身份"的城市（《"十四五"特殊类型地区振兴发展规划》将特殊类型地区划分为以脱贫地区为重点的欠发达地区、革命老区、边境地区、生态退化地区、资源型地区和老工业城市等六种类型），即太行革命老区重点城市、黄土高原丘陵沟壑水土流失重点治理区城市、煤炭资源富集的资源型城市，全国老工业城市。在"省域副中心建设城市的类别探究"篇章中，借助非农产业产值和非农人口数两个指标的分析得知，赣州建设成为省域副中心城市的可能性最大。继而，以赣州、长治为核心，着重分析代表性城市的新时代城市竞争力。中部地区省域副中心建设城市的新时代城市竞争力分项指标，详见附表 5-1。

2012 年以来，长治新时代城市竞争力整体上呈稳步上升态势，表现为新时代城市竞争力指数由 2012 年的 5.61 上升至 2020 年的 5.72，年均几何平均增长率为 0.24%。就城市创新发展竞争力、城市协调发展竞争力、城市绿色发展竞争力、城市开放发展竞争力、城市共享发展竞争力等分项指标而言，城市创新发展竞争力指数增长幅度最大，城市开放发展竞争力指数增长幅度最小，充分反映出长治在创新驱动经济转型方面取得显著成就的同时，区域对外开放的战略枢纽作用尚未真正发挥。

建设省域副中心城市是为了填补省域中心城市的经济辐射缺失，全面推动省域经济社会协调发展。就山西而言，太原作为省会城市，无论是经济总量，还是人口规模，均位于全省首位，是山西经济社会发展的火车头，具备较强的新时代城市竞争力。长治建设省域副中心城市，首先要求相较于省内除太原外的地级市具有更强的辐射力、集聚力与竞争力。特别地，长治与晋城同属晋东南地区，对于长治建设省域副中心城市的影响最大，在此着重分析晋城新时代城市竞争力指数变动情况，详见表5-6。

表5-6 晋城新时代城市竞争力指数

年份	城市创新发展竞争力	城市协调发展竞争力	城市绿色发展竞争力	城市开放发展竞争力	城市共享发展竞争力	新时代城市竞争力
2012	1.1670	1.0506	1.1636	1.0747	1.1657	5.6216
2013	1.1529	1.0558	1.1590	1.0771	1.1561	5.6010
2014	1.1612	1.0633	1.1563	1.0803	1.1851	5.6462
2015	1.1569	1.0684	1.1584	1.0815	1.2013	5.6665
2016	1.1685	1.0722	1.1537	1.0833	1.1569	5.6345
2017	1.1930	1.0934	1.1692	1.0851	1.1586	5.6993
2018	1.2129	1.0728	1.1746	1.0877	1.1554	5.7035
2019	1.2255	1.0713	1.1728	1.0884	1.1625	5.7205
2020	1.2453	1.0720	1.1775	1.0886	1.1732	5.7566

晋城新时代城市竞争力同样整体上呈上升态势，2012~2020年新时代城市竞争力指数上升了0.135，年均几何平均增长率为0.30%，较长治新时代城市竞争力提升更为明显。就新时代城市竞争力分项指标而言，2020年晋城除城市共享发展竞争力指数低于长治外，城市创新发展竞争力指数、城市协调发展竞争力指数、城市绿色发展竞争力指数、城市开放发展竞争力指数均高于长治；2012~2020年，长治在城市协调发展竞争力、城市绿色发展竞争力和城市共享发展竞争力提升方面较晋城更为明显，但是晋城城市创新发展竞争力指数和城市开放发展竞争力指数增幅分别高于长治0.038和0.0033，综合评价使晋城新时代城市竞争力强于长治。

自步入新时代以来，赣州新时代城市竞争力提升显著，表现为2012年新时代城市竞争力指数低于长治0.1962，2020年则高于长治0.064，年均几何平均增长率为0.83%，反映其虽城市基础差，但发展态势好。就新时代城市竞争力分项指标而言，2020年赣州除城市绿色发展竞争力和城市开放竞争力落后于长治外，城市创新发展竞争力、城市协调发展竞争力和城市共享发展竞争力均领先于长治；2012~2020年赣州因区县功能定位模糊、产业专业化分工滞后，城市协调发展竞争力指数增幅低于长治，然而其城市创新发展竞争力、城市绿色发展竞争力、城市开放发展竞争力、城市共享发展竞争力提升幅度更为显著，共同助推新时代城市竞争力大幅度跃升。

马鞍山在2013年被国务院认定为资源再生型城市［详见《全国资源型城市可持续发展规划（2013-2020年）》］，在中部地区地级及以上城市中的新时代城市竞争力较强，突出表现为2020年其新时代城市竞争力指数为5.9277，2012~2020年年均几何平均增长率为0.63%。2020年，无论是新时代城市竞争力，还是各分项城市竞争力，马鞍山均高于长治。2012~2020年，马鞍山新时代城市竞争力指数和各分项城市竞争力指数增幅也都领先于长治。进一步地，2020年马鞍山和长治的城市协调发展竞争力最为接近，城市创新发展竞争力的差距最大。马鞍山新时代城市竞争力指数变动情况，详见表5-7。

表5-7 马鞍山新时代城市竞争力指数

年份	城市创新发展竞争力	城市协调发展竞争力	城市绿色发展竞争力	城市开放发展竞争力	城市共享发展竞争力	新时代城市竞争力
2012	1.2573	1.0399	1.1492	1.0727	1.1185	5.6376
2013	1.2673	1.0451	1.1551	1.0755	1.1540	5.6969
2014	1.2509	1.0514	1.1643	1.0812	1.1471	5.6949
2015	1.2864	1.0630	1.1678	1.0844	1.1533	5.7549
2016	1.2811	1.0654	1.1775	1.0879	1.1425	5.7544
2017	1.2945	1.0711	1.1851	1.0920	1.1514	5.7942
2018	1.3182	1.0691	1.1872	1.0962	1.1647	5.8354
2019	1.3238	1.0750	1.1847	1.1093	1.1655	5.8582
2020	1.3472	1.0763	1.1984	1.1142	1.1917	5.9277

综上，长治新时代城市竞争力不仅在山西省内不具优势，而且在与中部地区地级及以上城市的比较中劣势更加明显。进一步地，就与晋城的比较分析而言，长治新时代城市创新发展竞争力指数增幅较低，是其新时代城市竞争力弱于晋城的主要动因；就与赣州的比较分析而言，长治新时代城市竞争力提升速率不足赣州的1/3，2019年被赣州反超；就与马鞍山的比较而言，长治新时代城市竞争力指数和城市竞争力分项指数的增速和增幅均较低，致使长治新时代城市竞争力全面落后。可见，从新时代城市竞争力层面出发，长治建设成为省域副中心城市面临省内外同类城市的巨大挑战。相较而言，2012~2020年赣州新时代城市竞争力提升速度迅猛，在中部地区地级及以上城市中表现亮眼，若继续保持较快的发展态势，不仅能够有效带动江西经济社会协调发展，而且可能成为推动中部崛起的新引擎。中部地区地级及以上城市的新时代城市竞争力指数详见附表5-2。

（二）城市活力的比较分析

城市活力由新时代城市竞争力中城市集聚和利用生产要素部分组成，更能够反映城市经济社会发展的活跃程度。进一步比较分析省域副中心建设城市与代表性城市的城市活力，可以单纯从经济要素活跃程度视角，剖析省域副中心城市建设可能。

1. 省域副中心建设城市的城市活力水平分析

2012~2020年，中部地区10个省域副中心建设城市的城市活力指数均呈上升趋势。具体地，芜湖在"全方位对标学习沪苏浙"的发展理念指引下，2020年城市活力指数高达4.1492。临汾城市资本活力和城市人口活力不足是其城市活力指数较低的主要原因。经过经济体制的革新，赣州不仅新时代城市竞争力提升显著，城市发展也迸发出巨大活力，城市活力指数提升显著。长治作为所有省域副中心建设城市中身份最为"特殊"的城市，吸引生产要素集聚的难度较大，城市活力提升幅度有限。相较于同省的省域副中心建设城市襄阳，宜昌的城市活力改善势弱，2012~2020年城市活力指数仅上升了0.1015。洛阳、岳阳、衡阳、大同相较于其他城市，城市活力的提升较为平稳。省域副中心建设城市的城市活力指数详见表5-8。

表 5-8　省域副中心建设城市的城市活力指数

城市	2012 年	2013 年	2014 年	2015 年	2016 年	2017 年	2018 年	2019 年	2020 年
芜湖	3.9272	3.9487	4.0170	4.0523	4.1464	4.1628	4.1409	4.1212	4.1492
赣州	3.5214	3.5829	3.6139	3.6574	3.7187	3.7774	3.8263	3.8577	3.8996
洛阳	3.6836	3.6726	3.7269	3.7390	3.7620	3.8092	3.8381	3.8842	3.8776
岳阳	3.5798	3.6130	3.6261	3.7046	3.7260	3.7288	3.7075	3.8251	3.7710
襄阳	3.6018	3.6487	3.7919	3.8125	3.8190	3.8119	3.8549	3.8620	3.7589
衡阳	3.5587	3.5745	3.5707	3.5814	3.6004	3.6321	3.6564	3.6720	3.7397
宜昌	3.6271	3.6998	3.7504	3.8223	3.8096	3.7257	3.7657	3.8019	3.7286
大同	3.5562	3.5243	3.5754	3.5918	3.5171	3.5954	3.6313	3.6732	3.7096
长治	3.6009	3.5375	3.5680	3.4911	3.5628	3.5851	3.6497	3.6645	3.6804
临汾	3.5118	3.4645	3.4974	3.4800	3.5081	3.5668	3.5796	3.6229	3.6410

2. 代表性城市的城市活力分项分析

参照分析新时代城市竞争力时的城市选取依据，以山西省域副中心建设城市长治、江西省域副中心建设城市赣州为核心，具体分析代表性城市活力分项情况。中部地区省域副中心建设城市的城市活力分项指标详见附表5-3。

2012~2020 年，长治城市活力指数呈"W"形发展态势，2013 年和 2015 年是两个相对低点，城市活力指数分别为 3.54 和 3.49，期间年均几何平均增长率为 0.27%。就城市活力分项指标而言，城市资本活力和城市人口活力相对平稳，且发展水平较低，城市科技活力发展水平较高，是影响城市活力指数波动的主要因素。

2020 年，晋城城市活力指数高于长治 0.0718，2012~2020 年年均几何平均增长率为 0.45%。就城市科技活力、城市人口活力、城市资本活力等分项指数而言，2020 年长治城市人口活力同晋城城市人口活力较为接近，城市科技活力和城市资本活力是长治城市活力落后于晋城的主要原因；2012~2020 年，长治和晋城城市科技活力均有显著上升，城市资本活力指数晋城较长治的增幅更大。晋城城市活力指数变动情况，详见表 5-9。

表 5-9　晋城城市活力指数

年份	城市科技活力	城市人口活力	城市资本活力	城市活力
2012	1.4482	1.1646	1.0081	3.6209
2013	1.3987	1.1635	1.0086	3.5708
2014	1.4244	1.1632	1.0076	3.5951
2015	1.4068	1.1627	1.0078	3.5773
2016	1.3985	1.1618	1.0064	3.5667
2017	1.4620	1.1609	1.0073	3.6303
2018	1.5110	1.1607	1.0088	3.6805
2019	1.5339	1.1602	1.0138	3.7078
2020	1.5627	1.1615	1.0280	3.7522

2012~2020年赣州城市活力指数年均几何平均增长率高达1.28%，是中部地区地级及以上城市中生产要素活跃度提升最快的城市之一。就各城市活力分项指数而言，2020年赣州城市资本活力指数、城市科技活力指数、城市人口活力指数依次高于长治0.1843、0.0347、0.0002，可见长治城市资本活力较低是其城市活力弱于赣州的主要动因；2012~2020年赣州城市科技活力指数、城市人口活力指数、城市资本活力指数提升幅度分别为0.2356、0.0347、0.1079，均明显高于长治。

如同新时代城市竞争力，马鞍山城市活力发展同样较好，表明马鞍山城市环境营造、生产要素集聚与利用、经济社会发展持续力三者均衡发展。2012年和2020年，马鞍山城市活力指数分别高于长治0.1567和0.2985，2012~2020年年均几何平均增长率为0.72%，即马鞍山城市活力底子厚、发展快。就各城市活力分项指数而言，马鞍山城市科技活力提升最为显著，城市资本活力提升幅度次之，城市人口活力改善程度最低。马鞍山城市活力指数变动情况详见表5-10。

表 5-10　马鞍山城市活力指数

年份	城市科技活力	城市人口活力	城市资本活力	城市活力
2012	1.5428	1.1574	1.0574	3.7576
2013	1.6173	1.158	1.0707	3.8460
2014	1.5543	1.1594	1.0838	3.7975
2015	1.6406	1.1605	1.0946	3.8956
2016	1.6183	1.1606	1.0999	3.8788
2017	1.6447	1.1618	1.0834	3.8900
2018	1.6809	1.1634	1.0855	3.9298
2019	1.6857	1.1645	1.0873	3.9375
2020	1.7308	1.1613	1.0868	3.9789

综上，长治城市活力在山西省域层面、中部地区省域副中心建设城市层面、中部地区地级及以上城市层面同样不具优势。逐步完善市场机制，加快服务和融入全国统一大市场，提升长治集聚与利用生产要素能力，是长治建设省域副中心城市要做的紧迫工作。赣州集聚科技、人口和资本等生产要素的能力较强，从一定程度上反映出市场机制对于其经济社会发展的影响大于政府的作用。进一步完善城市经济社会发展环境，切实提升民生保障水平，是未来赣州省域副中心城市建设的重要途径。中部地区地级及以上城市的城市活力指数详见附表5-4。

第三节　省域副中心建设城市障碍因素诊断

提升城市发展能级，促进省域经济社会协调发展，是省域副中心建设城市承担的时代使命。那么，究竟哪些因素阻碍了省域副中心建设城市的发展进程呢？在此，借助新时代城市竞争力与城市活力指标体系，通过障碍因子诊断模型，着重分析制约省域副中心建设城市经济社会发展的主要因素。

一　障碍因子的测度方法

省域副中心建设城市需进一步提升新时代城市竞争力与城市活力，以在新发展阶段同周边城市的竞争中取得优势。进而，明晰现阶段省域副中心建设城市新时代城市竞争力和城市活力制约因素，补短板、强弱项，持续增强其经济社会发展潜力是必然之路。在新时代城市竞争力和城市活力测度基础上，各城市障碍因子诊断的具体步骤如下。

第一步，确定因子贡献度 F_j。

$$F_j = w_j \times R_j \tag{1}$$

其中，w_j 是第 j 个指标权重，R_j 是第 j 个指标所属分类指标权重。

第二步，确定指标偏离度 K_{ij}。

$$K_{ij} = max(x_{ij}) - x_{ij} \tag{2}$$

$$K_{ij} = x_{ij} - min(x_{ij}) \tag{3}$$

式（2）用于正向指标，式（3）用于逆向指标。

第三步，测算障碍度。

$$g_{ij} = \frac{K_{ij} \times F_j}{\sum (K_{ij} \times F_j)} \times 100\% \tag{4}$$

式（4）用于测算第 i 年城市新时代城市竞争力或城市活力单项指标障碍度。

二 新时代城市竞争力与城市活力的障碍因素分析

在新时代城市竞争力指标体系和城市活力指标体系下，基于省域副中心建设城市新时代城市竞争力和城市活力测度结果，通过障碍因子诊断模型，可精准剖析制约城市建设的新时代城市竞争力和城市活力的影响因素。

（一）新时代城市竞争力障碍因素

经测算，在新时代城市竞争力评价体系下，23 个指标均在不同的年份阻碍过各省域副中心建设城市的新时代城市竞争力。在此将障碍因子障碍度前三位的指标视为各年份制约城市新时代城市竞争力提升的主要因素。各年份中部地区省域副中心建设城市的新时代城市竞争力障碍因素详见附表5-5。

兼顾长短期揭示制约新时代城市竞争力主要原因，从两个视角确定新时代城市竞争力的障碍因素。一是，将各省域副中心建设城市仅在2020年出现的障碍因子，视作短期阻碍新时代城市竞争力的主要因素；二是，将2012~2020年，出现过五次以上的障碍因子，视作长期阻碍新时代城市竞争力的主要因素。以此为筛选依据，在新时代城市竞争力评价体系的23个指标中，共有13个指标阻碍省域副中心城市建设进程，出现次数由高到低排列依次为职工基本医疗保险参保人数（出现7次），教育支出占公共财政支出的比重、第二产业增加值与第三产业增加值比（各出现5次），地区生产总值增长率（含GDP增长率，出现4次），市辖区建成区人口密度（出现3次），流动人口、市辖区建成区面积占市辖区面积的比重、工业企业数（各出现2次），市辖区建设用地平均产出、科技支出占GDP比重、房价收入比、人均一般公共预算收入、每万人公共图书馆藏书数（各出现1次）。中部地区省域副中心建设城市新时代城市竞争力障碍因素详见表5-11。

表5-11 中部地区省域副中心建设城市的新时代城市竞争力障碍因子

城市	障碍因素
大同	职工基本医疗保险参保人数、教育支出占公共财政支出的比重、市辖区建成区人口密度
长治	教育支出占公共财政支出的比重、工业企业数、职工基本医疗保险参保人数
临汾	每万人公共图书馆藏书数、教育支出占公共财政支出的比重、市辖区建设用地平均产出、科技支出占GDP比重
芜湖	职工基本医疗保险参保人数、工业企业数、地区生产总值增长率、第二产业增加值与第三产业增加值比
赣州	流动人口数、职工基本医疗保险参保人数、市辖区建成区面积占市辖区面积的比重、第二产业增加值与第三产业增加值比
洛阳	流动人口数、教育支出占公共财政支出的比重、GDP增长率、市辖区建成区面积占市辖区面积的比重
宜昌	房价收入比、第二产业增加值与第三产业增加值比、人均一般公共预算收入
襄阳	职工基本医疗保险参保人数、市辖区建成区人口密度、第二产业增加值与第三产业增加值比

续表

城市	障碍因素
衡阳	<u>地区生产总值增长率</u>、<u><u>第二产业增加值与第三产业增加值比</u></u>、<u><u>职工基本医疗保险参保人数</u></u>
岳阳	<u><u>职工基本医疗保险参保人数</u></u>、<u>教育支出占公共财政支出的比重</u>、<u><u>市辖区建成区人口密度</u></u>、<u>地区生产总值增长率</u>

注：表中障碍因素从左至右按出现次数降序排列；无下划线障碍因素表示该因素未在2020年出现；单下划线障碍因素表示该因素仅在2020年出现；双下划线障碍因素表示该因素在2020年及之前年份均有出现。

进一步分析，中部地区省域副中心建设城市的新时代城市竞争力障碍因素既有共性因素又有个性因素。职工基本医疗保险参保人数、教育支出占公共财政支出的比重、第二产业增加值与第三产业增加值比等8个障碍因素，在两个以上省域副中心建设城市中出现过。进一步地，维护职工合法权益，完善民生福利保障；加大教育经费支出，健全基本公共教育服务体系；推动产业优化升级，构建现代产业体系；发展新质生产力，培育更多经济增长点；以城市更新为抓手，适度提高中心城区人口密度等，是现阶段省域副中心城市建设亟须解决的共性问题。市辖区建设用地平均产出、科技支出占GDP比重、房价收入比等5个障碍因素，分别阻碍临汾和宜昌省域副中心城市建设，未来临汾需注重提升市辖区建设用地平均产出、加大科技支出占GDP比重、增加每万人公共图书馆藏书数，宜昌需注重降低房价收入比、增加人均一般公共预算收入。

（二）城市活力障碍因素

就城市活力的障碍因素而言，将每年城市活力障碍因子中障碍度第一的指标视为相应年份阻碍城市活力提升的主要因素。各年份中部地区省域副中心建设城市的城市活力障碍因素详见附表5-6。

同样地，兼顾长短期，探寻制约省域副中心建设城市活力提升的主要因素。因城市活力评价体系中仅包含9个指标，故相较于新时代城市竞争力，影响城市活力提升的因素较少。若将出现 5 次以上视为长期制约因素的话，则中部地区省域副中心建设城市的城市活力障碍因素以短期为主。具体地，在短期内，市辖区建成区人口密度、工业企业数、地区生产总值增长率、科技支出占 GDP 比重和人均一般公共预算收入，分别在 10 个城市中出现了 3 次、2 次、2 次、1 次和 1 次。流动人口和每万人普通高等学校学生数分别在长期制约赣州、宜昌和襄阳城市活力的提升。中部地区省域副中心建设城市的城市活力障碍因素详见表 5-12。

表 5-12 中部地区省域副中心建设城市的城市活力障碍因素

城市	障碍因素
大同	市辖区建成区人口密度
长治	工业企业数
临汾	科技支出占 GDP 比重
芜湖	工业企业数
赣州	流动人口数、地区生产总值增长率
洛阳	地区生产总值增长率
宜昌	每万人普通高等学校学生数、人均一般公共预算收入
襄阳	流动人口数、市辖区建成区人口密度
衡阳	GDP 增长率
岳阳	市辖区建成区人口密度

注：表中障碍因素从左至右按出现次数降序排列；无下划线障碍因素表示该因素未在 2020 年出现；单下划线障碍因素表示该因素在 2020 年出现。

综上，就总体中部地区省域副中心建设城市障碍因素看，除每万人普通高等学校学生数外，市辖区建成区人口密度、工业企业数、地区生产总值增长率、科技支出占 GDP 比重、人均一般公共预算收入、流动人口既阻碍省域副中心建设城市的城市活力提升，同时又制约着省域副中心建设城市的新时代城市竞争力改善。就各中部地区省域副中心建设城市障碍因素看，其城市活力障碍因素大多同样是新时代城市竞争力障碍因素。仅有赣州城市活力障碍因素地区生产总值增长率、宜昌城市活力障碍因素每万人普通高等学校学生数、襄阳城市活力障碍因素流动人口非相应城市的新时代城市竞争力障碍因素。这一分析结果，不仅从侧面论证了章节中关于城市活力与新时代城市竞争力关系阐释的科学性，也从一定程度上说明激发城市活力与提升新时代城市竞争力并行不悖，各省域副中心建设城市需根据各自实际，以改善城市活力为基础，全面提升新时代城市竞争力，积极构建省域经济社会协调发展新格局。

本篇小结

省域副中心城市是省域经济社会的增长极,肩负着带动省域经济社会发展的重任,从本质上要求省域副中心城市较周边城市具有更强的城市竞争力和城市活力。新时代城市竞争力是指在新发展理念指引下,以实现新时代经济社会发展需求为目标,涵盖城市发展环境、城市集聚和利用生产要素,以及城市经济社会可持续发展等全方位的能力。城市活力强调城市内集聚生产要素的活跃程度,由新时代城市竞争力内涵中的核心主体组成,侧重于衡量市场经济条件下生产要素的活跃程度。在确定城市经济社会发展比较的区域范围之后,可分别依据新时代城市竞争力排名领先、同步或落后城市活力排名状况,将城市划分为衰退型城市、成熟型城市与成长型城市。

在阐释新时代城市竞争力与城市活力内涵基础上,明确了测度新时代城市竞争力与城市活力的分析维度,构建了评价指标体系,对中部地区地级及以上城市的经济社会发展状况进行了测度,较全面地反映了省域副中心建设城市实际。主要研究结论如下。

一是在新发展理念指导下,新时代城市竞争力要为经济社会发展的新要求服务,包含城市创新发展竞争力、城市协调发展竞争力、城市绿色发展竞争力、城市开放发展竞争力和城市共享发展竞争力5个维度。在此基础上,依据5个维度的特征,每分项竞争力又可进一步拆分为3个方面,共同组成了"5×3"的新时代城市竞争力分析框架。基于城市经济社会发展的基本生产要素,可将城市活力拆分为城市制度活力、城市科技活力、城市人口活力、城市资本活力4个层面。同时,基于每个层面的实际,又可拆分出3个维度,继而形成"4×3"的城市活力分析框架。

二是在借鉴测度城市经济社会发展经验基础上,结合数据可获取性,最终分别构建了涵盖23个指标、9个指标的新时代城市竞争力评价体系和城市活力评价体系。经测算,2012年以来,省域副中心建设城市的新时代城市竞争力和城市活力整体呈改善态势,但内部分异趋势明显,芜湖、宜昌、洛阳在各自省内具有较强的新时代城市竞争力和城市活力。

三是兼顾长短期，在制约省域副中心建设城市新时代城市竞争力和城市活力提升的因素中，既有共性因素，又有个性因素。同时，阻碍省域副中心建设城市活力改善的因素，大多又直接影响着其新时代城市竞争力的优化。激发城市活力与新时代城市竞争力并行不悖，各省域副中心建设城市需依据自身实际，从完善民生福利保障、健全基本公共教育服务体系、推动产业优化升级、培育更多经济增长点、适度提高中心城区人口密度等方面入手，逐步提升城市活力与新时代城市竞争力，更好地担负起带动省域经济社会协调发展的重任。

第三篇
省域副中心城市建设的
实践探索

内容提要

赣州经过近20年的快速发展，不仅非农产业产值和城镇人口数大于省会城市数量的1/2，成为江西省经济社会发展的重要增长极；而且非农产业产值和城镇人口数均大于全国城市均值，在协调区域发展中的作用日益突出。步入新时代以来，赣州新时代城市竞争力和城市活力在省域副中心建设城市中攀升显著，建设成为省域副中心城市的潜力大。为此，主要从学者观点、政策文件、实地调研三个层面，全面探析赣州省域副中心城市建设经验，以期为其他省域副中心城市建设提供借鉴。

长治作为太行革命老区重点城市、黄土高原丘陵沟壑水土流失重点治理区城市、煤炭资源富集的资源型城市、全国老工业城市，在2019年底的山西省委经济工作会议中被赋予建设省域副中心城市的重要使命。近年来，长治经济实力稳居山西省第二位，高质量发展综合绩效考核名列山西省前列。然而，相较于赣州，新时代城市竞争力和城市活力依旧较弱。为此，在借鉴赣州经济社会发展经验基础上，尝试提出长治省域副中心城市建设策略。

篇章结构安排如下：第六章，从产业转型、城市建设、开放引领、体制创新等层面出发，结合学者观点、政策文件、实地调研等资料，全面梳理赣州省域副中心城市建设经验。第七章，基于长治建设全国创新驱动转型示范城市、生态引领的太行宜居山水名城、对外开放的枢纽型城市的省域副中心城市建设目标，借鉴赣州省域副中心城市发展经验，提出长治省域副中心城市未来建设方向。

研究发现：赣州省域副中心城市经验可以概括为，以区域优势资源为基础，促进资源型产业转型升级，兼顾战略性新兴产业和现代服务业提质增效；以绿色发展为依托，持续优化基本公共服务，显著改善城市生态环境；以扩大开放为引领，建设区域性综合交通枢纽，构建承接粤港澳大湾区等先进地区产业转移的桥头堡。

构建产业转型升级示范区，是长治作为全国老工业城市、资源型城市实现高质量发展的必然选择；建设现代化太行山水名城，是长治承接产业转移、搭建现代产业体系的重大平台；打造对外开放枢纽型城市，是长治扩大对外开放、融入新发展格局的重要前提。继而，可将上述三方面，视为未来长治省域副中心城市建设的"三大任务"。同时，省域副中心城市的建设，需要健全的体制机制作为保障，进而在长治建设省域副中心城市策略中加入了完善保障机制的内容。

第六章　赣州省域副中心城市建设经验

2012年《国务院关于支持赣南等原中央苏区振兴发展的若干意见》提出,"支持赣州建设省域副中心城市";2017年江西省出台《关于支持赣州建设省域副中心城市的若干意见》,2023年江西省委强调"强化赣州省域副中心城市地位"。建设省域副中心城市,赣州已经走过了十余年。在此期间,赣州经济增速连续13年高于全国、江西省平均水平,规模以上工业企业总数保持江西省第一位,利用省外2000万元以上项目资金增速连续3年居江西省第一位,农村居民人均可支配收入增速连续11年江西省第一,城镇居民人均可支配收入连续7年稳定在江西省前两位,上市公司数量江西省第二位。赣州省域副中心城市建设成绩显著。鉴于此,本章基于产业转型升级、生态宜居城市打造、区域战略支点地位提升等省域副中心城市建设重点,从学者观点、政策思路、实地调研三个视角出发,全面剖析赣州省域副中心城市建设经验。

第一节　学者观点视角下赣州省域副中心城市建设经验

学者们在深入探究中心城市建设理论基础上,结合赣州省域副中心城市建设实际,提出以产业转型为抓手,提升综合经济实力;以绿色发展为依托,改善城乡宜居环境;以扩大开放为引领,提高区域战略支点地位等赣州城市建设经验。

一 以产业转型为抓手,提升综合经济实力

为实现综合经济实力全面提升,赣州以产业转型为抓手,深挖区域内优势资源,在促进资源型产业转型的同时,兼顾传统服务业和新兴服务业的均衡发展;搭建创新合作体系,提升区域自主创新能力;为促进企业"引进来"与"走出去",积极营造产业发展新环境。

(一)构建现代产业新体系

赣州产业发展战略经历了从"做大做强有色冶金产业"到"加快新型工业化发展",再到"两城两谷两带建设"的过程。新时代,赣州以第二产业为核心,大力实施工业强市战略,并以打造康养旅游样板区和构建区域金融中心为抓手,着实提升服务业发展质效。

为加快实现赣州经济社会发展新旧动能转换,学者们重点从促进产业转型升级、实施工业强市战略层面指明赣州第二产业发展方向。

推动赣州资源型城市可持续发展,必须树立和落实习近平生态文明思想,按照"整合资源、保护环境、科学规划、合理布局、深度加工、做大产业"的要求,提升赣州资源型产业发展水平(刘琮和宋伯庆,2005;刘晓梅,2018),打好重点产业攻坚战,加快新型工业化发展步伐,深入推进"两城两谷两带"建设(刘建春,2017)。继而,首先要重点发展具有资源优势的产业,以稀土、钨深加工业为重点,建设全国稀有金属产业基地(刘建春,2017);其次要加快培育高端装备制造、高档数控机床、新一代信息技术、生物制药、节能环保、新能源等新兴产业,建设全国先进制造业基地(刘建春,2017);最后要实施"2+6+N"的产业高质量跨越式发展行动计划,提高赣州各产业创新能力,激发传统产业转型动力,实现产业结构进一步优化(彭继增等,2020)。

专栏 6-1:"两城两谷两带"建设思路

"两城两谷两带"指新能源汽车科技城、南康现代家具城、中国稀金谷、

青峰药谷、赣粤电子信息产业带和赣州纺织服装产业带。研究主要围绕新能源汽车科技城、南康现代家具城、中国稀金谷和赣粤电子信息产业进行剖析。

新能源汽车科技城 赣州新能源汽车产业在立足自身优势的基础上，加快产业"引进来""走出去"的步伐。一是持续完善和扩大新能源汽车产业链，形成集群效应，促进和实现产业全面发展；二是加强企业创新能力建设，打造有技术代表性的龙头企业；三是紧紧抓住共建"一带一路"国家的庞大市场，扩大新能源汽车的国际贸易份额；四是鼓励新增新能源汽车企业，为赣州新能源汽车发展注入新的发展活力（刘秋生等，2020）。

南康现代家具城 为了提升家具产业的销量和收入，南康家居在省内可利用低流通成本的价格优势，扩大省内消费需求；在国内其他省份，强化营销渠道的整合，加强零售终端合作；在海外，充分利用"一带一路"搭建的平台寻求多渠道合作（赵义、王云丰，2019）。

中国稀金谷 赣州作为全国稀有金属产业基地和先进制造业基地，应统筹规划，充分发挥稀土和有色金属及其应用等产业的带头引领作用，围绕已经建立起来的优势产业链部署区域创新链（黄涵荣、陈志毅，2020）。利用稀土等特色资源，建设国家级稀土实验室和专业生产基地，构建"稀土矿开采→稀土分离→金属冶炼→深加工→新材料及应用产品"的完整产业链（赖晓瑾，2019）。

青峰药谷 以青峰药业为龙头，集聚药企入驻，打造集药材种植、研发、生产及配套服务、医养结合于一体的大健康产业集群。

赣粤电子信息产业带 赣粤电子信息产业应明确"半导体材料+芯片设计+芯片制造+芯片封装测试+显示模组+智能终端整机+区块链"的产业发展思路（杜泽，2020），以龙南、信丰等区域为核心，做强新兴电子产业。

赣州纺织服装产业带 重点围绕"一核四区"（以于都县为核心，宁都县、石城县、瑞金市、兴国县为集聚区），建设赣州纺织服装产业带，紧扣研发设计、生产制造、市场培育主线，建、延、补、强产业链条，推动形成特色鲜明、定位明确、错位发展、优势互补的产业发展新格局。

资料来源：作者整理。

打造康养旅游样板区、构建区域金融中心，是学者结合赣州实际给出的促进传统服务业和新兴服务业均衡发展的良方。

一方面，就旅游业发展而言，赣州需以红色资源、宋城文化、客家文化、东江源·三百山森林生态资源等为载体，打造养心、养情、养眼、养身、养味的五养康养旅游样板区，力争把赣州建设成为全国著名的红色旅游目的地、区域性文化旅游中心城市和东南沿海地区休闲度假后花园（周建标等，2008；康智超等，2016；刘建春，2017；胡亚光、钟小根，2020）。此外，深入开发观光休闲、乡村休闲以及体育休闲等旅游产品品类，提升赣州休闲旅游吸引力（朱淑华，2016）。

另一方面，就金融业发展而言，赣州要利用政策优势，科学布局赣州金融产业，合理规划金融结构，以金融核心区和金融拓展区为重点，建设区域性金融中心（邓婕，2018；黎江林等，2019）。同时，构建良好的金融工作机制，不断创新信贷产品，积极支持金融组织发展（邓婕、嵇艳兰，2019）。

（二）提高区域自主创新能力

"教育、科技、人才是全面建设社会主义现代化国家的基础性、战略性支撑。"[①] 赣州找准科技创新与经济社会发展的结合点，点面结合、市县联动，着力在创新载体建设、创新主体培育、创新能力提升、创新环境优化上下功夫，进一步释放科技创新潜能，推动经济社会健康发展。

赣州充分利用国内外市场的创新要素和创新资源，积极引进国内外高水平创新型企业及高新技术项目。加强区域内科研平台的协同联动，促进创新要素的合理分配和有序流动，持续提升创新资源的使用效率（范玲俐，2020）。在激励举措和保障机制层面，大力支持科研机构建设，加强高校、科研院所与企业之间的合作（范玲俐，2020）；建立健全智能制造行业标准和智能制造创新平台，积极争取"中国制造"示范试点城市项目资金支持；建设国家级工业设计中心，培育一批工业产品生态设计示范企业；积极创建

[①]《高举中国特色社会主义伟大旗帜 为全面建设社会主义现代化国家而团结奋斗——在中国共产党第二十次全国代表大会上的报告》，中国政府网，https://www.gov.cn/xinwen/2022-10/25/content_ 5721685htm。

国家军民融合创新示范区,在稀土钨新材料应用、光纤光缆、动力电缆等领域推动一批当地企业进入军工领域,促成一批军民融合技术和项目落户(钟祝秀,2018)。

(三) 营造产业发展新环境

激发市场主体活力、优化营商环境是新时期推动经济高质量发展的重大举措。为加快推进赣州产业繁荣发展,改善在赣和来赣企业的营商环境至关重要。继而,学者们从政策优化、完善服务等方面展开论述。

一是锚定政策最优、成本最低、服务最好、办事最快的"四最"营商环境目标,深化"放管服"改革,在江西率先开展企业开办、工程项目审批、不动产登记三个"一窗办"(王琦,2019)。二是建立企业信息库,实现"一企一册",创新服务重点工程工作制度,落实"一对一"联系人机制,通过联席会议,搭建政企沟通桥梁,打通服务企业的最后一公里(王泽明,2019)。三是给予企业入驻优惠、资金支持和税收优惠等,降低产业转入门槛(彭继增等,2020);搭建企业高质量交流平台,扩大企业合作契机;改善产业集群发展环境,降低企业外部成本(赵义、王云丰,2019)。

二 以绿色发展为依托,改善城乡宜居环境

践行以人民为中心的发展思想,改善城乡人居环境,赣州主要从以下四方面入手:一是健全基本公共服务体系,提升人民生活品质;二是建立健全生态文明制度,持续改善城市生态环境;三是全面打造城市新形象,推进现代城市精品管理;四是加大人才引育力度,打造人才集聚新高地。

(一) 健全基本公共服务体系

让现代化建设成果更多更公平惠及全体人民,要健全基本公共服务体系,不断提高公共服务水平,让人民群众获得感、幸福感、安全感更加充实、更有保障、更可持续。赣州坚定不移推进市域社会治理现代化进程,加大力度保障和改善民生,切实办好就业、教育、医疗、社保、住房、养老等民生实事,扎实推进共同富裕,深化城乡环境整治,加快补齐市域社会治理

短板,坚决防范化解各种风险隐患(范玲俐,2020)。

特别地,在新区规划建设过程中,赣州始终强调公共服务设施建设在时序上适度超前,以引导城市新区健康、合理发展(李秀娟、杨贤房,2018)。"数字赣州"建设,从基础设施、保障体系、空间数据、政策法规、技术支撑、应用工程等6个方面,为赣州人与环境的和谐发展提供全面服务(朱卫东等,2006;陈涛等,2013)。

(二)持续改善城市生态环境

《中共中央关于党的百年奋斗重大成就和历史经验的决议》强调,要像保护眼睛一样保护生态环境,像对待生命一样对待生态环境,更加自觉地推进绿色发展、循环发展、低碳发展,坚持走生产发展、生活富裕、生态良好的文明发展道路。长期以来,赣州通过推进生态城市建设、建立健全生态文明制度等途径,逐步提升城市环境质量。

就推进生态城市建设而言,赣州不断加大环保知识宣传力度,提高公众生态意识;充分发挥政府主导作用,做好赣州生态城市建设的总体规划;优化产业结构,发展生态产业;突出城市个性,树立生态城市风尚(熊平生,2008;孙光晨,2010)。

专栏6-2:"生态城市"建设举措

加快解决突出环境问题。《国务院关于新时代支持革命老区振兴发展的意见》出台实施以来,赣州完成废弃稀土矿山治理92.78平方公里,近半个世纪的历史遗留问题得到有效解决。治理水土流失面积4310平方公里,是前30年的1.3倍,水土保持"赣南模式"在全国推广,被列为全国水土保持改革试验区。

推进山水林田湖草生态保护修复工作。创新推进林业生态恢复工程和保护森林资源工程;全面推进水环境整治工程、矿区植被恢复工程、绿色新农村建设工程等10余项生态工程(梁健,2010);《国务院关于新时代支持革命老区振兴发展的意见》出台实施以来,赣州投入130.9亿元实施山水林田湖草生态保护修复试点项目52个,试点预期目标基本完成。实施10年改造

1000万亩低质低效林工程，完成改造近300万亩；全面推行林长制、河长制、湖长制，森林覆盖率稳定在76.23%以上。

积极推进海绵城市建设。以城市园林建设为契机，推进海绵城市建设（吴忠荟、黄文华，2016）。

资料来源：作者整理。

就建立健全生态文明制度而言，赣州主要从五方面入手。一是树立"绿色施政"理念，将生态保护要求纳入政府决策、规划和管理的各个环节；二是把生态建设资金纳入各级政府年度财政预算，重点保证城乡环境基础设施、重要生态功能区等社会公益型生态项目建设的投入；三是建立领导干部环境损害"一票否决"约谈问责、终身追究"责任链条"，探索设立生态综合执法局、生态检察处、环资审判合议庭等机构，用最严格的制度、最严密的法治保护生态环境；四是加大资源勘查力度和市场化运作程度，使资源得到及时接替和有效开发；五是加强环境保护，提高资源综合利用率，真正做到在保护中开发、在开发中保护，实现可持续发展（刘琮、宋伯庆，2005）。

（三）推进现代城市精品管理

1978年，赣州城镇化率仅为10.5%，经过40余年的快速城镇化进程，2023年赣州城镇化率攀升至58.18%，初步完成了由"乡土赣州"向"城镇赣州"的蜕变。然而，以人为核心的新型城镇化建设要求，需要城市管理在细微处下功夫，以精细化管理推动创建宜居宜业文明城市。

赣州具体从五方面推进现代城市精品管理。一是实施依法治市。颁布、完善城市管理规范性文件，开展"城市管理年"活动，通过严格管理，保障城市运转井然有序，打造文明和谐的城市环境和整洁美丽的城市风貌。二是深化城市管理体制改革。健全综合执法与专业执法、统一执法与分级执法、日常执法与专项整治相结合的执法体制，形成责、权、利相统一的管理体系和制约机制。三是创新设施投融资体制。鼓励引导各类投资主体参与城市公共交通、供水供气、道路桥梁、环卫保洁、绿地养护和污水处理等市政公用设施的建设运营。四是加快"多城同创"进度。实行环保、文明、卫生等城市"多城同创",建设一个集环保、卫生、优美、内涵于一体的新赣州。五是推进"数字城管"项目建设。通过数字化城市管理平台,将市政管理养护、市容环境卫生、园林绿化、夜景景观以及霓虹灯设置等问题纳入统一管理(王平,2009;土埼,2019)。

此外,赣州遵循现代城市建设与发展的一般规律和趋势,从城市的功能和性质、城市规模、城市产业结构、城市形象要素和资源条件出发,明确赣州城市形象定位(王苏洲,2011)。通过合理有效地运用各种营销手段,制定系统性的策划推广方案,不断扩大城市品牌影响力(刘晓梅,2018)。

专栏6-3:赣州城市定位

城市功能(质)定位:中西部地区承接产业转移第一城。

城市规模(量)定位:赣粤闽湘四省通衢区域中心大都市。

城市产业结构(向)定位:工业主导产业(矿业、机械电子业、现代轻纺业)、农业优势产业(以脐橙为主的果业、以生猪为主的畜禽业、花卉苗木业、商品蔬菜业)和现代服务业(红色旅游业、商贸物流业、金融保险业)协调发展。

赣州城市形象(形)定位:"江南宋城""红色故都""客家摇篮"。

资料来源:作者整理。

(四)打造人才集聚新高地

人才是一个地区发展的核心要义,是盘活区域发展的不竭动力。赣州从提高人才培养能力和加大人才引进力度两方面打造人才集聚新高地。

一方面,提高人才培养能力。赣州结合新兴产业和产业转型升级的新需求,深入开展产业调研和人才需求调查工作,为职业院校人才培养、企业技能培训和社会培训指明方向。同时,基于互联网,构建面向"政府、企业、院校、行业机构"的多方协作平台,完善高等院校以及研究院的人才培养体制和产业合作机制,形成稳定的新型复合型人才输送渠道(赖晓瑾,2019;陈敏,2020)。

另一方面,加大人才引进力度。赣州加大对科研的资金投入,并赋予负责人调配权力,营造宽容失败的环境,保护科技创新人才的积极性;适当放松对户口、年龄、资历等方面的要求,吸引人才流入,解决大规模开发与人才不足的矛盾(刘瑞珍等,2013);保障引进人才的生活权益,解决好专业人才子女就学难题等,让专业人才及家人拥有归属感与获得感(赵义和王云丰,2019)。

三 以扩大开放为引领,提高区域战略支点地位

为提高区域战略支点地位,赣州以扩大开放为引领,建设区域性综合交通枢纽,不断加强区域间经济联系;积极发挥区位优势,积极融入粤港澳大湾区建设;加快推进国际陆港建设,积极融入以国内大循环为主体、国内国际双循环相互促进的新发展格局。

(一) 建设区域性综合交通枢纽

安全、便捷、高效、绿色、经济的综合交通基础设施网络,对于区域充分发展、地区协调发展、提升社会效能等有着关键作用。赣州统筹高铁、普铁、高速公路、国省道、航空、水运建设,构建立体化现代交通体系,进一步提升赣州贯南通北、承东启西的区域性综合交通枢纽地位,实现"货畅其流""客便其行"的发展目标(刘建春,2017)。特别说明的是,在赣州港开至盐田港铁海联运班列和昌吉赣高速列车开通的情况下,赣州加快赣深高铁建设进度,加强同大湾区交通设施互联互通(彭继增等,2020;邱国伟等,2020;范玲俐,2020)。

专栏6-4:赣深高铁

赣深高铁,是一条连接江西赣州与广东深圳的高速铁路,是中国"八纵八横"高速铁路网主通道之一"京港(台)通道"的重要组成部分。

2021年12月10日，赣深高速铁路开通运营。赣深高速铁路在赣州共设赣州西站、信丰西站、龙南东站、定南南站等4座车站，对于推动赣粤地区协调发展、促进赣南等原中央苏区振兴发展具有重要意义。

资料来源：作者整理。

（二）积极融入"粤港澳大湾区"

江西与广东山水相连、文化相融、人缘相亲、商缘相通，在推进区域协调发展上互补性强，具有很大的合作空间。当前，赣州与深圳建立了对口合作关系，特别是深圳直接对口支援寻乌，在项目建设、产业发展、乡村振兴、干部培训等方面给予全力帮扶，有效带动了赣南地区经济社会发展。

赣州抓好与国家部委、省委和省政府、大湾区"两区九市"的三个对接，推动赣州在更深层次、更宽领域、更高水平对接融入大湾区建设；建立协调推进机制、跟踪督查机制、考核奖惩机制等"三项机制"，进一步加快推进赣州融入粤港澳大湾区的工作步伐。具体地，赣州以粤港澳大湾区产业为核心，聚焦赣州首位产业发展方向，精准承接大湾区产业梯度转移和延伸，逐步完善产业政策体系、交通物流体系、科技创新体系和金融服务体系，构建"一带一核两堡N平台"的承接格局（钟祝秀，2018；王泽明、边俊杰，2019；邱国伟等，2020；范玲俐，2020）。

专栏6-5："一带一核两堡N平台"的承接格局

一带：赣粤高铁经济带。

一核：以赣州经开区和高新区为核心。

两堡：把通关最便利的"三南"（龙南、定南、全南三个县的统称）及离广东出海口最近的"会寻安"（会昌、寻乌、安远三个县的统称）作为桥头堡。

N平台：即依托15个省级工业园区和赣州港、综合保税区、"瑞兴于"（瑞金市、兴国县、于都县）经济振兴试验区，围绕粤港澳大湾区"两区九市"城市定位和各县（市、区）首位产业，实现与广州南沙粤港澳全面合作示范区、深圳前海深港现代服务业合作区、珠海横琴粤港澳深度合作示范区、东莞滨海湾新区、江门大广海湾经济区、中山粤澳全面合作示范区等大湾区重大平台的一对一对接、一对一合作，构建错位发展、协作发展、互补共赢的产业发展平台。

资料来源：作者整理。

（三）加快推进国际陆港建设

区别于海港，陆港作为沿海港口在内陆经济中心城市的支线港口和现代物流操作平台，可以更好地为内陆地区提供方便快捷的国际港口服务。赣州国际陆港建设最初的目的是实现南康家具产业集群"木材买全球，家具卖全球"的发展目标。随后，赣州国际陆港主动与粤港澳大湾区国际大港开展合作，积极发挥沿海"腹地港"作用，开创了沿海港口与内陆合作的新模式。2016年，赣州申报获批全国第8个内陆对外开放口岸，正式开启了内陆赣州发展的"口岸时代"。

进一步地，在优化口岸"提效降费"工作的基础上，江西在省级层面继续加大对国际陆港基础设施和服务平台建设的扶持力度，重点对赣州港二期建设提供财政资金支持。同时，以加快建设华南第一大内陆港为目标，坚持市场化运营为导向，引进招商局集团、陆港大陆桥公司等战略投资方，以国际陆港物流企业总部基地、跨境电商产业区、新金融产业、陆港制造产业为重点领域科学布局，推动赣州国际港与空港（黄金机场）、综合保税区联动发展，做大做强赣州国际港经济区（龙晓柏、陈德明，2020）。

第二节 政策文件视角下赣州省域副中心城市建设经验

2012年《国务院关于支持赣南等原中央苏区振兴发展的若干意见》的出台，标志着赣州迎来了振兴发展的政策机遇期。2016年，江西省第十四次党代会提出,要把赣州建设成为"省域副中心城市",随后,江西省政府相继出台政策文件,支持赣州纵深推进赣南苏区振兴发展、建设省域副中心城市和"一带一路"重要节点城市。从政策文件视角出发,赣州建设省域副中心城市主要从三个方面发力:一是创新引领新旧动能转换,系统构建现代产业体系;二是推进生态宜居城市建设,打造特色文化旅游名城;三是推进全国性交通枢纽建设,构筑内陆双向开放新高地。

一 创新驱动发展,构建现代产业体系

创新是引领发展的第一动力,是建设现代化经济体系的战略支撑。赣州始终坚持培育创新驱动发展新引擎,以产业转型为主抓手,以构建适应产业发展的新营商环境为推手,加快新旧动能转换,努力构建以数字经济为引领、以先进制造业为重点、先进制造业与现代服务业融合发展的现代化产业体系。

(一) 培育创新驱动发展新引擎

近年来,赣州大力实施创新驱动发展战略,科技创新能力大幅提升,创新创业活力进一步激发,取得一系列重大突破。据统计,2019年赣州全社会研发投入增长38.8%;高新技术企业778家,净增277家,增幅江西省第一;获认定国家科技型中小企业1615家,居江西省第一位。在科学发展综合考评中,赣州"创新创业"指数位居江西省第一位。综观"创新型赣州"建设进程,技术、人才、政策是推动其发展的三大支撑。

1. 着力培育创新主体

赣州主要通过深入实施"1122"倍增工程(在"十三五"期间新建10个国家级创新平台和载体,新增10个省级以上创新人才和团队,实施20项省级重大科技专项,新增200家高新技术企业),培育一批高新技术企业和科技型中小企业,通过紧紧围绕"两城两谷两带"和各地首位产业发展需求,布局建设一批创新平台载体。

就大力培育科技型企业而言,赣州坚持发挥企业在科技创新中的主体作

用，引导企业把发展重心、资源和空间聚焦到创新力培育上来。通过深入实施创新驱动"1122"倍增工程，建立高新技术企业和科技型中小企业培育库，采取"一企一策"的方式予以重点扶持，推动一批科技型中小企业向"专精特新"发展。截至"十三五"末期，赣州已有2家国家知识产权示范企业，20家国家知识产权优势企业，20家省级知识产权优势企业，46家企业通过知识产权贯标认证。虔东稀土集团股份有限公司、孚能科技（赣州）股份有限公司获评国家企业技术中心。

专栏6-6：扎实推进"1122"工程　努力建设创新型赣州

围绕赣州市主导产业和战略性新兴产业，强调突出企业主体，突出需求导向，突出项目载体，突出"双创"动能，着力优化创新布局，着力完善公共科技服务平台，着力培养和聚集优秀创新人才，着力创新科技金融等保障体系，全面提升科技对经济社会的贡献率和支撑力，努力在实施创新驱动发展战略推进创新型江西建设中，全面推进创新型赣州建设。

赣州明确提出"十三五"期间科技创新的目标任务，创新体系进一步完善，创新环境进一步优化，创新活力进一步释放，创新效率进一步提升。着力实施"1122"工程，强化科技入园入企，推进产业转型升级，推动创新创业，建设高效创新服务体系。全社会研发经费投入占国内生产总值比重达到2%，全市地方财政科技拨款占地方财政支出比例达2%以上，科技进步贡献率提高到60%，高新技术产业增加值较2015年翻一番，高新技术产业增加值占规模以上工业增加值的比重达到30%。

资料来源：作者整理。

就建设高端创新研发平台而言，赣州紧紧围绕"两城两谷两带"六大优势产业和各地首位产业发展需求，布局建设一批创新平台载体。《国务院关于支持赣南等原中央苏区振兴发展的若干意见》实施以来，赣州获批建设国家离子型稀土资源高效开发利用工程技术研究中心、国家脐橙工程技术研究中心、创新天然药物与中药注射剂国家重点实验室等国家级创新平台载体19个,"国字号"平台实现从无到有、从有到多的重大突破。

2. 创新人才招引模式

人才是科技发展的根本,是科技创新的关键。赣州实施高层次科技人才团队引进培育计划,先后出台了《关于创新人才政策、推动人才发展体制机制改革的若干意见》《关于推进人才住房建设的若干意见》等政策文件,引进、培育了一批高层次科技人才、团队携带科技成果、资金和人才到赣州创新创业。

特别说明的是,赣州积极搭建苏区人才发展合作研究院等聚才平台,设立宁波人才联络站、深圳招才引智分局、"苏区人才伯乐奖"等,把人才工作的端口前移到发达地区和人才密集地区。

3. 完善科技创新政策体系

赣州围绕建设创新型城市和区域性科研创新中心的目标,在科技协同创新、完善市级科技计划项目执行、培育高新技术企业和科技型中小企业、提升全社会研发投入、推动区域科技创新发展等方面,逐步构建符合实际的创新政策体系。制定出台了《关于大力推进科技协同创新的实施意见》《赣州市加大全社会研发投入攻坚行动实施方案》《关于进一步推进大众创业万众创新深入发展的实施意见》等10余个政策文件,量身定制的政策举措,让赣州创新服务成链条、成体系。

(二) 加快构建现代产业体系

在构建现代化经济体系的道路上,赣州经历了从以发挥资源优势为主、大力发展传统工业,到推动以工业化与信息化深度融合的现代工业的转变;从注重规模化、集群化发展到注重高端化、智能化、聚集化、品牌化融合发展的转变;从构建以优势产业为基础、战略性新兴产业为先导的工业体系,到建设以数字经济为引领、以先进制造业为重点、先进制造业与现代服务业融合发展的现代化产业体系的转变。具体地,赣州主要从咬定首位产业、实现主导产业倍增升级、做强做大战略性新兴产业,以及提升服务业现代化水平等四方面持续优化现代产业体系。

1. 咬定首位产业

立足现有产业优势，咬定钨和稀土材料应用等首位产业，壮大龙头企业，坚持产业集群化发展，建成一批各具特色的产业集群（基地）和产业平台。

一是扶持壮大龙头企业。实施重点龙头企业培育计划"双百"工程，通过招大引强、并购重组、嫁接改造、上市裂变等方式，培育百户以上主营业务收入超10亿元的行业龙头企业、百户以上的上市企业或新三板挂牌企业，培育中国南方稀土集团、青峰药业等10个以上主营业务收入过百亿元的"产业航母"，形成一批在国内乃至国际上有重大影响力的领军型企业集团。

二是壮大产业集群。遵循产业发展规律，以龙头企业为核心，培育上下游企业和关联配套企业，形成总量规模大、协作程度高、综合能力强的产业集群。"十二五"时期，形成"三个三"产业集群，打造10个优势产业基地；"十三五"时期，建成一批各具特色的产业集群和集聚区，推动特色集聚区资源优化配置；"十四五"时期，赣州重点推动八大产业集群的提质升级。

三是壮大工业园区。统筹规划布局全市工业园区、产业基地和产业项目建设，实行差别定位、错位发展。"十二五"时期，着力培育"一、二、五"产业集聚平台，即1个主营业务收入超千亿元、2个超500亿元、5个超300亿元的园区，力争全市工业园区主营业务收入超4000亿元，占全部工业的80%以上。

2. 推动工业倍增升级

赣州通过推动传统产业的转型升级、产业集群和工业园区的提质扩容、信息化与工业化深度融合、质量品牌打造等举措，实现工业倍增升级。

以信息化为牵引，加快改造提升传统产业。赣州充分发挥区位、环境、园区和生产要素成本较低的优势，大力承接国际国内产业转移，引进、吸收、研发先进适用的工艺、技术、设备，推广信息技术、节能技术、资源综合利用技术应用，加快提升有色金属、非金属矿、机械制造、电子、食品、轻纺等六大传统主导产业的产品质量和档次规模，加速生产终端产品和设备的转型升级，创造出一批全国全省知名品牌，提升"赣州制造"的影响力。

大力发展数字经济，加快传统产业的转型升级。围绕"两城两谷两带"建设目标，高标准建设新兴产业集群，积极推动科技创新与产业衔接，促进产业转型升级，超前谋划战略性新兴产业，构建多支柱的新兴产业体系。加速数字经济赋能，深入推进数字经济三年行动。推动江西信息安全产业园成功开园，推进数字化与制造业融合发展，创建数字技术创新应用标杆城市。

凝聚发展合力，拓展产业集群增值增效空间。从打造10个优势产业基地，拓展到15个优势产业基地，再聚焦到重点打造八大产业集群，赣州产业发展转而走向了提升能级与扩容整合的道路。目前，赣州持续推进"1+5+N"重点产业高质量跨越式发展，即全力推动现代家居产业集群产值倍增至5000亿元，打造电子信息、有色金属、纺织服装、新能源及新能源汽车、医药食品产业5个2000亿级产业集群，新型建材、化工等若干个500亿级产业集群。

完善软硬件设施，推动园区提质升级。加快园区道路、集中供热和排污等基础设施建设，完善园区研发中心、服务中心、电子商务平台、专业市场、金融平台等生产性服务业配套支撑体系。重点推进赣州经开区、赣州高新区、龙南和瑞金经开区、赣州综合保税区建设，加快推进章贡区、信丰县等15个省级工业园区和经开区扩区调区。加快清理园区闲置用地，提升工业园区投入产出比、资源利用率，提升节约集约化水平。

强化品牌建设，树立品牌形象。大力推进以技术创新为基础，以质量奖、名牌产品、地理标志产品、驰（著、知）名商标、老字号、知名商号等为核心的品牌战略，加快形成一批拥有自主知识产权和核心竞争力的品牌产品和企业。扶持一批品牌培育和运营专业服务机构，加大品牌培育和市场开拓力度。强化品牌保护，营造有利于企业品牌成长的社会氛围，提升企业品牌运营能力，树立"赣州制造"品牌良好形象。

3. 做强战略性新兴产业

赣州抢抓前沿领域发展制高点，紧跟战略性新兴产业和未来产业发展趋势,超前布局前沿科技和产业化运用。"十二五"规划纲要提出,选择新能源、新材料、节能环保、电子信息作为主攻方向,集中力量发展钨新材料、稀土新材料、新能源汽车、生物制药等战略性新兴产业;"十三五"规划纲要提出,围绕高端装备、新材料、新能源、新一代信息技术、生物技术与新医药等战略性新兴产业,建成一批各具特色的产业集群和集聚区;"十四五"规划纲要提出,聚焦新一代信息技术、生命健康、新能源、新材料、通航及北斗应用等产业,超前布局前沿科技和产业化运用。

4. 现代服务业提质升级

赣州主要从加快发展高端化、专业化生产性服务业和高品质、多样化生活性服务业等方面,构建优质高效、布局优化、竞争力强的现代服务产业体系。一方面,赣州重点围绕金融业、"现代物流+电子商务+服务外包+专业化"生产性服务业,促进服务业同先进制造业、现代农业深度融合,推动生产性服务企业与制造企业从设计、生产到营销的全业务流程融合,加快生产性服务业向专业化和价值链高端延伸。另一方面,赣州侧重在文化旅游、健康养老、商贸流通、居民和家庭服务等产业上发力,加快发展体育、住宿餐饮、教育培训等产业,运用现代服务理念、经营模式和信息技术改造提升生活性服务业,促进服务产品和业态创新,推进生活性服务业向高品质和多样化升级。

(三)营造产业发展新环境

为推动现代产业发展,赣州以市场主体需求为导向,以转变政府职能为核心,持续深化"放管服"改革,着力营造稳定、公平、透明、可预期的良好环境,力争在全省乃至全国打造"站前列""创一流"的营商环境。

1. 加快深层次市场化改革

激发市场主体活力。深化国有企业改革,全面完成非工口7个系统国有企业改革,深化国有出资监管企业产权制度改革,积极推动国有资本向基础性、资源性和先导性产业集中,通过引进战略投资者、股权转让、兼并重组、上市融资等方式,促进资产证券化和产权多元化,实现国有经济战略性重组。最大力度发展非公有制经济,切实调动民营经济的积极性,增强投资增长的内生动力。

建设高标准市场体系。完善市场法规和监管体制，加快推进市场竞争主体平等化、市场竞争要素多元化、市场竞争秩序规范化、市场流通格局现代化，充分发挥市场配置资源的决定性作用。建立和完善充分反映资源稀缺程度、促进资源节约和综合利用的资源型产品价格形成机制。

推进政府治理现代化。加快转变政府职能，提高政府调节经济和市场监管水平，强化社会管理和公共服务职能。完善财力与事权相匹配的财政体制，建立规范透明的转移支付制度和县级基本财力保障机制。完善预算编制和执行管理制度，提高预算完整性和透明度。强化国有资产经营理念，将国有资产转化为国有资本，加快从一般竞争性领域退出，增加对战略性新兴产业、重大基础设施、社会保障等方面的资金投入。

2. 推动开发区改革创新发展

创新开发区投资管理体制，充分赋予开发区更多的投资管理自主权。深化人事和薪酬制度改革，完善开发区考评结果与绩效挂钩动态调整机制。深化建设运营体制改革，全面推行"管委会+平台公司+产业基金"运营模式和"开发区+主题产业园"建设模式。理顺开发区与行政区权责关系，完善开发区全链审批赋权清单，建立健全开发区赋权清单动态调整机制。建立容错纠错制度体系，推进开发区体制机制改革试点示范。

二 推进生态宜居城市建设，打造文化旅游特色名城

生态是城市之基，宜居乃城市之本。近年来，赣州大力实施生态化发展战略，以"绿色"为底色，以"保障和改善民生"为基石，以"文化+旅游"为特色，将赣州打造成为山水相融、人城和谐、文旅融合、独具特色的宜居空间。

（一）高标准建设美丽中国赣州样板

赣州作为全国首批创建生态文明典范城市、江西首批生态宜居城市，主要从生态保护与建设、环境综合治理、引导全社会践行绿色生产生活方式等

三方面，推进城市绿色发展，高标准建设美丽中国赣州样板。

1. 生态保护与建设

区域层面，赣州通过共抓长江生态环境保护、积极应对气候变化，筑牢我国南方地区重要生态屏障。具体地，实施长江经济带发展重大工程、重要生态系统保护和修复重大工程、森林质量提升工程、水土流失治理工程和河湖湿地保护修复工程等，力争实现全要素、全方位、全流域山水林田湖草保护修复，打造山水林田湖草生命共同体示范区。同时，积极推进能源结构低碳转型，实现碳达峰和空气质量达标协同管理。严格落实节能减排降碳约束性指标，全面落实碳排放达峰行动计划，深入推进农业、能源、工业、建筑、交通等领域节能增效。实行能耗总量和强度双控，严控新上高耗能项目，推动重点用能单位能耗监测管理全覆盖。探索建立温室气体排放统计核算体系，推动甲烷、氢氟碳化物、全氟化碳等温室气体排放持续下降。

市域层面，赣州持续推进中心城区生态建设，打造山水园林城市。一方面，赣州将中心城区"三江六岸"作为驾驭市域空间景观的核心，着力构建功能复合、生态宜人的滨江生态岸线，再现"千里赣江第一城"的盛景。另一方面，实施"生态园林城市"建设工程，先后规划建设峰山森林公园、通天岩风景名胜区、马祖岩森林公园、三阳山自然生态区等风景林地，初步形成了广阔的森林生态景观和深厚的城市生态底蕴。

2. 综合环境治理

高标准打好蓝天保卫战。推进挥发性有机污染物深度治理、城市机动车污染防治、道路扬尘和工地扬尘管控治理，开展非电行业脱硫、脱硝、除尘等超低排放改造，实施燃煤清洁化替代工程，县级及以上城市细颗粒物平均浓度控制在每立方米35微克以内。

全方位打好碧水保卫战。推进城镇污水管网全覆盖，巩固提升黑臭水体治理成效，力争实现城市污水处理率达98%以上，农村生活污水治理率达30%以上的目标。推进开发区、工业园区污水处理达标排放，推进集中式饮用水水源地环境保护和入河排污口整治与规范化建设。

高质量打好净土保卫战。推进章贡区、赣县区、大余县、崇义县、南康区、定南县、会昌县、龙南市、于都县等县（市、区）历史遗留重金属污染修复治理，开展重点流域受污染耕地安全利用试点，推进废弃矿区、矿区场地和污染场地修复。完善城乡生活垃圾无害化处理设施建设，使生活垃圾无害化处理率稳定在100%。

推进环境治理能力建设工程。实施数字环保二期工程、生态云大数据平台工程，优化大气"环保管家"服务，建立大气污染防治管家服务团队，建设环境监测中心站，强化无人船、无人机、遥感设备、自动化分析设备等信息化技术在生态环境领域的应用。

3. 引导全社会践行绿色生产生活方式

推动"生态+"产业发展。采用先进节能技术，改造提升传统产业，推行企业循环式生产、产业循环式组合、园区循环式改造，加快发展生态旅游、生态农业、林下经济、节能环保等绿色产业，构建具有赣州特色的生态型、循环型、低碳型绿色产业体系。力争创建1~2个国家级绿色产业示范基地，新增5家绿色园区和20家绿色工厂，分别推荐1项和20项以上绿色技术入选国家级和省级绿色技术推广目录。

严格落实节能减排控制性目标。深入实施重点领域节能降耗工程，推广应用节能环保新技术、新产品，推进重点行业能效提升和节能减排升级改造，加快淘汰落后和过剩产能。大力推行清洁生产，严格控制污染物产生和排放。坚持低碳发展模式，着力促进产业结构低碳化、能源结构低碳化、生活方式低碳化。加快推进国家新能源示范城市建设，大力发展太阳能、风能、地热能、生物质能等可再生能源，进一步提高可再生能源在能源消费中的比例。

实施循环发展引领工程。推进赣州资源综合利用基地建设，建设工业固体废物信息化管理平台。建立全国钨渣集中利用处置中心、锰钴镍渣集中利用处置中心和家具类危险废物综合处置利用中心等工业固废资源综合利用项目。

开展绿色生活行动。突出抓好工业、建筑、交通、公共机构等重点领域节能，开展绿色居住区、绿色示范单位创建，深入推进节约型公共机构建设。倡导绿色生活方式，引导全民加入绿色消费、绿色出行、绿色家居行动，推动生活方式向勤俭节约、绿色低碳、文明健康转变。推进低碳社区、低碳商业、低碳旅游、低碳企业试点建设。

（二）加快新型城市建设步伐

赣州精准对接群众需求，不断加快新型城市建设步伐，强力推动教育、文化、体育和民生事业等均衡发展，持续改善基本公共服务质量和水平，更好满足人民群众日益增长的美好生活需要，全面提升"宜居赣州"能级。

1. 增强城市综合承载能力

围绕山水园林、低碳生态、宜居宜业的城市建设目标，不断完善便民服务公共设施和城市功能。加快形成与省域副中心城市相匹配的城市体量，规划到2025年，中心城区建成区面积达240平方公里、城市人口达240万人、GDP占全市比重达45%；力争2个县（市、区）经济总量进入江西省前10强、3~4个县（市、区）进入江西省前20强；全市常住人口城镇化率达60%、GDP占江西省1/6左右，人均GDP与全国、江西省差距进一步缩小。

大力实施市容环境交通秩序综合整治、老城区街道整治改造、"城中村"和棚户区改造；完善集贸市场建设，统一规划户外广告，坚决依法拆除违章建筑，加强城市污水、垃圾处理，切实解决城市"脏乱差"问题；实施城市立体绿化工程，加强公共交通、休闲广场、公园绿地、无障碍设施、防空防灾设施等建设，改善城市环境质量；清理和新建停车场，完善停车管理。

专栏6-7：赣州推进"六大区域中心"建设

赣州一体化推进省域副中心城市和国家区域性中心城市建设，重点打造教育、科研创新、金融、商贸物流、文化旅游、医疗养老"六大区域中心"。

教育中心方面： 江西师大附中赣江创新研究院分校开学，引进江西财经大学建成赣州研究院，建设中国稀金谷稀金产业学院、赣南医学院生物医药现代产业学院等一批现代产业学院。赣州现有普通高等学校11所，规模居江西省第二位。

科研创新中心方面："新药创制全国重点实验室"获批组建，赣州高新区"一区三园"改革获批实施，入选首批国家知识产权强市建设试点城市。全社会研发投入占GDP比重由2012年的0.43%大幅提高至2023年的1.71%。

金融中心方面：金融机构贷款余额首次突破8000亿元。上市公司从2011年的3家增至19家，率先在江西实现境内A股各板块全覆盖，上市公司市值突破1900亿元，金融综合实力迈上新的台阶。

商贸物流中心方面：江南宋城（郁孤台）街区成功获评首批省级示范商业街区，赣州国际陆港是江西唯一获批的国家进口贸易促进创新示范区，"互联网+第四方物流"供销集配体系实现县域全覆盖。

文化旅游中心方面：三百山晋级国家5A级旅游景区，丫山国家级旅游度假区创建成功，大余梅关、全南攀岩小镇创评国家4A级旅游景区，4A级景区实现县域全覆盖。

医疗养老中心方面：累计实施医疗卫生项目3020个，广东省人民医院赣州医院（沙河院区）、南方医院赣州医院（蓉江院区）、市肿瘤医院外科大楼全面封顶。截至2024年6月，全市有养老机构318家，养老机构总床位达4.28万张。

资料来源：作者整理。

2. 加快发展社会事业

实施文化惠民工程。按照公益性、基本性、均等性、便利性的要求，加快构建覆盖城乡、惠及全民的公共文化服务体系，建成高品质"15分钟文化生活圈"。推进基层综合性文化服务中心提档升级，大力推动市—县—乡镇—农村公共文化设施建设工程，全面实现市有"四馆"、县有"三馆"的发展目标。

大力发展体育事业。建设新赣州奥体中心、射击场馆、田径热身场、网球中心等体育场馆，承办第十四届江西省运会。实施全民健身计划和青少年体育活动促进计划。推进城乡公共体育基础设施建设，合理规划布局城市新区公共体育场所。因地制宜发展体育公园，打造"15分钟健身圈"，加大体育服务供给，创建国家全民运动健身模范城市。建设国家级攀岩、足球等训练基地，积极争取承办国际、国家、江西省内各项重大体育赛事，培育打造一批具有较大影响力的体育赛事品牌。

健全基本公共服务。坚持应保尽保原则，按照兜底线、织密网、建机制的要求，加快建成覆盖全民、统筹城乡、公平统一、可持续的多层次社会保障体系，稳步提高保障水平。重点推进区域医疗中心建设工程、公共卫生机构防控救治能力提升工程、县域医疗卫生综合服务能力提升工程、中医药能力提升工程、公民应急救护技能提升工程等，基本建立与城市高质量发展要求相适应的基本医疗卫生制度，全力打造"健康赣州"。

（三）打造区域性文化旅游中心

赣州是中国优秀旅游城市、国家历史文化名城，现拥有国家级风景名胜区4处，国家级自然保护区3处，国家级森林公园10家，国家5A级旅游景区1家、4A级旅游景区31家、3A级旅游景区19家。赣州充分发挥本土传统文化和旅游资源优势，通过实施全域旅游发展战略、推进文化传承项目建设等举措，将赣州打造成独具特色的区域旅游文化中心。

1. 实施全域旅游发展战略

"十二五"时期，赣州就提出了"文化+旅游"的发展战略。之后，进一步明确了"三大目标、四张名片"的发展定位和"一核三区三线一网"的发展布局。即加快建设全国红色旅游一线城市、粤港澳大湾区生态康养旅游后花园、区域性文化旅游中心，做强"红色故都""客家摇篮""江南宋城""阳明圣地"四张文化旅游特色牌；深化以宋城文化核心区为龙头，红色旅游区为突破点，生态休闲度假旅游区、客家文化旅游区为支撑的"一核三区"全域旅游空间布局，以初心路、客家情、阳明游"三线"串联"四区"形成"全域旅游产品网络"。

专栏6-8：赣州四大文化旅游目的地建设

打造红色文化传承创新区和全国著名的红色旅游目的地。高标准建成全国红色基因传承高地、革命文物保护利用样板区。打造长征学院培训体系，把"赣南红培"打造成国内有影响力的一线品牌。推进红色名村创评,开展红色研学实践教育,建设全国知名红色研学教育基地、干部党性教育基地和统一战线共识教育基地。拓展与遵义、延安、桂林、龙岩等长征沿线城市合作,持续办好"红军长征论坛",打响长征品牌。

打造宋城文化旅游核心区。充分挖掘展示宋城文化,推进江南宋城历史文化旅游区建设,重现"江南宋城"。打造老城区"城市博物馆",将中心城区打造成为宋城文化展示区、历史文化名城和旅游集散地。

打造客家文化体验旅游区。深化国家级客家文化(赣南)生态保护实验区建设,传承传统客家文化与习俗,办好世界客属恳亲大会,打造世界客家文化传承示范区。唱响"世界围屋之都"品牌,把赣州建设成为全国客家文化旅游首选目的地之一。

打造独具特色的阳明文化旅游圈。深入挖掘阳明文化,推进阳明文化公园等载体建设,开发阳明文化精品研学路线,常态化举办阳明文化节和国际性学术论坛,打造阳明文化国际旅游胜地。

资料来源:作者整理。

2. 推进文化传承项目建设

(1)非物质文化遗产保护。推动非物质文化遗产系统性保护,完善非遗项目名录和传承人体系。推进市县非遗馆项目建设,积极申报国家级非物质文化遗产代表性项目。

(2)历史文化名城名村、历史街区和历史建筑保护。推进赣州、瑞金国家历史文化名城建设,推进12处省级历史文化街区、5个国家历史文化名村、11个省级历史文化名村、51个中国传统村落、12个省级传统村落保护利用,开展历史建筑保护修缮。

(3)重点文物保护。推进28处全国重点文物保护单位、182处省级文物保护单位和121处市级文物保护单位保护利用,做好县级文物保护单位保护利用工作,支持七里窑址申报省级考古遗址公园。

(4)重要自然遗产保护。推进10个国家级森林公园、21个省级森林公园，3个国家级自然保护区、8个省级自然保护区，13个国家湿地公园、7个省级湿地公园，4个国家级风景名胜区、5个省级风景名胜区，1个国家级地质公园、3个省级地质公园保护建设。

三　构建全国交通物流枢纽，打造内陆双向开放新高地

赣州在努力构建全国性综合交通枢纽和全国性物流枢纽中心的基础上，不断加强与国家重大发展战略区的互联互通，高水平打造对外开放先行区，全面构筑内陆开放型经济新高地。

（一）构建全国性综合交通枢纽

赣州统筹推进铁路、公路、航空、水运等基础设施规划建设，推动革命老区交通强国建设试点，构建全国性综合交通枢纽，基本形成安全、便捷、高效、绿色、经济的现代化综合交通体系。交通运输完成了由"跟跑型"向"引领型"，由"区域性综合交通枢纽"向"全国性综合交通枢纽"的转变。

1. 完善铁路运输体系

坚持主攻高铁、完善路网、打造枢纽的建设方针，加密与省会南昌、相邻城市及周边省份铁路运输通道。重点打通国家高铁京港、厦渝等主通道，以及鹰梅、兴泉、厦昆、赣韶、赣广等跨省通道，力争全面消除铁路空白县，形成"两纵三横两放射"的铁路网布局。加快建成面向全国、对接粤港澳大湾区、辐射全市的国家区域性铁路枢纽，构成连通南昌、长沙、郴州、韶关、广州、深圳、梅州、厦门等方向的高铁网，打造赣州至周边重要经济区中心城市"2小时高铁圈"。加快构建圈层式、一体化轨道交通网络，规划研究干线铁路、市域（郊）铁路及城市轨道交通，实现客运"零距离换乘"和货运"无缝化衔接"。

2. 推进高质量公路网建设

完善以高速公路、国省道干线公路为主骨架，农村公路为补充的现代公路网络。优化高速公路网络，加快繁忙路段扩容改造，无缝接驳重点园区、

景区和港站枢纽，增强通行保障能力，形成"四纵四横八联"高速公路网，实现赣州市域范围2小时、外联周边中心城市4小时交通圈。畅通骨干公路网，提升普通国省道路网结构与服务水平，形成"五纵五横"干线公路网。提升农村路网通达水平和通行能力，推进深化农村公路管理养护体制改革试点，加强资源路、产业路与旅游路建设，实施县道升三级公路和乡道"单改双"工程，推进通村组道路、入户道路建设。

3. 建设区域航空枢纽

强化陆空高效衔接，拓展航线网络，壮大运力规模，实施黄金机场三期改扩建工程，建成国际航空口岸，建设全国有影响力的国际机场。建成瑞金机场，提升市域支线机场辅助功能。构筑对接全国性中心城市"2小时航空圈"。建设民用无人驾驶航空试验区，开展无人机运行试飞和综合应用。有序布局建设通用航空，加强其在应急航空、工农林业、运动旅游、商务飞行等方面的广泛应用，形成分工合作、优势互补、协同发展的"一干一支七通用"机场布局。

（二）建设国家物流枢纽城市

赣州以建设省域副中心城市为引领，通过深入实施《赣州市建设区域性商贸物流中心实施方案》，已经建设成为赣粤闽湘四省边界区域性物流中心。为了加快构建内陆双向开放型经济新高地，赣州正在积极构建科学合理、功能完备、开放共享、智慧高效、绿色安全的商贸服务型国家物流枢纽体系。

1. 构建立体化物流运行体系

推进赣州国际陆港集疏运体系建设，实现赣州国际陆港与赣州综合保税区、航空港、高铁站等其他功能区域的快速连接，加快形成联通内外的物流设施网络，构建高效便捷的"通道+枢纽+网络"物流体系。

2. 完善物流枢纽联动发展格局

整合提升各类口岸平台资源，加快赣州国际陆港与综合保税区、航空口岸、赣州水运码头、高铁货运码头等一体化发展。推动瑞金陆路口岸作业区发展铁海联运，提高龙南保税物流中心运营能力与效率。支持定南陆路口岸作业区建设赣粤边界区域性物流集散中心，落实"一核多点"的国家物流枢纽发展布局。建设综合信息服务平台，整合物流信息资源，提升物流枢纽数字化、智能化水平。

3. 对接融入国家物流枢纽网络

推动多口岸直通、多品种运营、多方式联运，加强与成都、重庆、西安、郑州等内陆港的陆路联运，扩大与广州港、厦门港、宁波港等沿海港口的铁海联运，打造公铁、铁水、空铁等多式联运港口，实现货物中转与进出口报关的无缝对接，建设连接东南沿海与中部地区的区域性物流中心和国际货物集散地。

（三）加快构建内陆双向开放型经济格局

赣州通过加强对接融合、深化区域合作，推进开放合作载体建设，深化内陆开放型经济体制机制改革，促进对外开放与对内合作深度融合，努力建成革命老区双向开放先行区，打造区域开放新高地。

1. 落实赣南苏区振兴发展

立足新发展阶段，把握新发展机遇，加强顶层设计和统筹协调，推动政策优势全面转化为发展优势，不断增强区域振兴发展新动能。积极执行西部大开发、财税、投资、金融、人才等优惠政策。深化拓展对口支援政策内涵，加速放大政策效应，全面提升受援实效，形成上下联动、协同推进的对口支援新格局。健全常态化工作机制，坚持"上下联动"，推动新时代支持赣南苏区振兴发展重大事项高效落地。

2. 深化区域合作

赣州深入对接珠三角、闽东南三角、长三角，打造承接发达地区产业转移首选地和聚集区；积极融入"一带一路"区域，推进与新亚欧大陆桥经济走廊融合发展；深度参与粤港澳大湾区、长江经济带和海西经济区建设，加强与重点经济区域和先进地区合作交流。

特别说明的是，为将赣州建设成融入大湾区的桥头堡，江西省政府印发了《关于支持赣州打造对接融入粤港澳大湾区桥头堡的若干政策措施》，文件明确提出，支持赣州打造对接融入粤港澳大湾区桥头堡的战略定位为

"三区一园",即革命老区与大湾区合作样板区、内陆与大湾区双向开放先行区、承接大湾区产业转移创新区以及大湾区生态康养旅游后花园。

专栏6-9：赣州深入对接融入大湾区举措

强化与大湾区互联互通。积极融入大湾区"2小时经济生活圈",加快铁路、公路、航空、水运、物流、信息互联互通,形成以高速铁路和高速公路为主、空运和水运为支撑的全方位、立体化双向交通大通道。

推进与大湾区产业协作。深度融入大湾区现代产业体系、市场规则体系,主动参与大湾区产业延伸和功能拓展,实现产业链供应链互补融合。

实现与大湾区双向开放。深化与大湾区世界级港口群开放合作,提升赣州国际陆港作为盐田港、广州港、蛇口港、大铲湾港的内陆腹地港功能和作用,探索建立"沿海内陆组合港"新模式,打造"湾区+老区"跨省区域合作发展典范。

打造大湾区最美"后花园"。依托丰富的红色文化资源、优良的生态环境质量和富有特色的优质农产品,适应大湾区消费升级和高端市场需求,努力成为大湾区的文化传承和国情教育培训基地、康养休闲旅游胜地、优质农产品供应基地。

资料来源:作者整理。

3. 推进开放合作载体建设

加强载体建设,不断优化开放环境。推进赣州、龙南、瑞金经开区和赣州高新区等重大开放平台建设,充分发挥承接产业转移主战场作用。加强赣州综合保税区建设管理,提高龙南保税物流中心运营水平,推进海关特殊监管区域开放发展。推进中国（赣州）跨境电商综合试验区建设,打造区域性跨境商品集聚中心。健全各类开放平台,申报建设进境粮食、冰鲜水产品、水果等指定监管场地,创建赣州（国际）木材交易平台、中国（赣州）脐橙交易平台。主动对接沿海发达地区国家级开发区,以合作共建、托管建设等多种模式发展"飞地经济"。

4. 深化内陆开放型经济体制机制改革

从"引进来、走出去"的开放政策，到建设"全方位、宽领域、多层次"的立体开放体系，赣州不断在推进内陆开放体制先行先试道路上深耕，具体举措包括：促进贸易和投资自由化便利化，加快国际贸易"单一窗口"建设；推动货物资源高效流动，鼓励进出口货物在赣州集疏，降低进出口企业运输成本；积极探索内陆地区开放合作的新体制、新模式、新路径，主动引入国际标准、国际规则、国际标识，加快完善开放型经济体制机制。

第三节　赣州省域副中心城市建设经验

为深入学习赣州省域副中心城市建设进程中的好经验、好做法，在长治市人民政府的协调下，笔者于2021年10月底重点围绕现代产业体系构建、宜居城市建设、区域战略支点地位提升、体制机制创新等内容赴江西赣州考察学习。通过"实地参观+座谈会"的方式，对蓉江新区、南康家具城、信丰电子产业园等地进行深入调研。结合赣州相关部门汇报材料，以及实地访谈内容，从现代产业体系构建、高品质人居环境建设、内陆物流枢纽港创建、体制机制创新四方面对赣州省域副中心城市建设经验进行梳理。

一　以顶层设计为引领，培育经济增长点

赣州钨与稀土资源丰富，是全国首批确定的262个资源型城市之一。通过推动工业倍增升级、大力发展数字经济、加快发展现代服务业等举措，基本形成了独具赣州特色的现代产业体系。究其经验，可概括为以下五个方面：以顶层设计为引领、以科技创新为支撑、以建链补链延链强链为抓手、以企业培育为重点、以充足资金支持为保障。

（一）完善顶层设计

加强顶层设计是赣州推动产业转型升级的基本前提，市域和区县层面均出台了未来产业政策文件，明确产业发展重点方向和细分赛道，突出产业特

色化差异化发展。

就市域层面而言，印发《赣州市"1+5+N"工业倍增升级行动方案（2021—2023年）》，提出按照工业倍增升级主攻方向和发展路径，着力推进产业基础高级化、产业链现代化；全面梳理赣州稀土钨稀有金属产业链情况，编制《赣州市稀土钨稀有金属产业"十四五"发展规划》。

就区县层面而言，信丰县明确提出，做"强"电子信息产业、做"大"新型建材产业、做"优"绿色能源产业、做"特"食品制药产业的现代产业体系建设路径。最终形成以电子信息为首位产业，新型建材、食品制药、能源为主导产业的"1+3"千亿级产业集群、千亿级产业园区。

专栏6-10：赣州市各区县产业集群发展定位

现代家居产业集群：南康区。

有色金属产业集群：赣县区、瑞金市、赣州经开区、大余县、崇义县、南康区、龙南市、定南县、全南县、于都县、宁都县等。

电子信息产业集群：赣州经开区、章贡区、龙南市、信丰县、南康区、兴国县、定南县、全南县、安远县等。

医药产业集群：章贡区、赣州经开区、瑞金市、大余县、会昌县、龙南市、信丰县、于都县等。

食品产业集群：赣州经开区、瑞金市、信丰县、兴国县、崇义县等。

新能源及新能源汽车产业集群：赣州经开区、赣县区、龙南市、南康区、于都县、章贡区、大余县、宁都县、石城县、兴国县等。

纺织服装产业集群：于都县、宁都县、石城县、兴国县、瑞金市、南康区、赣州经开区等。

资料来源：作者整理。

（二）增强科技创新活力

赣州深入实施创新驱动发展战略，坚持科技赋能，全力加强科技创新平台建设，以科技创新引领产业高质量发展，为深入打好产业基础高级化和产业链现代化攻坚战提供坚强的科技支撑。

就市域层面而言，推动中国科学院赣江创新研究院在赣州落地建设，该院是中国科学院近十年来成立的唯一新建院，填补了江西无大院大所直属机构的空白；推动建设国家稀土功能材料创新中心，该中心是第 14 个国家制造业创新中心，也是稀土领域唯一的国家级制造业创新中心；高标准规划建设 1 万亩稀土永磁电机产业园，培育千亿级稀土永磁电机产业。组建稀土产业联盟、江西赣州稀有金属交易所，建设中国南方稀有金属贸易集散中心。

此外，聚焦"1+5+N"产业，组织具备较强创新能力的单位或个人（团队）揭榜攻关，通过 2~3 年时间，突破制约产业发展的重大瓶颈技术、短缺技术和企业急需的关键核心技术，培育一批优势产品，做强一批优势企业，不断提高关键技术自主可控水平，促进产业链与创新链深度融合，大力推进产业高质量发展。

就区县层面而言，信丰县深入实施大中型企业研发机构覆盖计划，激励企业加大研发投入，力争到 2025 年，规上工业企业研发机构建有率达 70%以上。深化"政产学研用"合作，采取"科研基础经费+科研项目经费"资助方式，大力引进优势科研院所或"人才+项目+资本"项目入驻 5G 产业园研发楼群，开展"科技联姻"，推广"科技副总"，设立科创飞地，建立与大湾区专业技术人才职称评审互认、人才互通、成果共享的合作机制。

南康区支持企业技术改造、支持企业科技创新、鼓励校企合作。对被列入国家级、省级科研项目、技术创新项目、工业转型升级项目，通过实施验收，获得国家、省财政无偿资助或者扶持的，区财政进行配套奖励；对成为国家级、省级创新型企业给予奖励。

（三）促进产业纵向延伸

产业链强则产业强，产业强则实体经济强。当前，在全球产业链加速重组的大背景下，为维护产业链的安全稳定，在产业链重构中赢得主动权，推动实体经济发展，赣州精准实施稳链、补链、延链、强链举措，建立"链长制"来推进产业链的纵深拓展和升级再造，夯实双循环发展的产业基础，为区域经济的高质量发展强基固本。

就市域层面而言，建立链长制议事机制，实行一事一议制度，有效解决产业链供应链问题。

就区县层面而言，信丰县长效抓好电子信息、新型建材、能源、绿色食品、生物制药、稀土稀有金属新材料等产业链链长制工作。每月调度各产业链工作进展情况，每半年召开一次产业链工作推进会。打造"电子新材—5G核心零部件—智能模组—系统集成—智能终端—示范应用"电子信息产业链。做大海螺水泥、万和商品混凝土、建安混凝土等新型建材企业，强化新型建材产业链。依托脐橙产业，以农夫山泉为带动，发挥农产品、药材资源丰富的优势，延伸食品深加工产业链。依托和美药业等企业，延伸制药产业链。发挥信丰电厂能源优势，高标准规划建设能源综合利用产业园，推进延伸能源产业链。

（四）强化企业培育

充满活力的中小企业，是赣州经济高质量发展的重要保障，而"专精特新"中小企业则是中小企业群体的"领头羊"。近年来，赣州不断加大对"专精特新"中小企业的培育力度，引导中小企业走专业化、精细化、特色化、新颖化发展之路。

信丰县加大细分领域重点培育，健全细分行业和细分市场领军企业、单项冠军企业、高新技术企业、瞪羚（潜在）企业、独角兽（潜在、种子）企业、科创上市企业的梯次成长培育机制。积极培育华锐钨钼、世嘉科技、中能实业、福昌发、信芯半导体等企业，每年至少打造3家创新发展的标杆企业。

南康区扶持企业做强做大，推进全区家具产业"个转企、小升规"工作。对于限期内完成"个转企、小升规"的家具企业给予政策优惠、财税奖励、入园优惠、税费减免、水电优先和金融奖励等扶持政策。

（五）加大资金支持力度

赣州把握新形势新任务新要求，遵循"集中资源办大事、资源要素跟着项目走"的思路，加大资金统筹力度，规范全市产业发展政策资金投入、运作和管理，充分发挥产业资金引导和撬动作用，促进重点产业加快发展，强化创新成果转化落地，促进产业转型升级，助力全市经济社会高质量发展。

就市域层面而言，市本级每年安排专项资金支持发展稀土、钨深加工产品；发起设立规模为100亿元的"两城两谷两带"专项基金；出台《赣州市揭榜挂帅制项目试点工作方案（试行）》，聚焦"1+5+N"产业，每年实施"揭榜挂帅"项目，单个项目市财政给予500万元资金支持；设立100亿元重大工业项目投资引导资金，加快推进市内重点项目高质量发展；启动14项科研攻关项目，获批中国科学院稀土先导专项项目资金5亿元，被列为组建国家稀土新材料技术创新中心候选单位之一。

就区县层面而言，信丰县对新认定的国家高新技术企业、获得国际发明专利（PCT）及国家发明专利的企业、新建立国家级或省级研发中心、获得国家自然科学奖、获得国家级或省级智能制造示范企业，给予相应比例和金额的奖励。南康区对龙头企业兼并重组、并购区外高新技术企业、"个转企、企入规"生产企业、在区域性股权交易市场首次挂牌企业、对年主营业务收入首次突破门槛值的企业、对在南康注册并通过赣州港直接进口木材的企业，给予相应标准的资金奖励。

二 改善空气环境质量，提升城市发展能级

通过生态环境改善与高标准建设，赣州城市功能和品质明显提升，2017年成功入选全国文明城市、2021年获评国家卫生城市。结合调研实际，市域层面从大气污染防治与城市建设两方面分析赣州宜居城市建设经验。

（一）加强大气污染防治

聚焦降低细颗粒物（PM2.5）污染，兼顾可吸入颗粒物（PM10）防治，以减少重污染天气和降低颗粒物浓度为主要目标，赣州坚持问题导向、目标导向，突出精准、科学、依法治污，围绕重点区域、重点行业、重点领域，持续推进大气污染深度治理、综合治理。

精雕细刻，治气有"方向"。一是精于分级管控。完成VOCs治理成效评估及重点涉VOCs企业绩效分级工作，制定污染天气分级管控方案。二是精于分类治理。完成国控站点周边重点区域涉VOCs污染源排查检测，建立一源一档的清单管理模式，并在中心城区重点区域开展VOCs解析及走航监测工作。三是精于预警预报。借助110套环境空气监测微站和13个乡镇空气自动监测站等，实现污染趋势实时预警预报、污染快速精准溯源、联防联控落实治理目标。

守正创新，治气有"突破"。一是从零到一的突破。赣州在全省率先打通机动车监管平台与汽车电子健康档案系统网络，率先建成中心城区环境空气VOCs监测网，做到实时监控。二是从少到多的突破。备案登记15668台非道路移动机械，排查7364家餐饮企业全部安装油烟净化装置，1330辆渣土运输车辆全部安装GPS定位并完成密闭，治污基础持续夯实。三是从人防到技防的突破。建成636套施工现场远程视频监控和PM2.5实时监测系统，121套油烟在线监测系统，4套高空瞭望系统，18套黑烟车、遥感电子抓拍系统，科学监管、治理能力全面提升。

巡查督办，治气有"成效"。一是壮大巡查队伍。在建立"市、县、乡"三支巡查队伍的基础上，专门成立扬尘、油烟等专职巡查组，确保管控措施、管控要求落实落细。二是健全督办机制。对巡查发现的问题线索，及时转办、立行立改，对问题突出的，印发整改清单并做好跟踪督办。三是严格通报考核。每月通报各县（市、区）的PM2.5浓度排名情况及存在问题，对建筑工地、餐饮企业实行"红黑榜"监管。

（二）推进高品质城市建设

城市是人类社会活动的中心，城市建设的好坏直接关系城市居民生活质量的高低。为实现城市有序建设、适度开发、高效运行，努力打造和谐宜居、富有活力、各具特色的现代化城市，赣州从强化顶层设计、拉开城市框架、改善民生福祉、统筹区域发展等层面，推动高品质城市建设。

强化顶层设计，规划体系日臻完善。总体规划、详细规划、专项规划共同构成了完备的规划体系。

拉开城市框架，促进中心城区强心提质。市、区两级合力发展，提升中心城区核心引擎；完善城市综合交通枢纽体系，将建成江西快速路网最长的"高架城市"；通过赣州国际陆港、中国科学院稀土研究院、金融商务区建设等项目，城市综合服务能力和建设品质不断提高。

改善民生福祉，城市功能品质显著提升。推进各类公共服务设施建设，基本形成多层次、广覆盖的公共服务网络体系；从功能定位、交通组织、景观打造等多方面入手，提升城市品质。

统筹区域发展，打造特色鲜明的支撑板块。逐步构建了"一核五区"区域发展格局和"一主两副，两轴三带"的城镇空间格局，打造特色鲜明、活力迸发的区域支撑板块。

三 完善物流枢纽陆港建设，探索内陆开放发展新路径

赣州国际陆港主要包括赣州国际港站、国际铁路集装箱中心、海关监管作业场所、冷链物流产业园、保税金融中心、现代物流分拨中心等六大核心功能区。它先后成为全国内陆首个进境木材监管区、全国第8个内陆开放口岸、全国"一带一路"多式联运示范工程，拥有全国内陆口岸中库容量最大的冷库、中国中部冻品储存量最大的冷链物流产业园。其建设经验主要包括健全基础配套设施、大力发展临港经济、打造内陆双向大平台、积极争取资金政策支持四个方面。

（一）健全基础配套设施

以推进建设国家物流枢纽和内陆双向开放试验区为契机，围绕打造"百万标箱，枢纽大港"的工作目标，全力建设"一港一区四口岸"，以铁路二期和站改建设等项目为抓手，全面推进赣州国际陆港仓储及配套项目建设，规划建设标准化公路甩挂中心停车场，高质量完善港口基础设施及相关配套设施，有效保障港区集疏运体系稳定运行。

（二）大力发展临港经济

坚持开放合作理念，不断完善港区综合服务体系，积极引进物流、货

代、仓储、冷链企业入驻，优化港口产业结构，培育发展冷链物流、汽车进出口、跨境电商、供应链金融、配套仓储等新兴临港产业，纵深推进打造"多口岸直通、多品种运营、多方式联运"的公铁海联运格局。

（三）打造内陆双向大平台

着力打造精品班列线路，持续稳定推进中欧（亚）班列、铁海联运"三同"班列常态化运营，创新开展中欧班列在深圳始发到赣州集拼的多点集结模式，深化与盐田港、深圳海关合作，谋划与广州港、厦门港开通"粤赣欧""厦赣欧"班列，有效整合沿海和内陆资源，加快建立适应全球供应链重构的新型国际物流通道模式，持续巩固赣州国际陆港内陆枢纽大港地位。

（四）积极争取资金政策支持

实施口岸物流发展补助资金政策，降低企业物流成本，促进港区业务发展。积极争取交通运输补助资金，以发挥多式联运枢纽站场应有作用，扩大多式联运示范工程影响力。赣州国际陆港已初步成为国际货物集散地，推动内陆赣州逐步成为"类沿海城市"。

四 深化体制机制改革，激发全员创新活力

体制机制创新为赣州省域副中心城市建设提供了保障，依据现代产业体系构建、宜居城市建设、内陆物流枢纽港建设等需要，分别从招才引智、招商引资、园区建设、干部队伍建设等方面进行了体制机制创新。

（一）优化招才引智政策

赣州始终坚持引进高精尖人才与引进急需紧缺人才相结合、刚性引才与柔性引智相结合、引进人才与引进项目相结合、集中引才与长效聚才相结合的原则，从高层次人才特殊津贴、就业创业扶持、引才育才奖励、人才平台奖补、成果创新转化等层面，出台系列优惠政策，加快打造全国重要人才集聚中心。

就市域层面而言，一是优化人才政策。主要集中在无偿资助、特殊津

贴、住房补贴以及其他个性化待遇四个方面。先后聘请43名两院院士来赣州进行技术指导、项目合作，引进培养国家重大人才工程入选者82人、江西省"双千计划"人选62人、博士等高层次人才1575人、行业急需紧缺人才22656人，专业技术人才总量达18.23万人，高技能人才总量达9.15万人，各路英才选择赣州、落户赣州的意愿更加强烈。

二是加强平台建设。对企事业单位建设院士工作站、重点实验室、新型研发机构等，视类别、级别不同，给予10万~450万元的奖励，重点项目"一事一议"。截至2021年10月，全市拥有国家级和省级重点实验室20个、企业技术中心和工程技术（研究）中心107个、博士后创新实践基地（科研工作站）13个，国家级制造业创新中心1个，国家级和省级其他人才平台100余个，建成国家高层次人才产业园2家，集聚国家级高层次人才78人，领办创办创新型、科技型企业60家。

三是强化人才培育。推动中国科学院赣江创新研究院设立稀土领域博士点，重点培育本土稀土领域人才；加快中国科技大学江西稀土学院建设，稀土学院在读研究生333名，其中，2020级硕士生149名，博士生14名；2021级硕士生150名，博士生20名。

就区县层面而言，其一，加大引进人才奖励。信丰县对企业引进副高及以上职称人员工资薪金个人所得税县留成部分100%奖励其本人，期限五年；年度纳税1000万元以上的企业，给予其高管（副总及以上）人员工资薪金个人所得税县留成部分100%奖励其本人，期限5年。南康区支持企业研发创新，鼓励企业引进高层次人才，五年内对部分工业、企业副总经理级及以上高管及高级技术人才，在南康区缴纳的薪金个人所得税给予返还。

其二，为人才及家属提供生活便利。信丰县为招商引资企业在该县工作和生活的高管人员，提供优质医疗和教育服务。依法签订企业劳动合同，且对在城区或园区有固定住所的务工人员，其本人以及未满18周岁子女户口准予迁入城区；在园区就业的务工人员，其子女义务教育阶段就学就近安排。

（二）推动重点项目攻坚

重点项目作为稳定投资、拉动经济、集聚产业的重要抓手，直接关系经济发展的速度和质量。赣州牢固树立抓项目就是抓发展的理念，用开局就是决胜、起步就是冲刺的奋进姿态大抓项目、抓大项目，一批重点产业加速集聚、转型升级、提质增效，为经济社会高质量发展注入澎湃动能。

信丰县抢抓国内产业调整契机，深度融入粤港澳大湾区产业链、价值链，聚焦世界500强、国内100强、央企、独角兽等企业，着力引进一批龙头型、"独角兽"型产业项目，吸引中小企业配套跟进，形成"雁阵"效应，完善产业链补链、强链关键节点项目。加快在建项目竣工投产，完善领导挂点帮扶和绿色通道制度，力争五年内，新投产企业营业收入10亿元以上企业达到30家以上。

（三）打造现代化工业园区

园区是产业发展的重要载体，是引领经济高质量发展的主阵地、主战场。长期以来，赣州积极引导各县域园区根据产业布局、功能定位和产业发展实际，加强统筹规划和科学定位，积极推进现代化园区建设工作。

信丰县对标粤港澳大湾区，高标准实施高新区扩区提质工程，积极向上对接争取，推动高新区提档升级，新增园区面积1万亩以上。强化园区平台支撑，完善园区基础设施，推进先进制造业与现代服务业融合发展试点，建设产城融合示范区。

在南康区，标准厂房建设项目符合条件的，可申请省、市、区标准厂房建设补贴；标准厂房开发可分栋分层办理房产权证，并允许对外出售。支持社会资金投资建设标准厂房，对引进区外经批准同意且符合产业规划的项目给予奖励。鼓励园区内企业利用低效工业用地或存量工业用地改造建设标准厂房。

（四）强化干部队伍建设

干部是贯彻落实党和国家方针政策路线的中坚力量，建设一支政治素质过硬、工作能力过硬、工作作风过硬的高素质干部队伍，是加快推进革命老区高质量跨越式发展、迈出谱写全面建设社会主义现代化国家赣州篇章的必然要求。继而，赣州主要从以下四方面强化干部队伍建设。

一是把好政治首关，让想干事的干部有方向。出台《赣州市领导干部政治素质考察办法（试行）》，连续10年开展干部政德考核和家访考察，连续12年开展正科级干部政治理论水平测试，对不合格或无故缺考的1200多名干部，取消当年提拔、评优资格。

二是注重一线培养，让能干事的干部有舞台。近三年来，全市共提拔或进一步使用脱贫攻坚一线干部1665人。2021年换届，向省委推荐了20余名在重大斗争一线中扛硬活、打硬仗的正处级干部；将5名县（市、区）扶贫办主任、84名在脱贫攻坚一线表现优秀的乡镇党政正职作为拟提拔考察对象，占副处级及以上考察对象总数的近一半。同时，建立双向跟班学习锻炼机制，2016年起先后选派10批次141名优秀年轻干部到国家部委和深圳、厦门、广州等沿海发达地区跟班学习，推动干部解放思想、开阔视野、提升能力。

三是坚持严管厚爱，让敢干事的干部有保障。出台《赣州市受党纪政务处分或组织处理市管干部教育管理使用办法（试行）》，近三年来，对13名党员干部予以容错减责免责，为82名受到错告、诬告的干部澄清正名，最大限度保护、激发干部积极性。加强反向约束，加大不担当不作为干部"下"的力度，尤其是围绕脱贫攻坚作风问题，加大问责追责力度，对宁都县委、县政府等18个责任单位和50名责任人员进行严肃问责，起到了有力的惩戒和警醒作用。注重关心关爱，全面开展乡镇干部绩效考核工作，率先实施乡镇干部夫妻跨县分居"团圆机制"，推动78对夫妻团聚，进一步稳定了乡镇干部队伍。

四是树好用人导向，让干成事的干部有奔头。制定出台"两个意见、两个办法"[《关于进一步激励广大干部新时代新担当新作为的意见》《关于改进工作作风提高工作效率的意见》《赣州市推进干事创业实行容错减责免责的办法（试行）》《赣州市领导干部"为官不为"问责办法（试行）》]，用好用活职务职级并行等政策红利，激励广大干部担当作为。2021年，先后向省委推荐20余名在重大斗争一线中扛硬活、打硬仗，一贯表现好的正处级干部提拔使用。对县（市、区）一贯表现好、群众公认度高的72名副处级干部、244名正科级干部作为拟提拔差额考察对象，选拔879名在重大斗争一线锻炼的干部进入县乡领导班子。对换届中不再提名的7名县（市、区）党政正职、201名其他班子成员，以及乡镇换届进退留转的4710名干部，积极回应个人期待，尽可能在政策允许范围内满足干部的合理诉求。

第七章　长治省域副中心城市建设策略

建设全国创新驱动转型的示范城市、生态引领的太行宜居山水名城，打造向东开放、承接中原城市群的枢纽型城市，指明了长治建设省域副中心城市的发展方向。借鉴赣州在创新驱动、转型升级，绿色发展、宜居城市创建，扩大开放、区域战略支点地位提升等方面经验，结合当地经济社会发展实际，长治尝试着从推动产业转型升级示范区建设、推动现代化太行山水名城建设、打造对外开放枢纽型城市三个层面提出建设省域副中心城市的策略。同时，省域副中心城市的建设需以完善的体制机制做保障，继而将长治建设省域副中心城市的策略凝练为"三任务、一保障"，即"加快构建产业转型升级示范区""稳步建设现代化太行山水名城""着力打造对外开放枢纽型城市"三大任务和"完善保障机制建设"一个保障。

第一节　加快构建产业转型升级示范区

"十四五"时期，是我国推进高质量发展、构建新发展格局的关键阶段，也是长治实现转型发展的重要时期。作为全国重要的老工业城市和资源型城市，长治产业转型升级面临的最大实际是，如何协调传统资源型产业和战略性新兴产业的关系。

长期以来，煤、焦、冶、电等传统产业是长治经济发展的重要支撑，但也造成产业结构单一、生态环境恶化、资源浪费严重等一系列问题，传统产业转型升级迫在眉睫。新兴产业是长治经济可持续发展的接替产业，具有资本密集型、技术密集型和知识密集型的典型特征，产业发展面临更高门槛。在产业转型升级过程中，传统产业与新兴产业协同发展是长治未来的产业发展方向。一方面，传统产业通过不断创新实践催生更多动能，为新兴产业成长提供基本保障；另一方面，新兴产业通过生产材料、设备、工艺等方面创新，为传统产业升级换代注入活力。此外，构建产业转型升级示范区，还需进一步完善产业布局、推动市场主体倍增，全方位助推长治现代产业体系建设。

基于此，长治构建产业转型升级示范区应立足于资源禀赋，一是以增强生存力、发展力为方向，加快传统产业提质升级；二是以科技创新为导向，培育壮大战略性新兴产业；三是明确区县主导产业及层级，完善产业发展布局；四是培育壮大农业、工业、商贸等企业，推动市场主体倍增。

一 加快传统产业提质升级

长治煤炭总埋藏量约906亿吨，已探明储量294亿吨，占全省探明储量的12%；全市含煤面积8500平方公里，占全市总面积的61%。基于此，生产要素不断向煤炭关联产业集中，对其他产业发展的挤出效应明显。在此背景下，短期内抛开传统优势产业，不仅缺乏比较优势，而且缺乏产业基础。进而，以煤炭为代表的传统产业应立足于资源优势，以智能化、绿色化发展为核心，推进传统产业实现内涵集约发展。

（一）推动煤炭产业绿色开采

在碳达峰碳中和背景下，实现煤炭绿色开采，根本核心是要实现以安全、高效、绿色、智能等为综合目标的科学化开采，打破过去传统"要多少，产多少"的简单化、粗放式的市场需求型开采模式。

一方面，从数量规模扩张向质量效益转变。随着经济发展水平的不断提高，能源需求格局多样化趋势日益明显，国民经济逐步朝着低能耗、高产出方向发展。在此基础上，应坚持循环经济发展理念，将安全健康与环境保护,作为取得经济效益和生产规模增长的基础,建立全面协调可持续的煤炭开采模式,进一步推进煤炭开采企业从数量规模扩张向质量效益转变。

另一方面,从传统开采方式向科学开采方式转变。为实现以高新技术为支撑的煤炭安全、高效、绿色开采,必须消除行业技术落后的不利因素,切实加大煤炭行业重大基础理论和共性关键技术研究,推进重大科技成果转化,逐步实现煤矿机械化、自动化、信息化和智能化。同时,煤炭开采行业通过与装备制造业、信创产业等横向协作,聚焦转型发展方向,合力研发以高端化、品质化、数字化、融合化为特征的开采模式,实现煤炭科学开采,提升工业信息化水平。

(二)促进钢铁、电力产业改造升级

长治钢铁和电力产业发展具备丰富的煤炭资源优势,促进钢铁、电力产业改造升级,有助于将资源优势进一步转化为成本优势、竞争优势。

钢铁产业应围绕三方面实现优化升级。一是加大节能减排技术投资。持续推进超低排放、促进绿色发展。一方面,通过政府、企业、科研单位和环保技术装备公司等多方协作,推动绿色制造技术集成创新、优化完善;另一方面,通过建立有效激励机制,对真改、实改、有实效,且经评估监测稳定达到超低排放要求的企业给予更多激励,充分释放优质产能。二是科学规划产业布局。围绕钢铁产业链上下游,有序推进钢铁企业向工业园区转移,改变"小散乱"局面。通过完善产业规划布局,强化功能分区,加快钢铁企业集聚。全力建设集钢铁生产、加工、贸易、物流、研发于一体的国内一流先进钢铁制造示范产业园。三是优化产品结构。瞄准机械、汽车、轻工、钢结构等行业对高性能钢材需求,着力开发高端产品,填补山西所需管钢、优特钢棒线材、中高端卷板等细分市场空白,努力形成全产业、全系列、全产品覆盖格局。

结合长治电力产业发展基础,改造升级重点围绕两方面展开。一是构建"发输储用"一体化电力体系。以"新基建"为契机,通过能源、信息和智慧化控制等技术加速融合,充分统筹新能源发电和传统能源发电,加强电力

外送通道建设，构建安全、高效、绿色、智能的"发输储用"一体化电力体系，实现电力"空间转移"。二是加大煤电产业链整合力度。煤电联营的管理和规范化发展，是煤炭、电力行业转型升级融合的关键。发展煤电联营，除了加大政策支持力度外，还需要在项目实施过程中提高标准，通过多种渠道共同协力、齐抓共管。一方面，充分发挥两个行业的专业化管理优势，采用委托管理运营等方式提升专业管理水平，提高煤电联营项目的资源利用效率和经济效益，进一步促进煤炭安全绿色开发、提升电厂清洁高效发展水平。另一方面，调动能源主管部门、行业协会和企业在推动煤电联营发展中的积极性。通过搭建交流平台、加强咨询服务、加快企业转型、强化监督管理等方式，促进煤电联营有序推进和规范运作，完善煤炭行业和电力行业相互融合的良性发展机制。

（三）助推煤化工产业精细化发展

煤炭产业的纵向延伸，需要以煤炭资源为基础，广泛采用新技术、新工艺、新装备，全面提升设计、制造、工艺、管理水平，促进煤化工产业精细化发展。以煤炭为核心的产业链如图7-1所示。

一方面，积极发挥"链主"企业的领头示范作用。由于大型煤炭集团在资源、资金和人才等方面都具备一定优势，煤炭产业的上下游集聚应以其为引领，通过纵向整合，形成煤炭生产、煤焦化、煤炭化工、煤炭精化工等综合性生产基地。结合长治实际，应依托潞宝集团和潞安化工集团，大力发展煤焦油深加工、焦炉气及副产品深加工、煤制油及精细化学品、煤制化学品、特色硝基化工、化工新材料等深加工产业链，积极引进新技术、新设备，拓展产品范围，提升价值链。

另一方面，加快打造产业园区。加快煤化工企业向襄垣王桥富阳工业园区和潞宝工业园区集聚的步伐。将襄垣王桥富阳工业园区打造成集车用燃料、有机化工原料、合成树脂、合成纤维、化工新材料、焦化产品于一体的现代煤化工产业基地。将潞宝工业园区打造成以煤焦化、焦化副产品深加工、煤化工新材料、焦炉气制烯烃为重点工艺的精细化工产业基地。

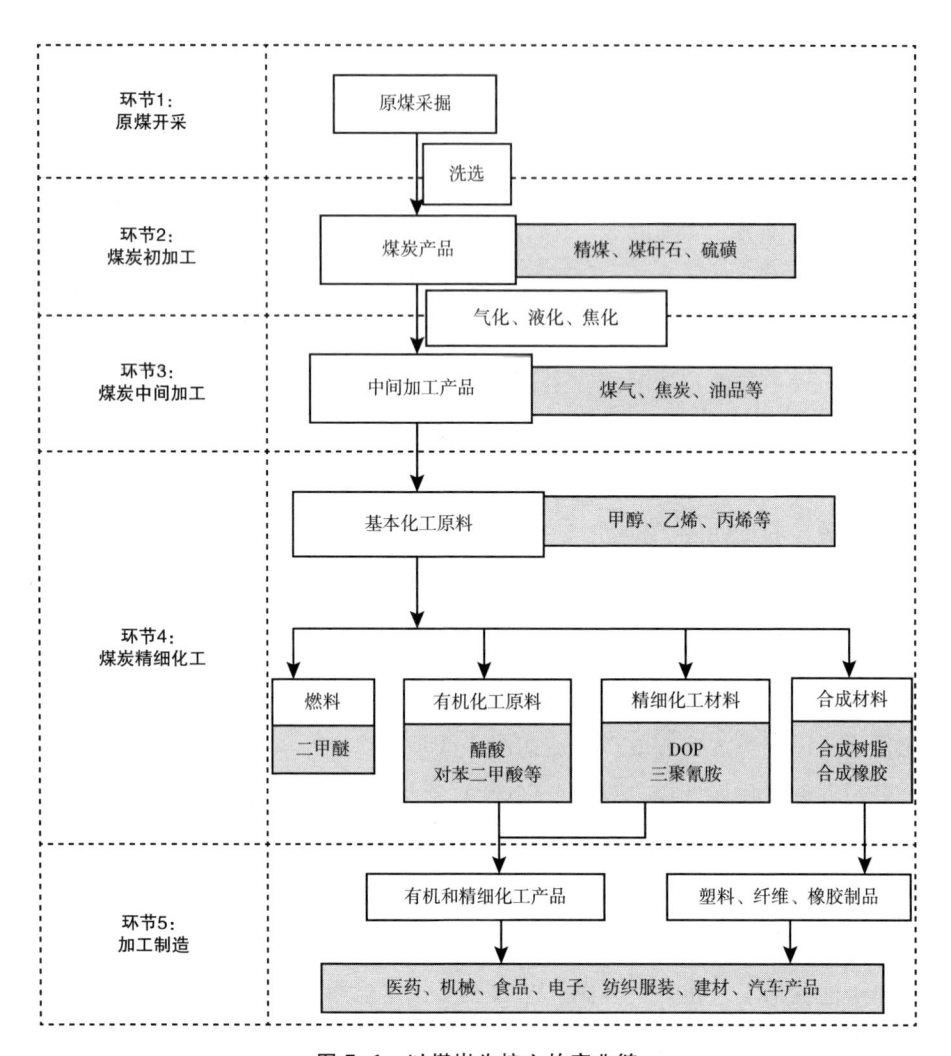

图 7-1 以煤炭为核心的产业链

资料来源：作者绘制。

值得注意的是，单个企业深度的产业链延伸需要企业强大的资金、技术做支持，对企业的抗风险能力是一个严峻考验。一旦产业链内某个环节发生问题，就有可能引发资金断链风险。继而，多产业链并举不失为一个折中选择。一方面，既能享受产业链延伸带来的好处；另一方面，又能避免单一企业产业链过长造成的效率低下问题。

（四）健全关联生产性服务业体系

随着产业链内分工不断细化，对生产性服务业的要求也不断提升。生产服务外包不仅能够降低企业成本，而且有助于企业专注核心业务，提升核心竞争力。专业的事情交给专业的团队，形成良性的传统产业生态链，建立配套产业"新业态"，实现"合作共赢"。健全关联生产性服务业体系可从完善现代物流体系、创新金融信贷服务和推进专业化运营三方面入手。

1. 完善现代物流体系

运输成本是影响煤炭、钢铁等大宗商品企业利润的重要因素。对于长治而言，除大型煤炭、钢铁集团配有铁路专线外，其余企业大多选择公路运输，成本较高。继而，完善现代物流体系十分必要。

一方面，通过组建现代化的新型物流企业，利用计算机信息技术，探索建立合理的物流运营体系，整合煤炭、钢铁运输关联企业（包括发运站、运输企业等），提高运输整体效率，降低企业信息成本。另一方面，引入市场机制，引导现代物流企业，以市场需求为起点，以顾客需求为核心，通过订单式定制服务，促进煤炭、钢铁上下游企业建立稳定的长期合作关系。

2. 创新金融信贷服务

为了促进传统产业转型升级，应给予相关企业金融支持。扶持方向可重点选择两类企业：一是产业链内新引进企业，解决企业落地初期的资金困难；二是积极发展循环经济企业，降低企业技术创新成本。

同时，要加快担保体系建设及企业征信系统建设。为资信状况好、发展前景好的企业提供更为多样的资金来源渠道。鼓励本地金融机构进行产品创新，为传统产业发展各个环节设计适宜的信贷产品。对大型企业集团公司或大型项目可采用银团贷款，加强金融机构之间的信息沟通、信贷监测，积极助力传统产业链的延伸发展。

3. 推进专业化运营

在过去矿权与经营权合二为一的背景下，多数煤炭企业常采用"小而全"的生产运营模式。突出表现为，煤炭企业各自具有一套采掘设备维修、矿务工程等生产队伍；采掘设备和材料，也大多处于自行购置、自行管理、自行维护阶段，资源重复配置现象严重。在此背景下，推进专业化运营，建立集中生产指挥调度体系，为煤炭企业提供矿井托管、矿井建设、煤炭技术研发、资源经营等个性化、差异化服务，有助于降低煤炭企业运营成本。

同样地，对于电力和钢铁产业而言，也可对运营过程中的技术创新、企业管理咨询等业务进行拆分，提高企业运营效率。

二 培育新兴产业创新发展

新兴产业是重大前沿科技创新成果的商业化产物，同时也是富有发展活力和市场潜力、对生产生活影响巨大的先导性产业，能够对经济社会发展产生全局带动作用。长治新兴产业发展，需以创新驱动为引领，以建链补链强链为抓手，推动LED、信创、氢能、大健康、装备制造等新兴产业集聚发展。

（一）促进LED产业优化升级

"十三五"期间，依托中科潞安、高科华烨等龙头企业，长治半导体光电产业发展成效显著，初步形成了以中科潞安深紫外、高科华烨LED为龙头，集蓝宝石衬底、LED外延及芯片、LED封装、灯具等于一体的LED产业链条。LED产值占到全省的95%。进一步地，打造国家级半导体光电产业集群，关键设备和核心技术突破成为关键环节。

LED产业链详见图7-2，上游衬底及外延片生产具有技术密集型属性，中下游的LED封装等具备典型的劳动密集型特征。结合长治的资源优势和LED产业"边研发、边生产"的特质，长治未来LED产业链的发展应重点围绕"强链"展开。

一是持续推进LED产业技术研发。依托中科潞安深紫外LED生产和研究院、瑞昌源光电产品检测中心等科研团队，攻克氮化铝单晶衬底、紫外LED外延及芯片、MOCVD核心装备、高清LED小间距显示和封装等关键技术，推动LED产业链向更高层次延伸。

二是加快形成LED产业集群。依托长治现有的产业基础，以龙头企业

图 7-2 LED 产业链示意

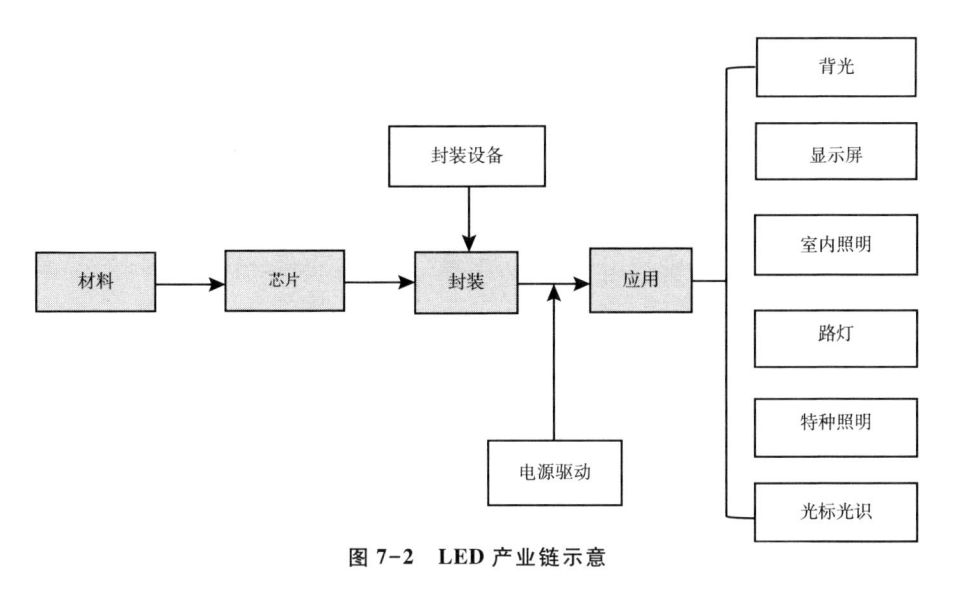

资料来源：作者绘制。

为引领，围绕中科潞安深紫外、高科华烨等现有产业链，加大产业链内上、中、下游企业引进力度，实现产业集群化发展。

三是积极开拓 LED 产品应用空间。充分挖掘深紫外 LED 在杀菌、水净化、生物医疗、光通信等诸多领域的市场潜力，紧抓智能手机、平板电脑，以及 LED 照明普及的市场契机，加大 LED 产品开发推广力度，促进应用市场发展。

借鉴案例 7-1：南昌 LED 产业基地发展模式

促进产业集聚发展。 南昌 LED 产业以晶能光电、南昌欣磊、联创光电等重点企业为协同创新主体，通过企业重组或产业链分工合作，以及自主创新和引进吸收相结合，增强集群内企业集聚，推进 LED 产业链延伸。

构建创新研发平台。 南昌 LED 产业基地提供行业生产力促进中心、工程技术中心、中小企业孵化器等公共技术服务，促进技术研发和成果转化，并以多种形式成立产业联盟和产学研合作组织，促进知识的跨组织流动与共享。

资料来源：作者整理。

（二）推动信创产业融合发展

通过对信创产业内部包含的细分领域进行梳理，可将信创产业链大体分为硬件领域、软件领域、实际应用和信息安全四个层面，详见图7-3。其中，硬件领域包括底层硬件和基础设施等，软件领域包含基础软件和云平台等，实际应用包含企业应用和解决方案等，信息安全包含软硬件安全等，贯穿整个信创产业链。

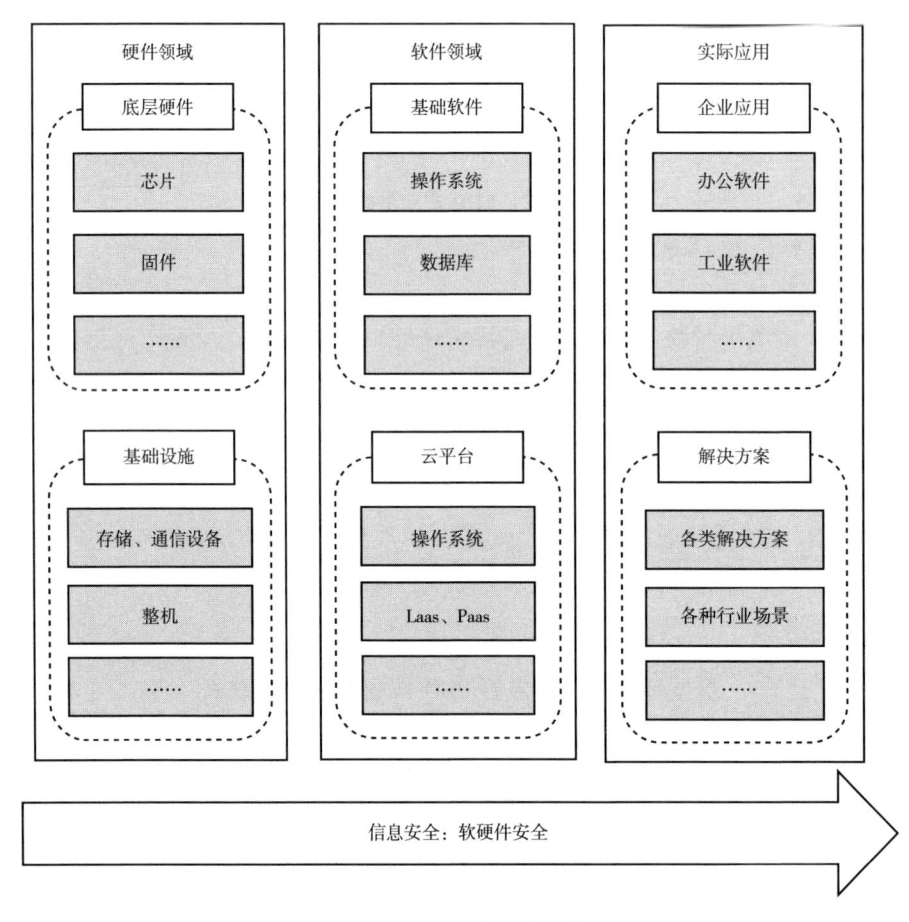

图 7-3 信创产业链示意

资料来源：作者绘制。

目前，在信创产业链所涵盖领域，已存在一大批产品和服务可供客户选择，核心基础技术生态已初步建立。长期来看，随着信创产业发展，核心基础技术研发集中度会持续提高，具有进一步向具备技术护城河的头部厂商聚集的趋势。基于此，结合长治信创产业发展基础及资源优势，信创产业链延伸应围绕两方面展开。

一是拓展与信创产业头部厂商的合作。通过设立分公司、成立科研中心等方式，加大与头部厂商的合作。一方面，立足于现有信创龙头企业——龙芯中科，依托其CPU自主创新成果，以及IT产业集聚模式，引入信息技术领域上下游产业链企业，初步形成从计算机芯片、主板生产到系统集成、整机制造等信创产业链。另一方面，随着产业链内企业的不断引进、生产要素的不断聚集，长治逐步向更宽的信创产业领域拓展，将产业链延伸辐射至更多领域。

二是加强信创产业与本地产业的融合发展。借鉴科大讯飞与长治在智慧城市、数字政府建设等重点领域的合作模式，搭建各类信创产品服务商与长治产业发展的适配服务平台，营造良好的政策环境，推动信创产品产业化、市场化发展。

（三）拓展氢能产业发展空间

作为未来绿色可持续发展的新型能源，氢能在全球范围内得到了广泛应用。长治煤炭资源丰富，具有利用焦炉煤气、化工尾气低成本制氢的能源优势，发展氢能产业优势明显。氢能产业链包含上游制氢、中游储氢、下游应用三方面，详见图7-4。

就长治氢能产业发展现状来看，依托煤炭及其副产品的资源优势，在潞安、潞宝、海德利森等龙头企业的带动下，初步建立起了制氢、提纯、储存、运输、加氢站、氢燃料电池电堆及相关配套应用的全产业链。同时，中极氢能长治项目开工，将氢能汽车、氢燃料电池技术研发及应用推向了更深领域。

未来，长治应从两方面完善氢能产业链。一是加大制氢技术研发力度。随着传统产业技术的升级换代，工业尾气排放量会逐步降低，长治目前的制氢成本优势将逐渐减弱。基于此，应加大制氢技术研发力度，带动潞安、潞

图 7-4 氢能产业链示意

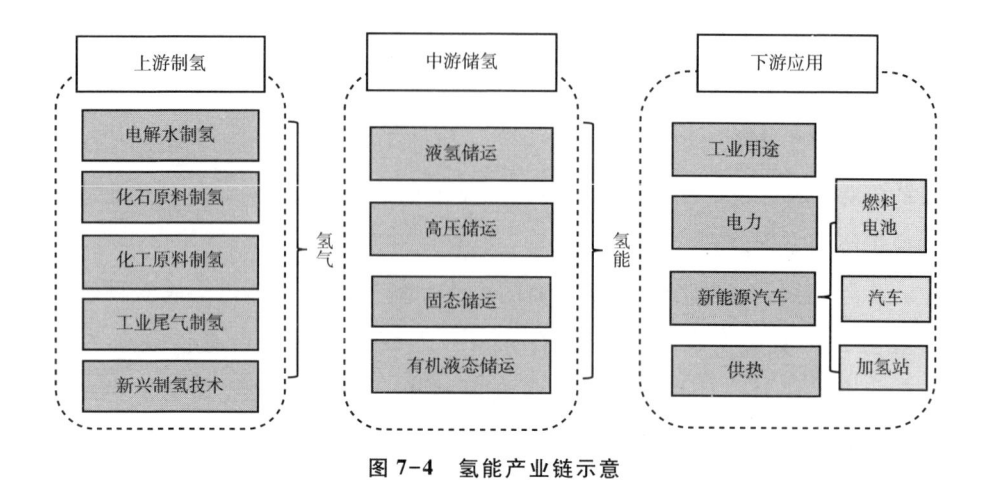

资料来源：作者绘制。

宝等龙头企业和科研院所推进新兴制氢技术研发，保持长治制氢成本优势。二是扩大氢能应用范围。长治需依托中极氢能等重点项目，继续加强在氢燃料电池、新能源汽车等方面的应用，并进一步拓展氢能在家庭供能、发电等领域的应用。

（四）助推大健康产业多元化发展

大健康产业的"大"体现在它是一个产业发展的集合概念，不仅包括以卫生医疗为核心的传统健康服务产业，而且涉及国民经济三次产业中的多个部门。具体地，它涵盖第一产业中的中草药种植业等，涵盖第二产业中的健康食品加工制造业、医药制造业、健康装备器材制造业等，涵盖第三产业中的医疗卫生服务业、健康产品批发零售业、健康管理业、医养结合养生服务业、生态休闲旅游业等。大健康产业集合详见图7-5。

推动大健康产业多元化发展主要从两个层面展开，一是推动大健康产业集合中每一个环节产业链的提升。二是依托生态资源禀赋优势，借助互联网、大数据，实现大健康产业集合内产业融合。就长治而言，应立足产业基础和品牌优势，发挥龙头企业带动作用，努力打造以医药用品、医疗服务、绿色保健食品、体育健身用品和健康养生旅游等为重点的大健康产业集群。

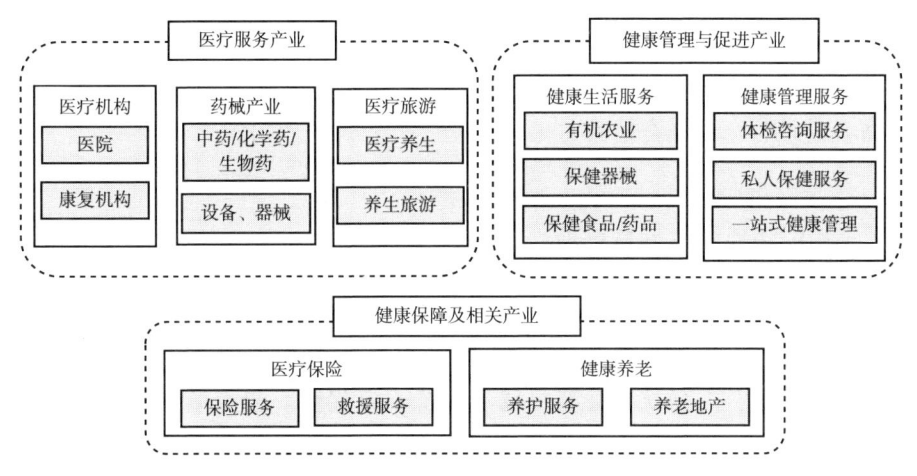

```
┌─────────────────────────────────────────┐  ┌─────────────────────────────────────────┐
│           医疗服务产业                   │  │         健康管理与促进产业               │
│ ┌───────┐ ┌─────────┐ ┌─────────┐       │  │ ┌─────────────┐ ┌─────────────┐         │
│ │医疗机构│ │ 药械产业 │ │ 医疗旅游 │       │  │ │ 健康生活服务 │ │ 健康管理服务 │         │
│ │ ┌───┐ │ │中药/化学药│ │ ┌─────┐ │       │  │ │ ┌─────────┐ │ │ ┌─────────┐ │         │
│ │ │医院│ │ │ /生物药  │ │ │医疗养生│ │       │  │ │ │ 有机农业 │ │ │ │体检咨询服务│ │         │
│ │ └───┘ │ └─────────┘ └─────┘ │       │  │ │ └─────────┘ │ │ └─────────┘ │         │
│ │┌─────┐│ │┌─────────┐│┌─────┐│       │  │ │┌─────────┐│ │┌─────────┐│         │
│ ││康复机构││ ││设备、器械││││养生旅游││       │  │ ││ 保健器械 ││ ││私人保健服务││         │
│ │└─────┘│ │└─────────┘│└─────┘│       │  │ │└─────────┘│ │└─────────┘│         │
│ └───────┘ └─────────┘ └─────────┘     │  │ │┌─────────┐│ │┌─────────┐│         │
│                                       │  │ ││保健食品/药品││ ││一站式健康管理││         │
│                                       │  │ │└─────────┘│ │└─────────┘│         │
└─────────────────────────────────────────┘  └─────────────────────────────────────────┘

           ┌─────────────────────────────────────────┐
           │           健康保障及相关产业             │
           │ ┌─────────────┐  ┌─────────────┐         │
           │ │  医疗保险   │  │  健康养老   │         │
           │ │┌─────┐┌─────┐│  │┌─────┐┌─────┐│         │
           │ ││保险服务││救援服务││  ││养护服务││养老地产││         │
           │ │└─────┘└─────┘│  │└─────┘└─────┘│         │
           │ └─────────────┘  └─────────────┘         │
           └─────────────────────────────────────────┘
```

图 7-5 大健康产业多元化发展

资料来源：作者绘制。

就医药用品行业层面：发挥长治中药材资源丰富、种植历史悠久、农业环境优越的比较优势，依托振东集团、太行药业，发展党参、连翘、苦参、黄芩、柴胡等道地中药材种植和深加工，打造成省内一流的中药材现代化产业基地。着力推进产学研合作，依托康宝集团，加大生物医药研究开发和科研成果转化，打造一流血液制品、新型疫苗、抗体类药物、纳米靶向长效抗肿瘤药物生产基地。推进医药原料、药剂生产、包装及辅料生产企业和医药物流配送中心互动发展，形成现代中药和生物医药产业集群。

就医疗服务行业层面：依托长治医学院附属和平医院、长治医学院附属和济医院及长治市人民医院等8所三甲医院优势，积极拓展智慧医疗、互联网医疗及医疗信息化等新业态，为医疗服务行业发展赋能。

就绿色保健食品行业层面：充分发挥特色农产品品牌优势，发展小杂粮、绿色蔬菜、道地中药材、干果、肉驴、肉羊等特色优势产业，着力培育壮大一批农业产业化龙头企业，促进绿色保健食品行业做大做强。

就体育健身用品行业层面：发挥澳瑞特健康产业集团的龙头带动作用，从全民健身锻炼需求入手，积极研发设计运动锻炼器械，提高产品竞争力和市场占有率。

就健康养生旅游行业层面：依托太行峡谷旅游区、红色文化体验区、山水休闲度假区和历史文化体验区，进一步开发休闲养生度假产品；依托长治中草药地域特色，结合地方文化，形成"药品制造+观光""医疗+养生+旅游"等康养模式。

（五）加快装备制造产业转型升级

装备制造业产业链构成包括上游原材料供应及技术研发、中游产品生产、下游产品销售三个环节。当前，长治装备制造产业在新能源汽车、电气机械、光伏组件、通航器材等领域具备了一定优势。初步形成了集整车生产、汽车零部件、动力电池于一体的新能源汽车产业；集大型智能工程机械、高效农业机械、煤炭机械等于一体的各类专用装备生产的电气机械产业；集太阳能光伏玻璃、太阳能电池和太阳能组件研发与生产于一体的光伏产业；以清华企业技术中心、淮海研究院等科研机构研发优势为依托的通航器材产业。通过智能化举措，推动传统装备制造向高端装备制造转型，是长治装备制造业今后的发展方向。

以光伏产业为例，在今后的光伏产业链构建过程中，长治可从三方面入手。一是加强科技投入，初步构建光伏光电产业链。基于现有产业基础，加大技术研发力度，发挥潞安太阳能等龙头企业领军作用，继续致力于降低单晶电池片、光伏玻璃的生产成本。深入推进光伏和LED两大产业融合发展，形成集紫外LED、蓝光LED、激光器、太阳能电池等于一体的光伏光电产业链条。二是提升产业集聚度，吸引产业链关联企业入驻。以提高光伏发电组件的组装效率为抓手，结合企业自身所处技术阶段，积极引进产业链中游背板、焊带、密封胶等企业，以高端化、智能化及绿色化为重点方向，通过产业集聚，实现产业链条纵向和横向融合。三是完善配套措施，支撑光伏产品应用市场开拓。通过完善产业政策、技术服务、物流服务、市场服务等，开拓海外市场，持续加强太阳能发电组件等出口创汇作用。在下游产品应用上，逐步向蓄电池等产品拓展，拓展更广阔的市场空间。光伏产业链详见图7-6。

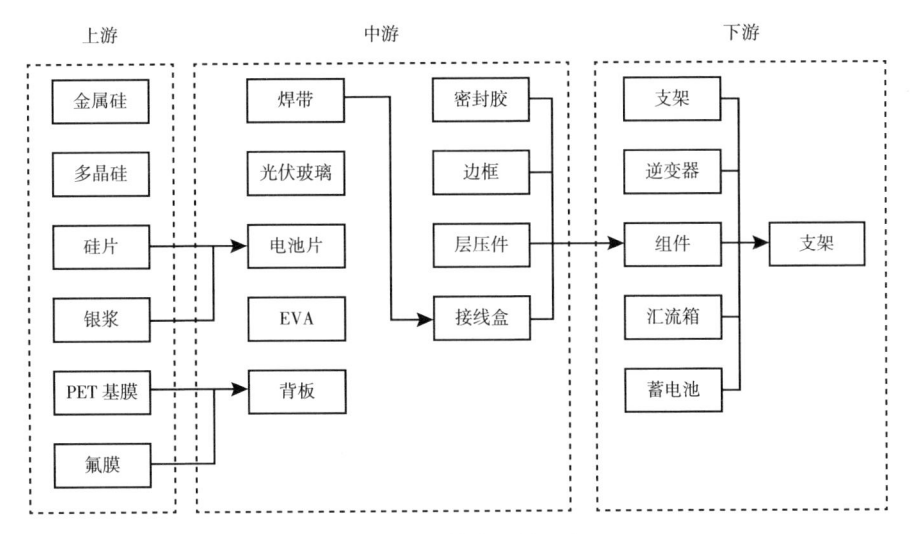

```
    上游              中游                    下游
  ┌──────┐       ┌──────┐  ┌──────┐       ┌──────┐
  │金属硅│       │ 焊带 │  │密封胶│       │ 支架 │
  └──────┘       └──────┘  └──────┘       └──────┘
  ┌──────┐       ┌──────┐  ┌──────┐       ┌──────┐
  │多晶硅│       │光伏玻璃│ │ 边框 │       │逆变器│
  └──────┘       └──────┘  └──────┘       └──────┘
  ┌──────┐       ┌──────┐  ┌──────┐       ┌──────┐
  │ 硅片 │──────▶│电池片│  │层压件│──────▶│ 组件 │──────▶ 支架
  └──────┘       └──────┘  └──────┘       └──────┘
  ┌──────┐       ┌──────┐  ┌──────┐       ┌──────┐
  │ 银浆 │       │ EVA  │  │接线盒│       │汇流箱│
  └──────┘       └──────┘  └──────┘       └──────┘
  ┌──────┐       ┌──────┐                 ┌──────┐
  │PET基膜│─────▶│ 背板 │                 │蓄电池│
  └──────┘       └──────┘                 └──────┘
  ┌──────┐
  │ 氟膜 │
  └──────┘
```

图 7-6 光伏产业链示意

资料来源：作者绘制。

（六）推进新材料产业研发应用

新材料产业是战略性、基础性产业，对于工业产品升级换代意义重大。长治在碳基新材料、新型金属材料、无机非金属材料领域，拥有资源优势及产业基础。以碳基新材料为例（碳基新材料产业链详见图 7-7），依据其产业链特征，拓展研发应用可从三方面展开。

一是加大产业链上游的研发能力。碳基新材料应以潞安化工、潞宝集团、霍家工业公司等企业为龙头，依托国家煤基合成工程技术研究中心、山西能源化工新材料中试基地等平台，开展煤炭清洁高效利用关键核心技术研发攻关。

二是加快碳基新材料产业集群培育步伐。发挥国家级产业基金作用，助力引进碳基新材料产业链企业，围绕碳基新材料关键环节开展项目投资。支持产业链协同发展，促进碳基新材料企业向精细化、规模化、产业化、高附加值化发展，积极培育具有全国影响力的碳基新材料产业集群。

三是积极拓展碳基新材料产品应用空间。碳基新材料因具备节能、安全性高、恒温效果好等特征，在电热领域、新型电子元件、高科技面料等领域有较好的应用前景。在产业园区的布局过程中，可以加大对于碳基新材料应用企业的招商力度，拓展和延伸碳基新材料下游产业发展空间。

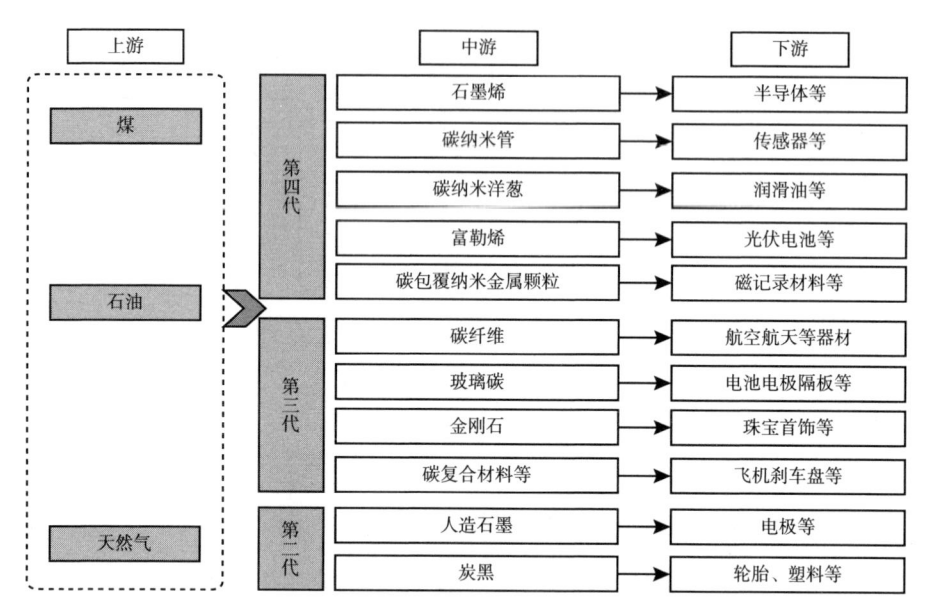

上游		中游	下游
煤	第四代	石墨烯	半导体等
		碳纳米管	传感器等
		碳纳米洋葱	润滑油等
石油		富勒烯	光伏电池等
		碳包覆纳米金属颗粒	磁记录材料等
	第三代	碳纤维	航空航天等器材
		玻璃碳	电池电极隔板等
		金刚石	珠宝首饰等
		碳复合材料等	飞机刹车盘等
天然气	第二代	人造石墨	电极等
		炭黑	轮胎、塑料等

图7-7 碳基新材料产业链示意

资料来源：作者绘制。

三 完善产业发展布局

从长治的产业布局情况来看，各区县由于资源禀赋、区位条件相似，产业发展布局呈现较大同质性，进而引发县域无序竞争。构建产业转型升级示范区，需完善长治产业布局，一方面，依据区县产业基础与资源禀赋，选择适宜主导产业，实现集群化发展；另一方面，依据区县产业发展特征，明确产业发展层级。

（一）明确区县主导产业

长治各区县产业定位模糊，同质化严重。具体表现在，"十四五"期间，除平顺和沁县外，10个区县均对煤炭及现代煤化工产业进行了规划；潞城区、屯留区、长子县、襄垣县、壶关县及平顺县同样对有机旱作农业作出了明确安排。因此，为避免区县产业无序竞争、产业过度分散造成资源浪费，长治需要依托各区县资源禀赋、产业基础，统筹产业发展布局。

1. 各区县开发区主导产业梳理

长治目前拥有国家级开发区1个、省级开发区10个。其中，工业类开发区8个、现代农业示范区2个、文化旅游示范区1个。长治高新技术开发区，主导产业为装备制造、光伏光电、生物医药；长治经济技术开发区，主导产业为LED光电、先进装备制造、新材料；上党经济技术开发区，主导产业为现代物流、医药健康、先进装备制造；潞城经济技术开发区，主导产业为现代煤化工、碳基新材料、氢气新能源、生物新医药；屯留经济技术开发区，主导产业为现代煤化工、生物医药、装备制造；襄垣经济技术开发区，主导产业为新能源、新材料、高端装备制造；壶关经济开发区，主导产业为特钢冶炼深加工、新材料、休闲旅游；沁源经济技术开发区，主导产业为现代煤化工、节能环保、新材料；武乡现代农业产业示范区，主导产业为杂粮和畜牧产业；沁县现代农业产业示范区，主导产业为有机食品生产加工、特色农业、健康养生；平顺生态文化旅游示范区，主导产业为生态文旅产业、中医药健康、现代特色农业。

需要说明的是，长子县和黎城县虽未设立省级及以上开发区，但根据中共山西省委、山西省人民政府《关于开发区改革创新发展的若干意见》及《山西省开发区设立升级扩区和退出管理办法》文件精神，在长子、黎城设立市级经济技术开发区，主导产业分别为绿色能源、现代物流和新材料、新能源、钢铁焦化。

2. 各区县主导产业选择

基于各区县开发区主导产业类型，以及"十三五"期间具备的产业基础，对长治各区县主导产业进行选择，详见表7-1，括号中内容为具体发展方向。

表 7-1　长治各区县主导产业

区县	主导产业
潞州区	新兴产业:新能源(太阳能)、新材料(LED 光电、新型金属材料、新型化工材料等)、生物医药、装备制造(通航器材、电气机械等) 现代服务业:金融、物流、电子商务
上党区	新兴产业:医药健康(生物医药、药茶等)、装备制造(新能源汽车、特种汽车、光伏应用组件等) 现代服务业:现代物流
潞城区	传统产业:现代煤化工 新兴产业:新材料(碳基新材料)、新能源(氢气等)、医药健康(生物新医药、药茶等) 现代服务业:现代物流
屯留区	现代农业:特色农产品加工(红辣椒、核桃等) 传统产业:现代煤化工 新兴产业:医药健康(生物医药)、装备制造(液压锤、煤机装备等)
长子县	现代农业:绿色食品(青椒、红薯等) 新兴产业:绿色能源(光伏、生物质能、氢能、风能) 现代服务业:现代物流
襄垣县	现代农业:农产品精深加工(牡丹油、手工挂面等) 传统产业:现代煤化工 新兴产业:新能源(风能、生物质能、氢能等)、新材料(高端碳材料、高分子新型材料、仿生材料等)、装备制造(电动叉车、新能源汽车等)
壶关县	现代农业:优质农产品(旱地西红柿、小杂粮、食用菌等) 传统产业:钢铁产业(特钢冶炼深加工) 新兴产业:新材料(钕铁硼永磁、金刚石线、氧化钙等) 现代服务业:休闲旅游
平顺县	现代农业:特色农业(花椒、中药材、马铃薯、旱地蔬菜等) 新兴产业:医药健康(中医药)、新能源(太阳能、风能等) 现代服务业:生态旅游、电子商务
武乡县	现代农业:杂粮产业(小米)、畜牧产业 新兴产业:新能源(风能、太阳能、生物质能等)、新材料(镁铝合金、纳米碳酸钙等)、固废综合利用 现代服务业:文化旅游
沁县	现代农业:有机食品生产加工、特色农业 新兴产业:新能源(天然气、太阳能等) 现代服务业:健康养生、乡村特色旅游

续表

区县	主导产业
黎城县	传统产业:钢铁产业、煤炭产业(煤焦) 新兴产业:新材料(碳基、硅基、钙基新材料等)、新能源(太阳能等) 现代服务业:休闲农业与乡村旅游
沁源县	传统产业:现代煤化工 新兴产业:新能源(太阳能光伏、风能等)、新材料产业(碳基新材料、高端磨料、铝基新材料等) 现代服务业:绿色康养

资料来源:作者整理。

以潞州区为例,主导产业为新材料、装备制造、生物医药产业,具备了产业链继续向高端延伸的基础。此外,作为中心城区辐射源,潞州区具备突出的区位优势及资源禀赋。进而,初步将潞州区主导产业确定为新能源(太阳能)、新材料(LED光电、新型金属材料、新型化工材料等)、生物医药、装备制造(通航器材、电气机械等)及现代服务业(金融、物流、电子商务)。

(二)优化区县产业层级

从长远来看,在明晰各区县主导产业基础上,还应结合一、二、三产业特性,考虑级差地租影响,优化区县产业层级。

1. 各区县产业布局依据

长治产业布局应由核心区—辐射区组成。核心区,即潞州区(辐射源)、上党区、潞城区及屯留区,辐射带动长治市域经济发展;辐射区,即襄垣县、壶关县、长子县、黎城县、沁源县、沁县、武乡县、平顺县,为核心区发展提供要素、市场支撑。

具体地,潞州区作为长治核心增长极,人才、技术、资本等生产要素的集聚效应显著,具备商业、金融等服务业发展优势。主要表现为潞州区工业、居住及仓储等城市职能用地占比逐年下降,而商业、交通、公共服务设施用地占比逐年上升;原有传统工业呈现迁移至上党区、潞城区和屯留区的趋势。这也就要求新建区（上党区、潞城区和屯留区）低效农业生产用地及分散的农村居民点，及时转变为工厂、物流集散地，实现与潞州区产业职能上的互补。

襄垣县、壶关县及长子县等外围辐射区，可依据各自的产业基础和资源优势，凭借较低地价等优势，着重发展现代农业、传统工业及乡村旅游业等。

2. 各区县产业层级定位

依托产业特性，核心区—辐射区按层级进行产业层级定位，详见表7-2。

表7-2 长治区县产业层级

区县	产业空间定位
潞州区	高新技术产业研发基地、国家级军民结合型产业示范基地、金融商务区
上党区	医药健康产业园、装备制造园、商贸物流园
潞城区	现代煤化工基地、物流枢纽中心
屯留区	国家级农业标准示范区、现代煤化工产业基地
长子县	有机旱作农业示范区、绿色能源产业园、冷链物流基地
襄垣县	现代煤化工产业基地、文旅融合产业基地
壶关县	北方优质农产品供应基地、新材料产业基地、国家全域旅游示范区
平顺县	中药材产业示范基地、省级生态文化旅游示范区
武乡县	有机旱作农业示范区、现代畜牧绿色发展产业园、绿色能源综合示范基地、红色旅游示范区
沁县	有机食品生产供应基地、寿康养老医养结合基地
黎城县	钢铁焦化循环经济产业园、新材料产业园、休闲农业与乡村旅游示范基地
沁源县	现代煤化工产业基地、绿色新材料产业基地、生态康养先行区

资料来源：作者整理。

核心区（辐射源）——潞州区。潞州区囊括两个全省首批特色产业集聚区：长治金融商务区、潞州特色产业集聚区，以及全市唯一的国家级军民结合型产业示范基地。同时，潞州区拥有优越的地理位置、资源要素等，具有作为核心区辐射源的显著优势。进而，未来在产业布局上，潞州区应更多偏向于服务业这一层级，故将其定位为高新技术产业研发基地、国家级军民结合型产业示范基地、金融商务区。

核心区（新建区）——上党区、潞城区和屯留区。由于新建区地理位置更接近潞州区，发展其配套产业更具优势。以上党区为例，其作为长治市域南部增长极，不仅具备太焦高铁长治南站坐落于此的区位优势，而且具有以振东集团为龙头的生物医药产业，以捷成数控、成功汽车为龙头的装备制造产业等产业发展优势。进而，上党区的产业层级定位应区别于潞州区的研发功能，将其定位为医药健康产业园、装备制造园、商贸物流园。

辐射区——襄垣县、壶关县、长子县等。辐射区在地理位置上距潞州区较远，其产业的发展可重点结合产业基础和区位优势，发展传统工业、现代农业及现代旅游业。以长子县为例，首先，作为"中国青椒之乡"，将其产业层级定位为有机旱作农业示范区，不仅符合资源优势，而且遵循了产业层级选择规律。其次，结合物流基础设施配套实际，将其定位为冷链物流基地，一方面，为长子及周边高品质农产品运输提供配套保障；另一方面，区别于上党区、潞城区的商贸物流及煤炭物流，实现功能定位的差异化。最后，基于长子县能源优势，将其定位为绿色能源产业园，大力发展光伏发电、氢能、生物质能，为长子县产业结构升级注入新动能。

四　推动市场主体倍增

市场主体是产业发展的主要参与者、技术进步的主要推动者。"十三五"期间，长治市场主体保持平稳增长，但市场发育不足，市场主体总量偏少、结构不优、质量不高等问题仍然突出。继而，长治在能源资源深加工、先进制造业、数字经济、现代农业与产品精深加工、现代服务业、文旅康养等领域，实施市场主体倍增工程十分必要，持续为产业转型升级示范区建设注入活力。

（一）培育壮大农业企业

全面推进乡村振兴，需构建现代乡村产业体系，坚持"大产业+新主体+新平台"发展思路，实施新型农业经营主体培育工程。建设一批具有较强辐射带动能力的现代农业产业园、农业产业强镇、优势特色产业集群，积极争创国家农业现代化示范区。大力发展农产品产地初加工和精深加工，培育壮大农业专业化社会化服务业，推动形成一批绿色化、标准化、数字化农业生产、加工、服务企业。大力支持农民工创业，创建一批国家级农村创新创业示范园区。

（二）培育壮大工业企业

紧扣现代煤化工、LED、信创、氢能、大健康、先进装备制造、新材料等重点产业，依托各地资源禀赋、产业基础、比较优势等，组织、谋划、储备一批重大项目。发挥龙头企业支撑带动作用，支持国有工业大型骨干企业向中小企业开放供应链，培育引进一批建链补链强链配套企业，推动形成一批战略性新兴产业和世界一流企业，扶持引进一批低能耗、高附加值工业企业，加快促进产业链上下游、产供销、大中小企业协同发展，形成特色鲜明、配套完善、生态良好的产业集群和企业集群。

（三）培育壮大商贸企业

深化扩大内需政策，顺应消费升级趋势，改善消费环境，促进实体零售业创新转型、跨界融合发展。落实提振大宗消费、重点消费措施，实施培育新型消费行动计划，加快农村吃穿住用行等传统消费提质扩容，培育壮大批发零售、住宿餐饮等企业，进一步激发消费潜力。积极搭建电商孵化平台，引入知名电商企业落地长治，推动本土企业联动发展，大力孵化电商市场主体。加强限额以下商贸企业跟踪培育，强化资金、项目等资源支持，确保达限企业及时被纳入统计。

（四）培育壮大服务业企业

加快重点领域生产性服务业发展，着力打造一批货物运输、仓储物流、研发设计、检验检测、节能环保、数字经济等生产性服务业企业。大力推进潞城区、上党区、长子县等物流枢纽建设，以物流产业园为载体，完善物流配送体系，加快打造物流产业集群。加大金融机构设立政策落实力度，大力引进内外资银行、证券期货、保险等金融机构，支持银行设立专营机构。依法依规稳妥发展融资租赁、融资担保、典当、保理等金融服务企业。紧紧抓住城市更新、老旧小区改造等重大工程，提升居民住宅物业管理服务水平，培育一批品牌物业服务业企业，推动形成一批城市更新、智慧社区运营、住房租赁等领域服务业企业。充分挖掘全市文化旅游资源潜力，推动地方文化与创意设计、现代时尚、数字技术等融合发展，做精做优做特专业型骨干文旅企业和中小微文旅企业，培育一批新型文化企业、文创企业、智慧旅游创新企业。积极引进康养服务品牌落地，建设集体育训练比赛、健身康体、体育旅游等于一体的体育训练基地，培育新型体育和体育康养服务业企业。加快养老、托育、家政等家庭服务业发展，培育标准化、品牌化、连锁化、网络化的家庭服务业企业。

（五）培育中小企业和个体工商户

落实促进民营经济发展的各项政策措施，加快推进民营经济发展。完善"专精特新"中小企业培育政策体系，培育更多"小巨人"企业。设立中小企业发展专项资金，聚焦重点产业链上下游市场主体培育，支持中小企业创新能力提升、公共服务平台和融资体系建设。强化中小企业发展统筹协调机制作用，落实落地稳增长政策措施，优化中小企业发展支持政策，持续推动减税降费、减租降息、普惠金融等纾困惠企政策直达基层、直接惠及市场主体。进一步完善领导干部挂钩联系民营企业制度，加快构建亲清政商关系，大力弘扬企业家精神。建立扶持个体工商户发展部门联席会议制度，加快完善服务体系，加强创业指导引导，积极协调解决个体工商户租金、税费、社保、融资、用工等方面的突出问题。落实"个转企"优惠政策，引导个体工商户转型升级为企业。

第二节　稳步建设现代化太行山水名城

建设现代化太行山水名城需坚持"人民城市人民建，人民城市为人民"的理念，合理安排生产、生活、生态空间，在实现城市高质量发展的同时，增进民生福祉。行政区划调整之后，长治城镇人口得以增长、城市规模有所扩大，但新建区（上党区、潞城区和屯留区）仍然较多地承担传统农业职能，集聚效应有限。突出表现为，2020年长治城镇化率为56.47%，不足全国整体水平，城镇化进程相对缓慢。

2021年9月，中共长治市第十二次党代会提出"在国家中部崛起战略中实现争先进位，全力打造现代化太行山水名城"的奋斗目标。一方面，需要推动区县协调发展，提升潞州区中心城区能级，实现潞州区、上党区、潞城区、屯留区四区一体化发展，带动长子县、襄垣县、平顺县等8个县的城镇建设。另一方面，在推动城镇化进程发展的同时，促进居住环境质量不断改善，实现生态效益转化。

一 引导区县协调发展

区县协调发展是建设现代化经济体系的重要组成部分，也是推动城市高质量发展的重点工作，对于增强发展协同性、拓展发展新空间、推动长治省域副中心城市建设具有重大意义。

2018年以来，长治通过城郊区合并、屯留县和长治县撤县设区、潞城市撤市设区，完成了城市扩容，市辖区面积扩大到原来的8倍，常住人口超过全市的1/2。有效畅通了县（市）与中心城区的经济交流，削减了区县间的恶性竞争。然而，撤县（市）设区后，仍存在中心城区、各区县职能定位不清晰，边缘区有明显经济断层，新建区融入市域发展短板突出等问题。

继而，长治需以规划为引领，一张蓝图绘到底，依据各区县的资源禀赋、比较优势进行功能定位，促进资源要素整合、流动，形成中心城区与其他各区县等级分明、功能明确、融合发展的高质量城镇圈发展体系。

首先，提升潞州区作为长治中心城区的职能层级。吸引优质资源集中，提升首位度，不断增强集聚辐射力，实现中心城区建设新突破。其次，推进潞州区、上党区、潞城区和屯留区"四区一体化"发展，确保"一张图、一盘棋"规划建设。依据各区的资源禀赋、产业基础，促进四区生产要素的科学有序流转和资源的合理分配。最后，持续扩大中心城区辐射范围（襄垣县、长子县、壶关县、武乡县、平顺县、黎城县、沁县、沁源县），为四区经济社会发展提供有力支撑。长治各区县职能定位详见表7-3。

表 7-3 长治各区县职能定位

类别	区县	城镇职能定位
核心区	潞州区（辐射源）	区域教育文化中心、区域商贸物流中心、区域金融服务中心、区域科技创新中心、区域转型发展先行区、区域生态文明示范区
	上党区	南部增长极、产业转型升级引领区（装备制造、大健康）
	潞城区	向东对接京津冀的城市门户、产教融合承载地（煤焦化工、建材）、物流枢纽中心、科技创新策源地
	屯留区	有机循环农业示范区、乡村振兴样板区、煤基科技孵化基地
辐射区	襄垣县	文明智慧品质城、省级焦化产业重点开发中心、优质农产品加工中心、固废综合利用产业区
	长子县	晋东南物流基地、能源生产供应基地、农产品加工集聚地
	壶关县	国家级全域旅游示范区、中国北方优质农产品供应基地
	武乡县	全国镁铝合金新材料产业基地、全国绿色能源综合示范基地、全国知名红色文化产业示范基地、省级特色农产品生产加工产业基地
	平顺县	全国中药材基地、全省生态文化旅游示范区、新能源产业发展先行区
	黎城县	钢铁产业绿色发展新引擎、全域旅游百里太行新画廊、承接东部产业转移新枢纽、能源革命东出太行桥头堡
	沁县	有机食品水制品生产供应基地、康养产业集聚区、山西中部城市群生态宜居后花园
	沁源县	特种焦生产基地、生态养殖产业区、绿色发展先行区

资料来源：作者整理。

（一）提升潞州区能级

潞州区作为中心城区的核心，2020 年生产总值达 472.6 亿元，总量位居全市第一，但首位度仅为 27.63%，依旧低于 30% 的国际标准。为此，长治要成为省域副中心城市，首先需提升潞州区能级，实现其与其他区县的差异化发展。依托潞州区作为人口聚集地、市场集中地、服务引领地的基础，着力打造潞州区成为区域教育文化中心、区域商贸物流中心、区域金融服务中心、区域科技创新中心、区域转型发展先行区、区域生态文明示范区。

1. 区域教育文化中心

"十三五"期间，潞州区落实深化基础教育改革十大行动，义务教育发展基本均衡。进一步，要依托长治作为全国"双减"试点区的契机，持续落实深化基础教育改革十大行动，全力打造全市领跑、全省一流、全国知名、群众满意的教育高地，逐步形成"名师聚集、名校聚集"的区域教育发展质量品牌。

2. 区域商贸物流中心

依托金威、万达、嘉汇等购物广场，建设大市场、打造大商圈，形成中央商务区和中央休闲购物区；依托漳村物流园、老顶山镇物流园、潞泽物流园等园区，壮大电商产业，发展大物流，推动区域商贸物流中心建设。

3. 区域金融服务中心

依托长治金融商务区，吸引银行、保险、证券、担保、小贷、融资租赁、私募基金等机构入驻，构建更完善的金融机构体系。以"业态功能完备、产业融资通畅、金融生态优良"为建设目标，建立符合实体经济需求和金融发展趋势的金融服务体系，发挥金融业的投融资作用，打造区域性金融中心。

4. 区域科技创新中心

依托国家高新技术开发区等高新技术企业、LED 国家级检测中心等国家级重大创新平台等资源优势，长治学院、长治医学院、山西机电职业技术学院等高等教育优势，实现政产教研融合发展，建设"高端人才荟萃、科研平台集聚、自主创新活跃"的区域科技创新中心。

5. 区域转型发展先行区

发挥高科集团、中德集团、东明光伏、长治高测等龙头企业的带动作用，依托国家新型工业化产业示范基地、清华企业技术中心、淮海研究院等科研机构、首钢长钢烟道灰资源综合利用项目等，建设"产业集群、结构优化、动力强劲、质效并举"的转型发展先行区。

6. 区域生态文明示范区

以四年连获"全国文明城市"称号为契机，进一步巩固全国文明城市创建成果。推进大气、水、土壤污染防治，实施饮用水源、黑臭水体、工业废水、城镇污水、农村排水"五水同治"项目，推进生活垃圾分类处理与循环利用，大力实施植树造林工程，建设天蓝地绿、山清水秀、美丽宜居的生态文明示范区。

（二）推进四区一体化发展

撤县（市）设区打破了原有行政壁垒，有利于按照市场规律配置要素资源，扩大中心城区规模。然而，也有可能造成要素资源不断向中心城区集中，引起区域发展严重不均衡等问题。

为此，推动潞州区、上党区、潞城区、屯留区"四区一体化"发展势在必行。一方面，潞州区需减少低效用地，提高土地利用效率，为文化、商贸、金融等主体功能培育腾出空间；另一方面，上党区、潞城区、屯留区，要通过优化功能分区，吸引劳动力、资本等要素集聚，补足城市服务功能短板，优化产业定位与分布，形成中心城区与新建区等级分明、功能明确、融合发展新格局。

1. 潞州区以土地集约化为抓手

用地闲置、低效是全国各地普遍存在的顽疾，直接影响着地方经济社会发展。积极盘活低效用地，依法处置闲置土地，已成为推进集约用地、提高土地利用效率、优化存量资源配置的重要手段和必然选择。潞州区要实现区域教育文化中心、区域商贸物流中心、区域金融服务中心、区域科技创新中心、区域转型发展先行区、区域生态文明示范区的发展定位目标，需优化用地结构，增加土地附加值，增加土地经济效益。

一是以高新技术园区为基础，调整企业分布。潞州区内的高新技术企业应向国家高新技术开发区转移，完成高新技术企业集聚；其余零散分布的企业依托其自身特色，结合各区县的功能定位，搬迁至相应区县，实现产业集约化发展。

二是以转移调整升级为思路，优化用地结构。"转移"是指将大型批发市场、建材市场向远郊或新建区疏解，如紫坊蔬菜批发市场，龙盛、万博、五一桥等建材市场。"调整"是指将现有服装、五金交电等批发零售业态调整为"零售+现代电子商务"等新业态，如新民装饰城、新民农贸市场、潞卓广场等。"升级"是指在现有零售业态的基础上，进一步发挥集聚效应，形成区域品牌，提升区域服务力。通过以上举措，可在有效缓解市内交通压力的同时，为中心城区提质升级腾出空间，助益于实现四区接壤部分无明显经济断层的目标。

三是以旧城改造为抓手,扩大土地经济效益。持续推进棚户区、城中村改造,加快旧城改造进程,实现"腾笼换鸟"。建议重新布局高等院校,建立大学科技园,一方面,有助于实现产教融合,为高新技术企业提供人力资源保障;另一方面,可发挥高校师生集聚优势,带动中心城区消费升级。

2. 上党区、潞城区、屯留区以统筹协调为重点

为充分发挥中心城区的磁铁效应,需摒弃各自为政的传统资源分配模式,统筹协调,优化各区功能定位,营造四区一体新格局。上党区、潞城区、屯留区需依据地理位置、资源禀赋、产业基础等优势,进行合理定位,错位发展。

(1) 上党区:着力打造南部增长极、产业转型升级引领区(装备制造、大健康)。

南部增长极:长治经济技术开发区地处长治市潞州区与上党区交界处,由原长治城南工业园区和长治县科工贸产业聚集区整合而成,主导发展先进装备制造、LED光电等新材料等优势产业。上党区可依托长治经济技术开发区,利用区位、产业优势,打造长治南部增长极。

产业转型升级引领区(装备制造、大健康):着力建设装备制造、大健康两大产业基地。一是装备制造产业。依托易通集团、中德型材、惠丰特车等,做大做强特种车辆、高端装备等支柱型制造业;依托成功新能源汽车、日盛达光伏玻璃等,培育汽车制造、新型材料等成长型制造业。二是大健康产业。以"上党中药材中国特色农产品优势区"建设为契机,依托振东制药、长治大健康产业研究院等,推进生物医药、大健康系列产品研发,打造生物医药示范园;结合羊头山风景区等旅游资源,建设集中医药、生态康养于一体的大健康产业体系。

(2) 潞城区:着力打造向东对接京津冀的城市门户、产教融合承载地(煤焦化工、建材)、物流枢纽中心、科技创新策源地。

向东对接京津冀的城市门户:潞城区位于晋冀鲁豫交通要冲,系长治东部对接京津冀的桥头堡。通过改善交通运输、优化经济结构,将其区位优势、

产业优势转化为经济发展优势，进一步打造长治向东对接京津冀的城市门户。

产教融合承载地（煤焦化工、建材）：依托山西潞宝等煤焦化工企业、兴宝等钢铁企业、华润等水泥企业，进一步实现现代煤化工高端化、差异化、市场化和环境友好化发展，实现建材产业绿色循环发展。在产业做大做强的同时，依托长治职业技术学院潞城分院，建设校企联合培养基地，以教带产、以产助教，形成产教融合、良性互动的发展格局。

物流枢纽中心：依托现代智慧物流园，继续夯实大宗煤炭综合物流园及无车承运人信息港、焦炭钢铁矿石无水港物流园区、集装箱物流园区、城配快递物流园区建设。打造集物流信息、物流仓储、配送货运等功能于一体的综合性商贸物流集散地，形成物流枢纽中心。

科技创新策源地：依托潞城区国家备案星创天地、天脊煤化工集团企业技术中心等国家级重大创新平台，石油化工设计院、卓越省级煤系固废工程技术研究中心、长治煤化工产业研究院等创新平台，更好服务长治科技创新中心建设。推进山西能源化工新材料中试基地和山西非金属材料中试基地建设，打造中国能源化工新材料技术研发硅谷和中国非金属材料科技成果交易基地，为全国能源化工、非金属材料科技孵化、人才培养、产业转移提供技术支撑，形成科技创新策源地。

（3）屯留区：着力打造有机循环农业示范区、乡村振兴样板区、煤基科技孵化基地。

有机循环农业示范区：依托王庄村、老军庄村等，发展"上联养殖业、中联清洁能源进村入户、下联种植业"的有机循环农业发展模式。围绕长清生物玉米深加工、大广农牧养殖、"盘秀山""桑之源"药茶、民康中药材初加工、"麟山酒业""晋丞酒业"酿酒等重点项目，坚持以农业绿色发展为主线，以智能化、数字化农业为导向，以生产过程清洁化、废弃物利用资源化、化肥农药减量化、产品供给优质化为重点环节，通过种养双轮驱动、农牧相互对接、废物循环利用，着力打造有机循环农业示范区。

乡村振兴样板区：借助屯留区成为第二批省级农产品质量安全县、第三批全国农村创业创新典型县、全国村庄清洁行动先进县，丰宜镇石泉村等

20个村庄成为美丽宜居示范村的契机，促进农业高质高效、乡村宜居宜业、农民富裕富足，打造乡村振兴样板区。

煤基科技孵化基地：依托潞安煤基油项目，山西高雀余吾煤业煤矸石资源化综合利用项目、燃料电池级精制氢项目等，支持煤基科技等创新孵化，做大做强碳酸二甲酯、费托尾气制液化天然气、燃料乙醇等能源革命示范等项目，全力打造煤基科技孵化基地。

（三）扩大中心城区辐射范围

中心城区能级作用的发挥需要广袤的经济腹地做支撑，就长治而言，襄垣县、长子县、壶关县、武乡县、平顺县、黎城县、沁县、沁源县是影响中心城区四区一体化发展的关键。

当前，长治省域副中心城市建设，存在各区县功能定位模糊，未形成差异化发展格局等短板。继而，各区县需依据资源禀赋和所处发展阶段，各尽所能，各展所长，选择适宜发展方向，着力抓重点、补短板、强弱项，实现长治各区县差异化发展新局面。

1. 襄垣县

着力打造文明智慧品质城、省级焦化产业重点开发中心、优质农产品加工中心、固废综合利用产业区。

文明智慧品质城：襄垣县是全省首个县域智慧城市，依托云网一体化、脱贫攻坚大数据、智慧医疗、雪亮工程、"5G+"智能矿山生产云平台、人工智能等信息技术尖端成果，借助山西智慧城市（襄垣）研究院对新型智慧城市建设的前沿理论与技术创新，高起点谋划、高标准推进"文明智慧品质城"建设。

省级焦化产业重点开发中心：依托丰富的煤炭资源，借助鸿达煤化253万吨清洁焦化、金烨集团205万吨焦化等项目，大力发展500万吨级焦化产业园区，不断实施技术精细化挖潜，延伸焦化产业链条，提升产品价值链，着力打造省级焦化产业重点开发中心。

优质农产品加工中心：依托天下襄、中天玫瑰、油籽牡丹、林盛果业等20余个农业龙头企业，着力打造酸枣叶茶、黄芽茶等特色药茶产业，玉露香梨、野樱莓、草莓等果蔬食品产业，手工挂面、小杂粮等粮品产业，阁老醋、孔家洞醋等酿品产业，雪梨膏、黑枸杞汁等保健食品产业，使襄垣成为优质农产品加工中心。

固废综合利用产业区：以山西大学固废研发基地为平台，大力发展煤矸石、粉煤灰、脱硫石膏、冶炼渣、化工固废等固废综合利用产业。重点抓好绿熙固废、悦百年碳塑板材、宏瑞祥碳基新型建材、利恒固废环保砖、元和科莱固废综合利用、蔚蓝环保公司危废品处理、上良煤业固废充填等项目建设，着力打造百亿元级固废综合利用产业区。

2. 长子县

着力打造晋东南物流基地、能源生产供应基地、农产品加工集聚地。

晋东南物流基地：依托能投、新易达、轩阳等物流园区，形成以煤炭物流、快递物流、冷链物流为支撑，其他专业物流协调发展的规模化、专业化、网络化现代物流产业体系。

能源生产供应基地：充分利用长子县能源储量优势，借助华晟荣煤业、潞光电厂等企业，山西能投煤炭物流园等物流平台，推进煤矿企业智能化建设；推进煤电一体化发展，提升资源循环利用水平；推进电力外送通道扩容升级，打造晋电外送重要支点；推进煤层气增储上产，不断延伸产业发展链条；大力发展光伏发电、氢能、生物质能等新能源产业，逐步构建能源生产供应基地。

农产品加工集聚地：依托长子县特色农产品资源优势，借助长子浩润食品有限公司农产品加工平台，重点打造药茶、酿品、中药材、肉制品、粮品、果蔬食品、功能保健品等农产品加工业。实施省级有机旱作农业示范县建设工程、全国畜牧强县创建工程、标准化蔬菜产业基地建设工程等，形成农产品加工集聚地。

3. 壶关县

着力打造国家级全域旅游示范区、中国北方优质农产品供应基地。

国家级全域旅游示范区：以"国家全域旅游示范区""全国旅游标准化示范县""中国县域旅游发展潜力百强县"等为基础，借助国家5A级景区八泉峡，国家 4A 级景区欢乐太行谷，山西省首批 3A 级乡村旅游示范村——大河村、南平头坞村，山西省首批"太行人家"——凤凰山庄，省级爱国主义教育基地——抗大一分校壶关神郊真泽宫旧址，山西省旅游扶贫示范村——杨家池、紫团、盘底等 8 个村，全力打造国家级全域旅游示范区。

中国北方优质农产品供应基地：依托郭氏羊汤、食用菌、辛寨陈醋、大象牧业、庄稼园小杂粮深加工等农业龙头企业，积极推广设施蔬菜、旱地西红柿、香菇、小杂粮、中药材等种植和深加工，推动"三品一标"认证，强化平台和渠道建设，打造中国北方优质农产品供应基地。

4. 武乡县

着力打造全国镁铝合金新材料产业基地、全国绿色能源综合示范基地、全国知名红色文化产业示范基地、省级特色农产品生产加工产业基地。

全国镁铝合金新材料产业基地：以煤层气综合利用冶炼金属镁项目为基础，借助山东信发、王家峪煤业、中国五矿、晟鑫瑞等企业，建设配套煤矿、自备电厂、镁铝金属冶炼基地和特种合金制备、合金压铸、合金轧制、合金挤压、废渣综合利用基地，构建"煤-电-镁铝合金-压铸件"产业链，力争培育形成全国镁冶炼能力最大、合金加工技术水平最高、产业链最完整的镁合金产业集群。

全国绿色能源综合示范基地：以能源革命综合改革试点为抓手，依托万诚新能源 5 兆瓦光伏发电项目、三峡新能源武乡 400 兆瓦光伏发电项目、中广核武乡集中式光伏发电项目等，聚焦"六新"突破，集聚创新资源，提升煤炭绿色智能安全开采和高效清洁利用水平，形成风电、光电、煤层气、生物质、瓦斯发电等清洁能源和新能源多元互补、产业集聚的竞争优势。

全国知名红色文化产业示范基地：以国家全域旅游示范区为基础，依托全国首批"中国红色地标"、第二批国家全域旅游示范区等，聚焦八路军文化主题，传承红色基因，延续历史文脉，讲好武乡故事，以文促旅，以旅彰文，推进文旅融合，打造全国知名红色文化产业示范基地。

省级特色农产品生产加工产业基地：依托小米小杂粮、核桃、梅杏、油用牡丹、中药材等特色农业资源，以武乡现代农业产业示范区为载体，全力打造以酿品、饮品、主食糕点、肉制品、果品、功能食品、保健品、药品八大农产品为代表的精深加工产业基地。

5. 平顺县

着力打造全国中药材基地、全省生态文化旅游示范区、新能源产业发展先行区。

全国中药材基地：平顺县被工信部、财政部列为重点扶持的全国两大中药材基地之一，中药材产业入选全国产业扶贫十大范例。依托总面积64.2万亩的中药材资源优势，紧抓全省中药材产业化联合体试点项目，重点在东南山区和中部百里滩片区（龙溪镇、玉峡关镇、东寺头乡、虹梯关乡、西沟乡、青羊镇），加快建设规模化、标准化中药材基地。

全省生态文化旅游示范区：平顺县是"纪兰精神"的发源地，素有"劳模之乡"的美誉，全县拥有3个国家4A级景区、1处国家地质公园、82个全国乡村旅游扶贫重点村、3个省级3A级乡村旅游示范村。依托上述优势旅游资源，建设全省生态文化旅游示范区。

新能源产业发展先行区：以平顺县电力总装机容量位居全市第一位为基础，借助长治光伏发电技术领跑基地平顺250兆瓦、大唐二期30兆瓦风电、漳电50兆瓦光电、洁源一期49兆瓦风电、潞安集中式光伏扶贫30兆瓦、村级光伏扶贫40.056兆瓦等落地项目，全方位推进太阳能、风能等新能源发展，打造新能源产业发展先行区。

6. 黎城县

着力打造钢铁产业绿色发展新引擎、全域旅游百里太行新画廊、承接东部产业转移新枢纽、能源革命东出太行桥头堡。

钢铁产业绿色发展新引擎：依托建设年产1000万吨钢、400万吨焦炭的绿色精品钢焦一体化基地，通过联合重组、产能置换、装备升级等方式，推动产业链、创新链、供应链、要素链、政策链"五链"耦合，实现钢铁产业绿色发展。

全域旅游百里太行新画廊：聚焦"红色、绿色、特色"三定位，打造全域旅游百里太行新画廊。一是"红色"——讲好红色革命故事，大力发展红色文化旅游。以黄崖洞5A级旅游景区创建为龙头，着力打造"红色旅游+休闲观光+研学教育"的特色文旅品牌。二是"绿色"——做足山水文章，大力发展绿色生态旅游。依托洗耳河、四方山、金鸡寨、板山等景区，打造太行板块知名旅游景点，开发一批彰显雄奇壮美太行山、钟灵毓秀漳河水的自然生态景观。三是"特色"——开发保护利用，大力发展特色乡村旅游。依照"一村一特色、一村一景观"的原则，因地制宜培育特色乡村旅游。

承接东部产业转移新枢纽：依托三省通衢的交通区位优势，抢抓京津冀一体化战略深入推进机遇期，围绕长治"全力打造山西向东开放和承接中原城市群的枢纽型城市"战略部署，主动承接东部产业转移，与京津冀代表性城市，基础设施互联互通、产业发展互融互促、科技创新合作合力、公共服务共建共享、生态环保联防联治，全力打造全省向东开放新枢纽。

能源革命东出太行桥头堡：依托"中国能源项目创新奖"成果——黎城县250MW光伏发电项目，以能源清洁化绿色化为标准，强化能源技术组织建设，加快风能、太阳能、氢能、生物质能以及新能源汽车项目建设，使黎城成为能源革命东出太行桥头堡。

7. 沁县

着力打造有机食品水制品生产供应基地、康养产业集聚区、山西中部城市群生态宜居后花园。

有机食品水制品生产供应基地：一是依托沁州黄小米中国特色农产品优势，整合优质杂粮、干鲜果、豆类等农产品资源，培育壮大发展功能性食品、休闲食品、畜禽肉制品、果蔬食品等产业，打造国家级有机食品生产供应基地。二是依托王后泉、漳源泉等优质丰富的矿泉水资源，以沁园春矿泉水有限公司为引领，不断提升矿泉水品牌力，延伸水制品产业链，打造国内知名优质水制品开发基地。

康养产业集聚区：鼓励振东沁县基地、沁晖中药材等公司和长治大健康产业研究院开展合作，加快培育一批专注功能食品、森林康养、中医药、生物制药研发的创新型中小企业。借助沁县山环水绕、高氧清洁的环境优势，加大和国内知名康养机构对接合作。在北海、圪芦湖、千女湖、伏牛山等区域，投资建设集休闲养老于一体的康养基地，打造长治北部康养产业集聚区。

山西中部城市群生态宜居后花园：抓住被列入黄河流域生态保护和高质量发展规划区的政策机遇，依托沁县靠近省会城市的地理优势，借助74万亩森林资源、二郎山森林公园等资源优势，进一步深入践行"两山"理论，着力完善服务功能，提升环境质量，创建山西中部城市群生态宜居后花园。

8. 沁源县

着力打造特种焦生产基地、生态养殖产业区、绿色发展先行区。

特种焦生产基地：以沁新集团为主体，依托中国铸造用焦基地、中国岩棉用焦基地等平台，发挥被认定为"全国制造业单项冠军产品——铸造焦"产品优势，打造全国特种焦生产基地。

生态养殖产业区：依托下兴居村等10万头生猪养殖，交口乡万头种猪，苈亭10万只肉鸭，小玲10万只优质蛋鸡，法中乡等林麝养殖，郭道镇等黑山羊、湖羊养殖，沁河镇等肉牛养殖，法中乡等中蜂养殖等项目，推行标准化养殖生产和规模化产业经营，打造现代养殖产业体系，加快建设湖羊、生猪、种猪、肉鸭、蛋鸡、林麝、黑山羊、肉牛、蜂等养殖产业区，打造本地特色养殖品牌，做大做强养殖产业。

绿色发展先行区：以太岳山为骨、以沁河水为脉，筑牢生态屏障，提升县域品质，争创全国文明城市、国家森林城市，建设生态宜居绿色沁源。加快建设山西沁河源国家湿地公园、山西菩提山国家森林公园、山西花坡国家草原自然公园、山西灵空山国家级自然保护区，实现绿色可持续发展。

二 改善城市生态环境

党的十八大以来，生态文明建设上升为国家发展战略。长治积极践行"绿水青山就是金山银山"的理念，聚焦生态建设、绿色发展，不断加大"山水气城"综合治理，生态环境持续改善。然而，长治生态环境建设中仍存在如何持续增进人民福祉、提升生态效益转化等问题。为此，长治需持续加强生态环境建设，积极向"生态+经济+社会"效益模式转变。

（一）生态环境建设

为进一步加强生态环境保护，增进民生福祉，需继续坚持精准、科学、依法治污，高标准打好蓝天、碧水、净土保卫战，切实维护生态环境安全，以高水平保护推动高质量发展，创造高品质生活。

1. 推动绿色低碳发展

实施"减碳"行动。深入研究碳达峰目标年及碳达峰路线图，推动二氧化碳排放按期达峰。继续编制温室气体清单，全面掌握全市年度温室气体排放总量、构成情况，为全市减碳行动打下基础。推广先进工艺和低碳技术在煤炭、火电、冶金、建材、化工、焦化等高碳排放行业的应用，有效控制工业领域温室气体排放。推进造林绿化，加快退耕还林及重点防护林体系建设，增加森林碳汇。控制重点活动温室气体排放，大力推广化肥农药减量增效技术，实现农村沼气转型升级，提高秸秆综合利用水平。控制城市污水、垃圾处理过程中的甲烷排放，提高垃圾处理率。积极加入全国碳排放权交易市场，开展碳排放的统计、核算、盘查等工作。

构建绿色循环低碳产业体系。大力发展循环经济，加快推进企业循环式生产、产业循环式组合、园区循环化改造。大力发展以低碳为特征的新能源、新材料、文化创意等绿色产业，全面推行"生态+""+生态"发展新模式，推动传统产业绿色转型升级，形成以高科技产业和现代服务业为主的低碳产业体系。

倡导绿色生活工作方式。开展绿色生活创建活动，倡导简约适度、绿色低碳、文明健康的生活方式。实施全面禁塑，杜绝白色污染。积极开展绿色家庭、绿色学校、绿色社区、绿色园区、绿色商场创建行动，引导全社会增强绿色环保理念。鼓励城乡家庭购买节能电器、节水器具等绿色产品；鼓励市民采用公共交通方式，建设自行车友好城市。开展节约型机关创建行动，机关带头采购更多节能、节水、环保、再生等绿色产品。推进无纸化办公，减少使用一次性办公用品。

2. 深入打好蓝天保卫战

全面推进空气质量改善。大力实施城市空气质量达标管理，增加乡镇环境空气质量监测点位,坚持"转型、治企、减煤、控车、降尘"五管齐下,持续提高空气质量优良率。继续调整优化产业结构,积极化解"工业围城"难题;推动主城区周边重污染企业搬迁改造,持续实施重点行业超低排放改造;加快调整能源结构,推进能源清洁利用,深化散煤治理,持续巩固冬季清洁取暖改造;积极调整运输结构,推进"公转铁",持续治理柴油货车污染;有效应对重污染天气,强化重点区域联防联控,完善预测预报预警体系,努力降低重度及以上污染天数比例。强化城市环境综合整治,严禁露天焚烧秸秆、露天烧烤,禁燃禁放烟花爆竹。强化科学治污,实施 PM2.5 和臭氧协同减排、协同治理,实施重点工业企业精准管控。

加大大气面源和噪声污染治理。强化施工、道路、堆场、裸露地面等扬尘管控,加强城市保洁和清扫。加大餐饮油烟污染、恶臭异味治理力度。强化秸秆综合利用和禁烧管控。实施噪声污染防治行动,加快解决群众关心的噪声问题,进行功能区声环境质量自动监测。

3. 深入打好碧水保卫战

持续加强河湖保护修复。全面落实"河湖长制",强化"五水同治""三河一渠"综合治理。着力推进河湖流域生态保护修复,开展上下游、左右岸、干支流和岸上岸下系统治理,促进河湖休养生息,强化河湖长制。加强河湖水环境保护,系统控制流域污染水体。大力推进水土流失综合防治,维护河湖健康生命。

着力对重点区域开展生态保护与治理。贯彻落实黄河流域生态保护和高质量发展战略,大力推进沁河流域生态保护治理。加快实施浊漳河、漳泽湖及辛安泉域重点保护区水生态修复,进行全方位治理,维护河湖生态功能。开展重点区域水生态环境风险评估,浊漳河、沁河干流及主要支流沿岸严禁建设炼焦、化工、农药等高风险项目和危险化学品仓储设施。持续开展漳泽湖库区"清河"专项行动,提升湖区水环境功能,推动湖区水质达到优良水体标准。科学推进水土流失综合治理,加强水土流失重点预防区和重点治理区的坡耕地改梯田、淤地坝等水土保持重点工程建设。

持续改善水生态环境质量。严格落实《长治市辛安泉饮用水水源地保护条例》等，加强集中式饮用水源保护区规范化建设，加快完善应急水源、备用水源。完善污水处理系统，强化工业园区工业废水处理设施建设和改造，推进乡镇、农村生活污水治理，补齐城乡生活污水收集和处理设施短板，提升污水处理设施运维管理能力。积极推进市本级及各区县建成区海绵化改造，推进雨污分流和初期雨水治理。巩固黑臭水体整治成效，全面消除县级及以上城市建成区黑臭水体。

4. 深入打好净土保卫战

加强土壤环境质量保障。加大土壤污染治理力度，落实土壤污染防治工作方案，以耕地土壤环境保护为重点，严控新增土壤污染，实施农用地土壤环境质量分类管理和建设用地土壤环境质量分级管理。严格管控重度污染耕地，严禁在重度污染耕地上种植食用农产品。有效控制农业面源污染，深化土壤和地下水污染风险防控。提高危险废弃物、医疗废弃物收集处置水平。加大固废堆场监管，强化危险废物源头管理，严厉打击随意倾倒固体废物环境违法行为。

加强湿地保护修复。通过退耕还湿、排水退化湿地恢复和盐碱化土地复湿等措施，恢复原有湿地。因地制宜建设人工湿地，重点建设漳泽湖国家湿地公园、沁河源湿地公园、千泉湖湿地公园等。大力开展湿地保护公众宣传教育，形成全社会保护湿地的良好氛围。

加强林草生态保护修复。以太行山、太岳山生态保护为重点，开展大规模国土绿化行动，大力实施以天然林保护工程、重点防护林工程为主的国家级重点工程和以环京津冀生态屏障区建设工程为主的省级重点工程，推行林长制。加强天然林资源保护，科学选育人工造林树种，推进太岳山生态保护修复工程。实施封山育林、中幼林抚育等工程，推进以核桃、连翘、沙棘等为重点的特色经济林项目，推动林业提质增效。推进新一轮退耕还林，将15~25度坡耕地、陡坡梯田，以及采煤沉陷区、地质灾害避让搬迁区、整村移民搬迁区等适宜退耕的地类纳入退耕还林范围。开展草原生态资源清查，科学划定并严守林草生态保护红线，加快退牧还草、退耕还草等工程建设。积极推进国家森林公园、湿地公园、风景名胜区等自然公园建设。

加强矿山生态修复治理。统筹实施采煤沉陷区、采空区土地复垦治理，矿山地质和生态环境恢复治理。开展流域内重点地区历史遗留废弃矿山地质灾害隐患治理，恢复地貌景观、生态环境，加强水土流失治理，增强水源涵养能力。

（二）生态效益转化

生态环境的改善，明显增进了人民群众的幸福感、获得感，但当前长治生态效益转化依旧不足。加快推进"绿水青山"向"绿水青山+金山银山"转化，最终促进生态效益、经济效益、社会效益有机联动，是建设生态宜居城市的必然要求。

1. 实施公园式住宅项目

EPCO模式集"设计—采购—施工—运营"于一体，提高了项目运营效率，降低了全生命周期成本。漳泽湖可采用沿水系EPCO开发模式，汇集休闲、消费、娱乐、居住、教育等功能，打造公园式住宅。即利用漳泽湖、湿地公园等自然地形、地貌，进行小区景观布局，突出住宅设计的全生态特点，使住宅真正成为可居、可游、可赏的公园社区，实现人居环境和谐发展，真正达到生态宜居城市建设目标。

借鉴案例 7-2：广州公园式住宅项目

兰亭盛荟项目：毗邻杨桃公园，内有4.5万平方米空中花园，形成集都市现代气息及岭南风情园林文化于一体的大型居住精品社区。

保利和光晨樾项目：坐落于广钢中央公园首排，同时将区内园林与区外公园融为一体，引入"宅度假"社区，将小区园林打造成"森林会客厅"，建设露天泳池、烧烤场、夜光跑道、老人休闲区、儿童体验区及宠物专区等。

富力泉天下项目：毗邻流溪河国家森林公园、石门国家森林公园，凭借依山临河的先天山地资源，建设坡地式别墅建筑，充分保证户户均可享受天然河溪或原生山景。

资料来源：作者整理。

2. 推进公园式园区建设

推进公园式园区建设，有助于在提高土地利用效率的同时，实现园区绿色发展。首先，以产业链补链—强链—延链为目标，吸引相关企业入园区；其次，加强园区配套设施建设，即健全教育、医疗、物流等生产生活性服务设施，提升职工满意度；最后，依据地形地貌进行园区建设，使进驻企业享受到贴近自然的工作环境和氛围，放大生态招商效用。

借鉴案例 7-3：扬州广陵产业园

广陵产业园东临南水北调取水口廖家沟，西濒"黄金水道"京杭大运河，东西被长江出水口、大运河等水系包围，长期坚持"高科技、无污染、生态型、园林化"的创园理念，致力于打造园林化产业园。

园区通过专业化运营公司，追加环境综合管理的人员、设备投入，建立"园区管家"环境常态化巡察和问题解决队伍，统筹道路清扫、河道保洁、公园管护、绿化养护、高速国道退让带管理、拆迁地块管理、京杭运河和廖家沟岸线维护、小区街面管理等八项环境管理维护职能，完成"治乱、治脏、治污、治堵、净化、绿化、亮化、美化"八大目标。目前，广陵产业园不仅建有液压产业基地、科技孵化园、电子研发中心、中小企业创业园、汽车零件加工区等多个省市级"园中园"，而且承担着扬州节能环保示范区和工业开发观光旅游区的职能。

资料来源：作者整理。

3. 大力发展生态旅游

践行"两山"理论，发挥长治旅游资源优势，实现生态效益转化。一方面，推动太行旅游专线发展。以太行旅游板块建设为核心，围绕太行山水、太行精神、太行人家、太行一号旅游公路，打造太行旅游品牌，形成以太行一号旅游公路为主轴的自驾观光度假旅游带和以郑太高铁为依托的文化休闲旅游带。另一方面，打造一批特色旅游景点。建设中太行山国际旅游度假区、太行峡谷度假区等；以武乡为主，基于八路军、上党战役和劳模文化等红色文化，整合屯留区、黎城县、平顺县、沁源县等红色旅游资源，建设红色旅游基地；推进振兴小镇、荫城古镇、太行康养小镇、嶷山森林康养小镇等特色小镇项目；促进乡村旅游业提质升级，加强乡村交通、信息基础设施建设，让观光旅游者进得来、当地农副产品等销得出。

4. 拓展"生态+"产业组合

依托长治生态资源优势，实现"生态+"产业价值转化。一是提高农产品附加值。借助乡村振兴发展机遇，促进生态效益转化成经济效益，各县依据不同主体功能区定位，结合自身资源环境承载能力，发展生态农产品、农产品深加工等特色乡村生态产业，延伸生态产品产业链，实现农货出山。同时，不断优化"转化"渠道，依托辛寨陈醋、大象牧业等农业龙头企业，推进新型经营主体、普通农户等融入产业链，建立"利益—风险"合作机制，形成更多"共同体"，促进农业产业发展壮大。二是推进生态文化建设，将文化优势转化为经济发展优势。充分利用布艺黎侯虎、"立体国画"太行堆锦、红绿彩瓷、长治彩塑、襄垣炕围画等民间艺术；上党落子、潞安大鼓、武乡琴书等地方曲艺；上党乐户、上党八音会、壶关迓鼓等民间音乐；龙灯舞、挑高、旱船、跑驴等民间社火；迎神赛社、平顺四景车、九曲黄河阵等民俗文化；精卫填海、后羿射日、崔生遇虎等民间传说，拓展特色地域文化资源优势。力争在保护好文化资源的同时，促进旅游、生态、文化深度融合，打造一批特色文化产业和文旅融合项目，实现文化价值与生态经济价值同步提升。

第三节 着力打造对外开放枢纽型城市

"十四五"期间，长治以全力打造山西向东开放和承接中原城市群的枢纽型城市为目标，要抢抓新一轮对外开放重大机遇，坚持引进来与走出去并重，推动更高水平对外开放。深度融入中原城市群、京津冀地区，对接环渤海经济圈，形成内陆地区对外开放新高地。一方面，以交通先行支撑高水平对外开放。完善铁、公、机等重大交通基础设施，实现市域交通互通互联、缩短各区县距离，拓展对外交通干线、构建立体交通网络。另一方面，融入国内国际双循环，引领高水平对外开放。依托农林资源、煤矿业潜力、生态屏障等区位特点和资源优势，加深与"一带一路"、京津冀一体化等国家重大战略区域融合。

一 构建立体交通枢纽

"道路通，百业兴"，城市建设、经济发展，交通运输肩负"开路先锋"重任。长治为实现山西向东开放和承接中原城市群枢纽型城市的建设目标，需要进一步完善重大交通基础设施，打通内畅外联大通道，夯实区域协调发展基础。全面提速市域高（快）速公路、国省干线公路、高架桥、城市干道建设，实现市域交通互通互联；加快建设高铁、城际轨道等交通要道，增强与陕晋冀豫鲁等周边地区的交通连接，打造立体交通网络，推动长治融入京津冀、中原城市群发展。

（一）促进市域交通互通互联

推动长治省域副中心城市建设，需不断深化各区县交通有机衔接，打破区域壁垒，促进道路体系多网融合，保障交通系统便捷畅通，构建快速道网，加强区县直连直通。

1. 中心城区交通体系提质升级

实施市政道路提升改造工程，打通断头路，畅通微循环，改造背街小巷，完善公交专用通道、非机动车和行人交通系统、行人过街设施。优化城市交通路网，完善城市快速路、主干路、次干路和支路布局，构建"窄马路、密路网"城市交通网络，分门别类整治老旧街巷道路，提升交通效能。积极探索建设轨道公交，提升城市公共交通供给质量和效率。

2. 各区县重要连接点优化发展

实现各区县互通互联，是长治省域副中心城市建设的前提之一。首先，在现有基础上继续提升普通干线公路网通达程度，优化普通国省道路网结构。其次，建设潞州区直通上党区、潞城区、屯留区的立体高架快速路，加速四区融合发展。最后，完善中心城区到壶关县、长子县、平顺县、襄垣县、沁县、沁源县、黎城县、武乡县快速路网；加快建设各区县快速互通道路网，助推周边区县融合发展。

(二) 拓展对外交通干线

随着郑太高铁运营，黎左高速、长临高速通车，长治对外交通网络得以完善，为经济社会发展注入了新动力。未来，要以开放大通道建设为重点，做大做强铁路、公路、航空枢纽，着力打通对外连接通道，全面融入京津冀、环渤海、中原城市群等国家重大战略区域。

1. 完善路网体系

完善铁路枢纽，积极融入京津冀、中原、长三角等城市群，高标准建设黄河流域生态保护和高质量发展先行区。建设长治—邯郸—聊城高铁，进一步畅通与河北、山东等地的交流；推进西延长治—临汾—延安—兰州段高速铁路工作，与郑太高铁形成"大十字"高速铁路骨架。积极开展建设长治—安阳城际铁路，参与中原经济区建设；增设或增加直达西安、石家庄、郑州、济南、徐州等中心城市的铁路干线和频次。

完善高速公路出口连接项目，提速二广高速长治南出口改扩建工程，推进309国道全市域一级公路改造工作，建设黎城经平顺、壶关至陵川高速公路，畅通经济循环"大动脉"。

2. 推进长治机场迁建

机场的迁建对加快城市经济发展具有重大意义。一是在新一轮城市空间大规模扩张过程中，机场搬迁成为促进城市与机场协调发展的重要举措；二是机场搬迁对于提高飞行安全、减少噪声污染、提升中心城区体量、促进人口规模集聚具有重要作用。为此，长治需持续推进长治王村机场迁建工作，确保选址完成后及时开工建设。同时，加快沁源、武乡通用机场建设，开展襄垣、沁县、平顺等通用机场前期研究。为便利长治对接国家重大战略区域，长治机场还应重点开通、加密对接广州、深圳等粤港澳大湾区航线；增加北京、上海等地的航班频次，为实现长治经济社会快速发展提供航空交通保障。

二 积极融入国内国际双循环

"十四五"时期是我国经济从高速增长转入高质量发展的攻关期，也是建立国内国际双循环相互促进新发展格局的关键期。长治需把握省域副中心城市建设机遇，以深度参与国内国际双循环为重点。一方面，找准着力点和突破口，加深与国家重大区域战略融合，在开放合作中实现转型发展；另一方面，加强与周边海陆港口合作，以同港同价同效率为目标，推进物流陆港建设。

（一）加深与国家重大战略区域融合

精心布局、抢占先机，紧抓国家重大区域发展战略机遇，在产业发展、招才引智、科技创新等方面开展全方位合作。

1. 与经济发达地区合作建园

依托长治半导体光电、信创、新能源、新材料、装备制造、固废利用、医药健康、特色农业、文化旅游等优势产业，以园区建设为抓手，强化同北京、天津等国家重大区域战略地区沟通交流、信息共享，在改造传统产业、发展战略性新兴产业和培育未来产业方面形成经济联系。在深度合作中，形成长效发展平台，实现抱团发展。

借鉴案例 7-4：安徽宿州对标长三角城市群合作建园

宿州经开区聚焦长三角地区定向招商引资，深入研究相关园区的产业发展方向，寻求产业契合度较高的目标园区，在优势互补、各取所需的基础上推进共建合作。诸如，南京栖霞高新区在"新健康+新医药"产业上具有优势，已形成药物研发集群和医疗器械营销服务供应链平台。然而，2021年其在生物医药产业发展中面临无地可用的困境，宿州经开区精准对接，及时为南京栖霞高新区提供化工园区工业用地，并加挂"江苏生命科技创新园宿州产业化基地"的牌子。合作建园后，为宿州经开区在大健康产业项目评审、产业规划、园区运营等方面提供了专业咨询指导。

资料来源：作者整理。

2. 为区域头部企业配套服务

长治作为资源型城市产业转型升级示范区，必须瞄准需求端，力争在重点强链、补链领域实现突破，为加快产业转型升级提供有力支撑。主动对标最高标准、最高水平的企业，在半导体光电、信创、新能源、新材料、装备制造、固废利用、医药健康、特色农业、文化旅游等产业领域中，与全国，甚至是全球头部企业实现"联姻"，实现高起点、高层次接触。诸如，半导体光电依托中科潞安等企业，对标中国上市企业市值500强三安光电；装备制造业依托成功汽车、惠丰特车等企业，对标中国装备制造业百强北京汽车；医药健康产业依托康宝、振东等企业，对标医药百强企业扬子江药业。找准切入点，为头部企业生产配套产品，并力争将头部企业引入，在更大范围内整合资源，共同做强产业链，更好融入京津冀、中原城市群发展。

3. 与省际交界地区协同发展

发挥地域优势，推动长治与省际交界地区产业协同发展。一是密切关注邯郸、安阳、晋城、临汾、晋中对外交通网络规划，积极参与其中，推进交通网络互联互通。二是依托邯郸亚洲最大铸管生产基地、重要高强度钢生产基地等优势，把握晋城打造光机电产业集聚城市契机，积极寻求产业合作机遇，实现产业错位发展。

（二）推进物流陆港建设

随着全球化发展，陆港调动资源功能不断凸显。加快推进物流陆港建设，对高质量融入"一带一路"、实现经济跨越式发展具有重要意义。

夯实基础配套设施建设。以推进省域副中心城市建设为契机，以深度参与国内大循环为重点，全力推进陆港仓储及配套项目建设，规划建设标准化公路甩挂中心停车场等。

大力发展临港经济。坚持开放合作理念，实现港区综合服务体系配套，引进物流、货代、仓储、冷链企业入驻，培育发展冷链物流、跨境电商、供应链金融、配套仓储等新兴临港产业。

打造内陆双向大平台。谋划与郑州、西安、石家庄国际陆港合作；加强与天津港、烟台港、威海港、唐山港等港口的陆海联运，实现同港同价同效率，加快建立适应全球供应链重构的新型国际物流通道模式。

第四节 完善保障机制建设

保障机制的主要目的在于为构建产业转型升级示范区、建设现代化太行山水名城、打造对外开放枢纽型城市服务。继而，从完善产业保障体系、提高政府治理水平、创新管理体制机制三方面进行论述，助推长治省域副中心城市建设。

一 完善产业保障体系

完善的产业保障体系对于城市发展至关重要。产业保障体系的健全，一方面能够吸引企业和资金流入，促进城市经济的持续增长和繁荣；另一方面，有助于提供稳定的就业机会，促进公平就业，维护社会稳定。在此，完善产业保障体系涵盖招才引智、招商引资、园区建设等三个层面。

（一）招才引智层面

为了更好"招才引智"，长治需要成立专门机构，强化立法保障；突出需求导向，精准引才育才；加大资金投入，设立专项基金；创新机制体制，多元化评价人才。

1. 成立招才机构

建议长治成立"招才局"，制定招才局工作条例，推动人才发展立法。招才局不是"工作专班"，不是"临时机构"，成立招才局是推动和引领长治当前及今后一个时期招才引智工作的重大创新举措。因此，要加快研究制定招才局工作条例和全面促进人才发展的政策法规，推动招才引智工作规范化、科学化、常态化发展。

借鉴案例 7-5：武汉市成立招才局

2017年4月8日，武汉市举行招才局成立大会，聘请陈东升、雷军等16名知名企业家为"招才顾问"和"招才大使"。研究制定全国一流的招才引智系列配套政策，营造引才、留才、用才的优良软环境，破除体制机制的障碍和壁垒，向用人主体放权，为人才松绑，为武汉赶超发展提供更强大的人才和智力支持。

资料来源：作者整理。

2. 精准引才育才

通过引才育才举措，扩大长治人才集聚效应，切实提升建设省域副中心城市的智力资本和创新能力。其一，"靶向"引进产业领军人才。聘请人力资源管理咨询机构，系统梳理长治传统优势产业、战略性新兴产业的国内外顶尖人才、团队、科研机构。依此建立全市产业项目库和人才需求信息库，针对性引进国际国内顶尖产业领军人才。其二，注重产学研共同发展。基于长治产业发展态势，快速建立特色鲜明、结构合理、自主发展的现代职业教育体系和培训基地。长治学院、长治医学院、山西机电职业技术学院等院校专业设置，应充分考虑长治重点产业发展实际，开设对应专业，积极推进产学研共同发展，为长治核心产业提供高素质劳动力。

3. 搭建科技创新平台

如果将人才比喻为"金凤凰"，那么各类创新创业平台就是培养人才、成就人才的"梧桐树"。各类创新平台为创新研究提供了必备的资源与人才发展空间，有助于加快高新技术成果转化，促进产业高质量发展。为此，一方面，完善研发体系，构建行业协同创新平台，推进产业创新联盟建设，建立和完善开放高效的技术创新体系，突破产业发展短板，提升集成创新能力。另一方面，把握世界科技发展趋势，搭建国际科技合作平台，积极融入全球创新网络，推动战略性新兴产业发展，加快形成新的经济增长点。

4. 建立多元化人才评价体系

建立健全的人才评价体系，有助于识别优秀人才和潜力人才，促进人才内部流动,减少人才流失。继而,一要建立人才分层、分类评价机制。围绕长治当前和未来产业发展重点及各类人才的能力水平、业绩贡献,逐步建立层次清、易操作的人才分层、分类评价制度。制定团队、项目评价规范细则,对各层次人才目录进行动态调整。二要建立杰出人才荣誉制度。对于推动相关领域科技创新、带来重大经济社会效益的高层次杰出人才,提请授予长治勋章或荣誉称号,并在城市道路、公共场所、景观的命名中予以优先考虑。

借鉴案例7-6：深圳高层次人才体制机制创新

发挥用人主体积极性方面：鼓励行业组织参与人才评价,在新型研发机构、大型骨干企业、高新技术等企业中开展职称自主评价试点,建立高层次人才市场化认定机制等。

高层次人才政策实施与落实方面：探索建立重大人才政策评估制度,构建政策实施跟踪反馈和动态调整机制。

资料来源：作者整理。

（二）招商引资层面

为了达到更好的招商引资效果,长治招商引资工作应该从明确产业发展规划、打造优良投资环境、与招才引智相结合等方面展开。

1. 明确产业发展规划

当前长三角、珠三角等先进发达地区可用土地资源有限、能源供应相对紧缺、劳动力成本逐步提升,部分产业迫切需要对外转移。长治可发挥比较优势,在全国大产业链中找准定位,充分利用产业集聚优势,明确产业规划和产业功能布局,加强项目对接、产品对接和产业链对接。

2. 打造优良投资环境

打造优良投资环境可以从两方面入手。其一,加快城市基础配套设施建设,打造优质投资"硬环境",具体包括产业发展载体平台、生产生活配套设施建设等。其二,提升政府公共服务效能,营造优良投资"软环境",地方政府要提升政策引导作用，营造良好的生态、人文和法治环境。

3. 与招才引智相结合

招商引资与招才引智相辅相成。一流的高层次人才能够带来一流的项目，同样，一流项目也可以吸引和培养一流高层次人才。继而，需加强招商引资与招才引智的有机结合，通过构建"信息互通、人员互流、平台互享、政策互推"四大机制，实现从单纯引才、单纯招商，向"人、财、项目"打包引进的模式转变，让招商引资与招才引智同频共振，实现共赢。

（三）园区建设层面

产业园区是城市参与市场竞争的有力抓手，是实现城市发展的主要载体。园区基础设施、企业入园标准、公共服务平台、产业园区文化是园区建设的关键因素。

1. 加大园区基础设施建设

完善的园区基础设施可以提高园区承载力，进一步推动产业升级。为此，提前布局入园企业类型，依托企业性质建设标准化厂房，实现入园企业"拎包入住"；根据规划实施道路网框架建设，同步配建水、电、气、通信、网络等市政管网等。

2. 制定企业入园标准

为进一步优化产业园区结构，应明确入园企业在税收、产值、设备、工艺、环保、安全等方面的具体要求，严把企业准入门槛，严禁违法违规及"低小散""脏乱差"企业入园。鼓励低能耗、低排放、高附加值、高成长性项目和"专精特新"、科技型、创新型中小微企业入园；鼓励同行业企业、产业链上下游配套企业入园集聚发展，构建园区生态产业链。

借鉴案例 7-7：赣州产业园区入园标准

赣县经济开发区为一类产业园区，进入企业必须同时符合下述三个条件：固定资产投入达到 1 亿元或外资 1000 万美元以上；每亩投入达到 100 万~120 万元；每亩税收大于等于 5 万元。

沙河工业园、龙南工业园、信丰工业园、南康工业园、大余工业园、兴

国工业园、于都工业园、赣县工业园属于二类产业园区。进入企业必须符合固定资产投入或每亩投入及每亩税收标准。具体地,固定资产投入需达到5000万美元以上;每亩投入达到80万~90万元;每亩税收大于等于4万元。

此外,赣州产业园区统一要求入园企业必须符合国家产业和环保标准;引进高新特色产业、出口创汇企业不受企业入园标准限制。

资料来源:作者整理。

3. 打造园区公共服务平台

通过完善园区公共服务平台,整合产业资源,实现产业间的对接交流和互助合作,提升园区发展效率。打造园区公共服务平台可从强化基础型服务、引导型服务和发展型服务三方面着手。基础型服务包含工商注册、法律咨询、财务服务以及人才招聘等服务;引导型服务涵盖企业对接政策、申报项目或相关资质认证、经营管理培训等服务;发展型服务囊括融资担保、市场营销策划和渠道搭接、技术转移等服务。

4. 培育产业园区文化

培育产业园区文化,要在明晰园区文化建设思路基础上,通过以下六种举措实现。一是统筹管理园区房产设施。推进园区内水、电、楼梯、照明全面排查,对于无用的或利用率不高的设施进行清理,对不便利的地方进行优化,对损坏的地方进行维修维护。二是精心设计园区标志。通过标语、企业文化标识承载园区文化精神,通过楼体标识、路引等地面和空中标识进行引导,使园区内路径导向清晰,房产功能明确。三是优化园区环境。通过园区绿地优化、植物优化,营造园林式园区。四是完善配套设施建设。高度重视服务设施、文化体育设施的规划与建设,努力把园区建设成为城市功能完备、配套设施先进的园区。五是提升服务管理能力。通过对报修、物业服务的流程优化,进一步提升服务能力,提高培训服务保障功能。六是制度规范修编。以园区文化理念为指导,对现有制度规范进行审核,将与园区文化理念相冲突的条款进行修改调整,新增制度规范需遵循园区文化理念。

二 提高政府治理水平

优质的政府治理可以促进城市经济持续增长、提升社会公平与稳定、加强公共服务的可及性与效率，最终提升城市形象和竞争力。加强干部队伍建设、创建学习型政府、坚持规划政策的指导是提高政府治理水平的三个主要抓手。

（一）加强干部队伍建设

党的二十大报告指出，全面建设社会主义现代化国家，必须有一支政治过硬、适应新时代要求、具备领导现代化建设能力的干部队伍。落脚到城市层面亦是如此，优质的干部队伍是城市发展的中流砥柱，有助于提高政府治理水平，确保政策落实和民生改善。在此，加强干部队伍建设从完善科学激励机制和构建立体监督网两方面论述。

1. 完善科学激励机制

构建科学激励机制是干部担当作为的保证，可从以下三个方面着手。一是树立重实干、重实绩的用人机制。坚持好干部标准，突出信念过硬、政治过硬、责任过硬、能力过硬、作风过硬，大力选拔敢于负责、勇于担当、善于作为、实绩突出的干部。二是完善干部考核评价机制。注重制度配套，增强干部实绩考核评价体系的系统性；坚持分类指导，增强干部实绩考核评价对象和内容的针对性；增强干部实绩考核评价标准的科学性和评价主体的广泛性。三是注重保护敢于担当的干部。建立健全容错纠错机制，坚持实事求是、依纪依法、容纠并举等原则，对给予容错的干部，考核考察要客观评价，选拔任用要公正合理。严肃查处诬告陷害行为，及时为受到不实反映的干部澄清正名、消除顾虑，让干部甩开膀子大胆干事。

2. 构建立体监督网

树立正确权力观，坚持以人民为中心的发展思想，坚决将党中央高质量发展等重大决策部署和省委工作要求贯彻落实到位，需要构建立体监督网，对干部队伍的行为进行规范与约束。

其一,内联外聘,畅通监督渠道。建立由市委组织部牵头,市纪委、市政法委、市审计局、市信访局、市人事局等各部门参加的干部监督工作联席会议制度,定期、不定期地交流干部监督信息,指定专人为干部监督工作联络员。同时,在离退休老同志、纪检监察干部、市人大代表、市政协委员、民主党派和无党派人士中聘请干部工作监督员,重点在推荐、考察、任用环节对全市的干部工作进行监督。

其二,紧盯"关键人物",规范"一把手"的权力。首先,建立后备干部库,实行干部考察预告和差额考察,有效监督"一把手"用人取舍的公正性;其次,规定党委会常委会成员在用人上具有同等权力,尽可能缩小"一把手"在用人上的"自由裁量"空间;最后,完善党内民主集中制,建立专家论证、群众参与和领导决定相结合的决策机制,提高各级班子决策"三重一大"事项的民主性和科学性。

(二)创建学习型政府

学习型政府以创造公共价值为目标,善于学习,勇于创新,是不断追求自我超越的政府组织形态或运行模式。创建学习型政府现已成为政府适应变革环境、提高政府管理能力、加强自身竞争力的重要工作,对转变传统行政理念具有重要意义。创建学习型政府,一方面,需要树立先进的学习理念;另一方面,需要建立科学合理的学习型政府运行机制。

1. 树立先进的学习理念

树立先进的学习理念体现在两个方面。一是树立"终生学习"理念。要求政府成员从"一次学习、终生受用"的狭隘观念中解放出来,树立活到老、学到老的思想,把学习视为终生的需要、终生的事业和终生的追求。二是树立"工作学习相结合"的理念。"工作学习相结合"是学习型政府的本质特征,它要求政府成员把由学习过程中获得的信息知识、技能转化为工作实践能力,实现工作创新。

2. 建立学习型政府运行机制

通过构建学习型政府工作指导机构、完善制度服务保障等举措,建立学习型政府运行机制，确保创建学习型政府落到实处。

构建学习型政府工作指导机构。各级党委、政府要把构建学习型政府作为一项长期事关全局的战略任务纳入议事日程，加强领导，成立组织指导机构，明确工作任务和工作职责。

完善制度服务保障。建立健全各项学习制度，包括中心组学习制度、培训制度、学习日制度等；强化资金保障，创造条件，给予必要经费投入，进行培训阵地、文化设施、学习场所等硬件建设，营造优良的学习环境；优化服务保障，可由政府办公室人员或宣传委员兼任学习秘书，负责学习服务保障工作；健全考评机制，规范政府人员的学习行为，提升政府人员学习的紧迫感，增强政府人员的学习压力和动力，保证政府人员在适度范围内不断学习进步。

（三）坚持规划政策的指导

科学制定规划政策后，关键在于落实。一方面，需要打破行政壁垒，增强规划统筹，实现一张蓝图绘到底；另一方面，需要合理把握实施力度，保障政策可延续，确保规划政策可实施。

1. 增强规划统筹

在市级层面，遵循"统筹+渐进性调适"的规划原则，营造全市统一、上下联动、精准创优的"一张图、一盘棋"规划格局。

加强市级层面的顶层设计。市级总体规划要以"各区县的功能定位和产业分布"为抓手，明确各区县发展方向，协调各区县全要素整体统筹与布局，实现各区县协调发展。各区县在编制自身发展规划时，均要依据市级层面的总体规划，落实市级总体规划指导约束，强化市、县两级规划衔接和督管衔接，保障规划有效实施。

渐进性调适规划。各区县坚持一切从实际出发，因地制宜开展规划。研判地方特色资源，立足不同发展阶段，发挥比较优势，进一步调整规划。设计出城乡不同地区的分类规划指引，优化当地发展，为市级总体规划提供技术支撑。

2. 保障政策可延续

为了保障城市建设政策的可延续性，需要做到两点。一是紧盯政策落实情况。设立"1+X"的监督机制,即政府要落实落细监督第一职责,联合企业、群众等共同监督,确保政策规划实施到位;二是把握政策时效度。结合长治经济发展特点、城市建设进度、产业基础等情况,把握好政策时效度,保障政策规划的连续性、稳定性与可持续性。

三 创新管理体制机制

经济体制改革一直发挥着"逢山开路、遇水搭桥"的先行军作用。我国经济发展取得的历史性成就、发生的历史性变革,很大程度上就是始终坚持经济体制改革的结果。在一般地级市层面,将经济社会基础较好的城市建设为省域副中心城市,同样需要体制机制创新作先导。

(一)市场准入机制创新

为了激发市场活力,提升长治资本集聚力与市场主体数量,需要在市场准入层面上有突破创新。

全面实施全国统一的市场准入负面清单。任何部门不得以任何形式增设民营企业准入条件。开展彻底清理隐性壁垒行动,清理与企业性质挂钩的行业准入、资质标准、产业补贴等规定和做法,为各类市场主体营造公平竞争环境。引导民营企业进入道路、桥梁、停车场、消防、环保、园林绿化等领域;引导民营企业兴办各类医疗机构、职业教育学校、专业培训机构、养老康养机构、文化体育运营机构等;引导民营企业参与自来水、电力、煤气、热力、邮政通信、垃圾处理、污水处理、殡葬等领域的设施建设和管理运营。

坚持"能放则放、能混则混"原则,引导民营企业参与混合所有制改革,构建以盈利能力为导向的国资价值评判机制,不能以防止国资流失为由拖延国企改革。鼓励引导省内外民营企业通过股权收购等方式,参股控股一般制造业领域国有企业。开展一般竞争性领域国有企业运营评估,梳理国有企业退出竞争性领域名单,一企一策,有序退出。

(二)优化营商环境

政府职能部门要切实履行服务职责,努力营造审批事项最少、办事效率最高、政务环境最优的营商环境,不断降低市场主体的制度性交易成本。

优化企业开办流程。按照事项通、流程通、数据通、业务通和减材料、减时间、减环节要求,减少部门准营类涉企证照事项,压缩企业开办时间。

健全首次创业扶持政策。完善和落实首次创业担保贷款、财政贴息、税费减免等扶持政策。探索建立首次创业失败人员保障机制,对所创企业工商登记注册满1年不满3年,且为法定代表人或主要出资人,企业注销后登记失业,并以个人身份缴纳社会保险费6个月以上的,经核定后给予一次性补贴。

全面推行电子证照。优化升级信息共享平台,加快形成涵盖政务服务全域、数据实时共享的信息交换体系,推动电子证照、电子印章、电子签名跨区域、跨部门共享互认。

试行企业"休眠"制度。允许商事主体根据生产经营实际需要,申请"休眠","休眠"期间不按自行停业处理,不因通过登记的住所无法联系而载入经营异常名录,"休眠"期满前可以自主申请恢复正常经营状态。

优化公共服务接入审批。推动供电、供水、燃气、排水、通信等接入服务进驻政务服务大厅,合并纳入市政公用服务窗口,提供"一站式"服务,持续优化水电气网等报装流程,规范公示办理时限、服务标准、资费标准,为企业提供电水气快速报装"零上门、零审批、零成本"服务。

完善企业诉求解决机制。各级各部门设立企业服务专员,常态化开展入企服务工作,及时协调解决企业反映的问题。每月定期开展"企业维权接待日"活动,党政领导要亲自到场主持,包干限期解决企业的合理诉求。完善营商环境专席热线功能,做好评价打分、暗查回访工作,行政执法、检察法律和纪检监察等部门要加强联动协同,对市场主体的投诉举报做到件件有落实、事事有回音。

(三)融资机制创新

融资难始终是企业发展的重要制约因素,探索融资机制的创新,可以为企业健康发展提供资金支持。

设立小微企业信用保证基金。市级层面设立信用保证基金，主要采用信用贷款补偿、投贷联动补偿和应急转贷等方式，为小微企业提供流动资金贷款担保、票据承兑担保、贸易融资担保等业务。

推进金融服务综合改革机制。用好中央财政奖励资金，深化民营和小微企业金融服务综合改革试点，支持开展无还本续贷业务和"无抵押贷款"试点。建立应急转贷专项扶持资金，通过政银企信多方联动，以市场化方式帮助企业按时转贷续贷，提高转贷便利性，降低转贷成本。

鼓励银行创新融资方式。大力发展信用贷款、共有厂房按份抵押融资、小微企业资产受托代管融资、价值链融资、供应链融资和动产融资等新型融资方式。强化涉企信用信息归集共享和应用，为企业和金融机构提供信息采集、信息共享、线上融资对接等线上智能融资服务。

本篇小结

自2012年国务院发文提出"支持赣州建设省域副中心城市"以来，赣州省域副中心城市建设按下加速键。结合赣州省域副中心城市建设实际，可粗略将其城市发展历程凝练为三个阶段：起步发展阶段（2011~2015年），城市规模迅速扩大，为省域副中心城市发展奠定基础；调整提高阶段（2016~2020年），城市建设纵深推进，省域副中心城市雏形显现；能级提升阶段（2021年至今），以加快建设革命老区高质量发展示范区为抓手，省域副中心城市建设迈入提质升级新时期。

结合学者观点、政策文件、实地调研，可将赣州省域副中心城市建设经验概述为以下四点。一是扶实体、强创新，积极构建现代产业体系。通过咬定首位产业、主导产业倍增升级等举措，推动实体经济质量效益稳步提高；着力建强科技创新平台、打造人才集聚高地、构建科技创新政策体系，培育创新驱动发展新引擎；以数字经济为引领、以先进制造业为重点，注重战略性新兴产业和现代服务业融合发展。二是惠民生、重生态，推进生态宜居城市建设。大力推进教育、文化、体育和民生事业，逐步实现基本公共服务均等化；打好环境综合治理攻坚战，推进城市环境持续改善；全力推动城市功能与品质再提升，增强城市综合承载力和辐射带动力。三是建枢纽、促合作，提高区域战略支点地位。统筹高铁、普铁、高速公路、国省道、航空、水运建设，构建立体化现代交通体系；充分利用毗邻长珠闽的区位优势，积极对接长三角、粤港澳大湾区；构建"一带一核两堡N平台"等产业转移承接格局，加快推进内陆国际港建设，构筑内陆双向开放高地。四是推改革、优队伍，动力活力加速释放。坚定不移深化改革，进一步推进有效市场和有为政府的更好结合；以提升政治素养、锤炼过硬本领、强化作风建设为重点，打造高素质干部队伍；适时适当适度拿出干货措施，更大力度激发市场活力和发展内生动力。

长治作为太行革命老区重点城市、黄土高原丘陵沟壑水土流失重点治理区城市、煤炭资源富集的资源型城市和全国老工业城市，将其建设为省域副中心城市的难度较大，但意义深远。从实际出发，未来应从以下方面入手：其一，以构建产业转型升级示范区为抓手，加快传统产业提质升级、培育新兴产业创新发展、完善产业发展布局、推动市场主体倍增；其二，以建设现代化太行山水名城为目标，引导区县协调发展、改善城市生态环境；其三，以打造对外开放枢纽城市为契机，促进市域交通互通互联、拓展对外交通干线、加深与国家重大战略区域融合；其四，以完善体制机制建设为统领，完善产业保障体系、提高政府治理水平、创新管理体制机制。

第四篇
省域副中心城市建设的专项研究

内容提要

在我国行政区划中，城市不仅包含非农产业和非农人口集聚的城镇，而且囊括农业和农业人口分布的乡村，是一个区域的概念。省域副中心城市肩负着带动省域经济社会协调发展的重任。自然地，建设省域副中心城市，既要兼顾城市与乡村融合发展，又要涉及政治、经济、社会、文化、生态文明等方方面面。省域副中心城市建设的专项研究选取了城市创新生态系统构建方式、城市农业全产业链优化路径、城市高质量人口发展特征及对策、城市全方位推动高质量发展指标体系构建等四个主题，开展专项研究，为省域副中心城市建设提供决策依据。

篇章结构安排如下：第八章，在探寻城市创新生态系统内涵基础上，阐释构建城市创新生态系统的时代价值。基于城市创新生态系统理论框架，以省域副中心建设城市长治为例，结合实地调研与资料分析，提出长治构建城市创新生态系统的推进路径。第九章，以古田食用菌全产业链发展模式为起点，凝练农业全产业链优化的时代意义，构建农业全产业链优化的理论框架。进而，以省域副中心建设城市长治的中国农产品地理标志保护产品——平顺潞党参为例，探讨其全产业链发展现状，兼顾长短期，针对性提出优化平顺潞党参全产业链的具体举措。第十章，结合第六次、第七次全国人口普查数据，从人口总量、人口结构、人口质量、人口分布四个层面出发，探讨中部地区省域副中心建设城市的人口发展特征。结合省域副中心建设城市长治的人口发展实际，提出未来长治人口高质量发展战略举措。第十一章，全方位推动高质量发展将高质量发展从最初的经济领域拓展到党和国家事业发展的各方面，为开启全面建设社会主义现代化国家新征程指明了方向。继而，基于全方位推动高质量发展理论逻辑，从全国层面和省域层面，阐释了高质量发展指标体系编制经验，并结合城市建设实际与"全方位"要求，构建了城市全方位推动高质量发展指标体系，为监测省域副中心城市建设提供了基本遵循。

研究发现：城市作为支撑国家和区域创新的基础单元，是深入实施创新驱动发展战略的重要抓手。城市创新生态系统具备促进高等教育从量的扩张向质的提高转变、实现要素驱动为主向创新驱动发展转变、推进人口红利向人才红利转变的时代价值。结合新时代城市创新发展实际，构建城市创新生态系统应从拓展创新环节、明晰创新主体职能、满足市场需求、优化创新生存环境等四方面出发。城市创新生态系统创新环节缺失、主体职能不健全、市场契合不紧密、创新环境不完善是阻碍长治省域副中心城市建设的关键因素，继而完善创新环节、拓展主体职能、打造平台载体、优化外部环境等应成为长治构建城市创新生态系统的主要路径。

农业全产业链优化具备增强抵御国际农产品市场风险能力、推动农业农村优先发展、提升人民群众生活品质、保持经济运行在合理区间的时代价值。基于当前农业全产业链"短、散、弱、小"等发展特征，应从延伸和拓展产业链、明晰利益主体职能、推动"三产融合"、促进"四链同构"视角出发，构建农业全产业链优化的理论框架。基于省域副中心建设城市长治平顺潞党参全产业链发展实际，延伸和拓展全产业链、补齐全产业链短板、强化全产业链环节是其今后发展的着力点。

人口是实现区域协调发展的核心和主体。中部地区省域副中心建设城市人口发展趋势不一。就省域副中心建设城市长治而言，其呈现人口规模缩减、户别结构与性别结构优化、老龄化趋势明显、受教育程度提升、城镇化率较低的特征。相应地，促进人口总量平稳增长、主动应对人口结构变化、着力提升人口质量、持续优化人口分布、健全人口发展保障机制是促进长治人口高质量发展的重要举措。

全方位推动高质量发展是全面建设社会主义现代化国家新征程的必然要求。借鉴先进经验，纳入共性指标；结合城市建设实际，增加特色指标；基于"全方位"要求，加入政治民主、党建引领指标，是构建城市全方位推动高质量发展指标体系的关键，在此基础上构建城市全方位推动高质量发展指标体系，有助于明晰省域副中心建设城市发展目标、标准，落实省域副中心建设城市发展任务、举措，完善省域副中心建设城市发展政策、制度。

第八章　城市创新生态系统构建方式

"十四五"规划明确提出，"要强化科技创新策源功能，提升城市核心竞争力、辐射力和影响力"。党的二十大报告强调，"加快实施创新驱动发展战略，加快实现高水平科技自立自强"。在立足新发展阶段、贯彻新发展理念、构建新发展格局、推动经济社会全方位高质量发展的时代背景下，创新日益成为城市提升核心竞争力的关键因素。继而，在创新驱动发展战略指引下，地方政府纷纷出台指导创新型城市建设的实施意见与发展规划，提升城市创新竞争力。然而，受制于经济社会发展实际，各城市的创新发展水平不一，突出表现为国家创新型城市数量在东中西部依次减少，且仅有22个资源型地级市入围国家创新型城市榜单（《国家创新型城市创新能力评价报告2022》）。这一现象不仅揭露了经济社会发展相对滞后的城市创新竞争力不足，也从另一侧面反映出越是欠发达地区，越需要实施创新驱动发展战略。

城市作为企业和人口集聚的重要空间载体，是深入实施创新驱动发展战略的主阵地。在经济高质量发展，由要素驱动、投资规模驱动发展为主向以创新驱动发展为主转变的背景下，省域副中心建设城市更应积极落实创新驱动发展战略，提升科学技术对经济社会发展的贡献度。本章从生态学视角出发，深入探究城市创新生态系统的内涵特征、时代价值、理论框架，在此基础上，以省域副中心建设城市长治为例，对其城市创新生态系统现状、推进路径进行深入探讨。

第八章　城市创新生态系统构建方式

章节结构安排如下：第一部分，比照生态系统的概念，深入阐释城市创新生态系统的内涵；第二部分，在加快建设教育强国、科技强国、人才强国的时代背景下，深刻探讨构建城市创新生态系统的时代价值；第三部分，根据构建城市创新生态系统的具体要求，详细阐述城市创新生态系统的理论框架；第四部分，基于长治实地调研情况，梳理长治创新生态系统现状；第五部分，比照城市创新生态系统理论框架，提出长治优化城市创新生态系统路径。

第一节　城市创新生态系统的内涵阐释

当前学术界普遍认为城市创新生态系统由城市内部的创新主体、创新资源以及创新环境共同构成，三者之间相互影响、共同促进。具体地，创新主体包括城市中的企业、高校、科研机构和服务机构等；创新资源包括人才、信息、技术和资金等；创新环境包括体制、政策、法制、市场和文化等。这一概念基本阐明了城市创新生态系统的基本要素，却忽略了要素之间的内在联系。继而，在明晰生态系统内涵基础上，分析城市创新生态系统的概念及特征，有助于科学构建高效运行的城市创新生态系统。

生物学界普遍认为生态系统是由生产者、消费者、分解者构成的生物群落，及其面临的光照、水分、土壤、温度等生存环境共同组成的动态平衡系统，强调生物与环境之间的协同共生和持续演化。城市创新同样需要创新主体之间的互动、协同与演进，需要一个可再生、可演化、可循环的系统作支撑。进而，可将城市创新生态系统定义为，在城市范围内，由涵盖创新生产者、创新消费者、创新推动者的城市创新群落，以及包含政策体制、资源禀赋、基础设施和人文素养等创新生存环境所共同构成的相互依存、相互促进的有机整体。

生态系统中的生产者、消费者和分解者，分别对应于城市创新生态系统中的创新生产者、创新消费者和创新推动者。城市创新生产者主要由高校、科研机构等组成，与生物群落中的绿色植物地位相同，二者是各自生态系统运行的基础。具体地，创新生产者为城市创新生态系统的运行提供创新思维，以创新链前端的基础性研究为主要任务，决定着城市创新生态系统的层次。城市创新消费者主要指集聚在城市中的企业，与生物群落中的植食动物或肉食动物地位相同，二者是各自生态系统运行的核心。具体地，创新消费者为城市创新生态系统的运行提供动力，以创新链中后端的应用研究和面向市场的开发研究为重点，直接影响着城市创新生态系统的经济效益。城市创新推动者重点涵盖政府机构、行业组织和生产性服务商等，与生物群落中的细菌、真菌等地位相同，二者是各自生态系统运行的催化剂。具体地，创新推动者为城市创新生态系统的运行提供引导与服务，关系着城市创新生态系统的运行效率。生态系统生物群落与城市创新生态系统创新群落的对照关系详见图8-1。

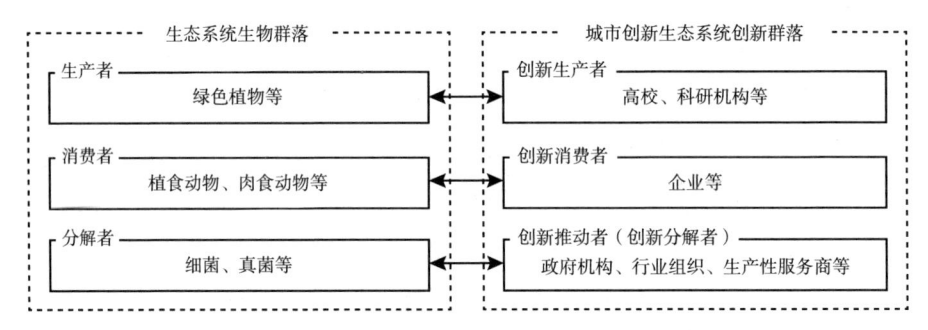

图8-1 生态系统生物群落与城市创新生态系统创新群落的对照关系

资料来源：作者绘制。

生存环境中的光照、水分、土壤和温度等，分别对应于创新生存环境中的政策体制、资源禀赋、基础设施和人文素养等。城市创新政策体制包括税收减免政策、研发经费补贴、知识产权保护制度等，与生态系统生存环境中的光照作用相同，二者为各自生态系统群落提供生存能量。具体地，完善的城市创新政策体制能够为城市创新群落提供适宜的发展空间，关系着城市创新生态系统的运行活力。城市资源禀赋包括自然资源、人力资源和技术资源等，与生态系统生存环境中的水分作用相同，二者为各自生态系统群落提供生存要素。具体地，城市资源禀赋状况——诸如资源类型、区位优势等——决定着城市创新生态系统的运行方向。城市基础设施主要涵盖城市公共交通、电力和水利供应、通信网络等，与生态系统生存环境中的土壤作用相同，二者为各自生态系统群落提供生存场所。具体地，健全的城市基础设施为城市创新群落提供坚实的物质保障，影响着城市创新生态系统的运行速率。城市人文素养侧重于城市文化的多样性和包容性，与生态系统生存环境中的温度作用相同，二者为各自生态系统群落提供生存可能。具体地，良好的城市人文素养为城市创新群落提供强大的智力支撑，决定着城市创新生态系统的运行氛围。生态系统生存环境与城市创新生态系统创新生存环境的对照关系详见图8-2。

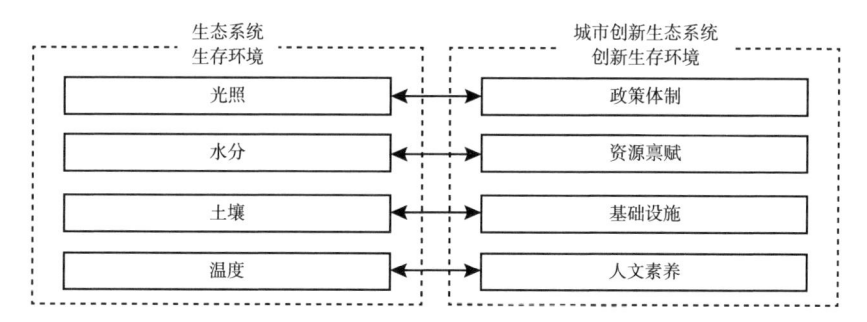

图8-2 生态系统生存环境与城市创新生态系统创新生存环境的对照关系

资料来源：作者绘制。

第二节 城市创新生态系统构建的时代价值

党的二十大报告指出，"教育、科技、人才是全面建设社会主义现代化国家的基础性、战略性支撑。"继而要"坚持教育优先发展、科技自立自强、人才引领驱动，加快建设教育强国、科技强国、人才强国"。相应地，城市创新生态系统的构建将有助于促进高等教育从量的扩招向质的提高转变，有助于实现要素驱动为主向创新驱动发展转变，有助于推进人口红利向人才红利转变。

一 有助于促进高等教育从量的扩招向质的提高转变

改革开放40多年来，我国高等教育发展的政策话语经历了从"内涵式发展"到"高质量发展"的演变，目的是解决资源约束下的高等教育重建、规模扩张后的质量提升、质量提升瓶颈下的创新发展等不同阶段的现实问题。进入高质量发展新阶段，我国高等教育需要秉承新的发展理念，转变发展方式，创新发展路径。

建设教育强国，龙头是高等教育。高校作为城市创新生态系统中的知识创新主体，需要主动适应新时代高等教育发展从大到强的新趋势、新特点和新需求，为推动中国式现代化提供智力支撑。城市创新生产者中的高校不仅涵盖以理论研究与创新为主的研究型院校，而且包含以应用研究与开发为主的应用型院校和以专项技能培养为主的职业技能型院校等。然而，在现行高等教育管理体制下，不同部门间条块分割问题依旧没有彻底解决，主要表现为在高等教育系统内部，各层次高校之间缺乏有效联动；在高等教育系统外部，高校与科研机构、企业等存在交流壁垒，未能形成协同合作、开放办学的新局面。为此，城市创新生态系统的运行，一方面有助于打造不同层次和类型院校的交流平台，拓展师资队伍交流和培训渠道，实现教育资源共享、学生深度交流合作；另一方面有助于高校与科研机构、科技领军企业、"专精特新"小巨人企业等，通过建设联合实验室等形式，对关键核心技术进行集体攻关，建立科、产、教融合新模式。

二 有助于实现要素驱动为主向创新驱动发展转变

长期以来，我国主要依靠要素驱动助推经济高速增长。在当前要素供给面临短缺、生态环境恶化的背景下，单纯通过要素投入驱动经济增长的模式难以为继。以科技创新为抓手，提升全要素生产率，成为经济持续稳定增长的主动力。同时，我国经济发展面临关键核心技术匮乏、原始创新能力不足等制约，突出表现在工业关键基础材料、核心基础零部件（元器件）、先进基础工艺、产业技术基础等方面同发达国家相比仍有明显差距。

立足当前,以城市作为支撑国家科技创新的基础单元,构建城市创新生态系统,将充分发挥城市创新要素集聚优势,深度挖掘创新潜在动能,助推经济增长从要素驱动为主向创新驱动发展转变。具体表现在三个层面:其一,城市创新生态系统将明确政府、企业、高校与科研机构等的作用,着力构建以企业为创新核心主体、市场需求为导向的政企行校大联盟,加强创新主体协同性,着力破解重复研究、韧性不足等痛点,提升创新发展效能。其二,城市创新生态系统聚焦"四个面向",充分协调基础研究、应用研究和面向市场的开发研究,抢占科技发展战略制高点,激发企业创新力与参与度。其三,城市创新生态系统通过推动大中小企业之间、产业链上中下游企业之间深度合作,助推产业转型升级与集群式发展,实现产业发展供求高水平动态平衡,提高产业链的稳定性和现代化水平。

三 有助于推进人口红利向人才红利转变

当前我国人口面临负增长、老龄化等趋势性特征,对经济社会发展产生两方面突出影响:一是人口持续负增长将导致劳动人口数减少,致使促进中国经济高速增长的人力成本优势逐渐消失;二是人口老龄化将增加养老保障支出,社会养老负担急剧增大。

城市创新生态系统的构建,将有助于我国积极应对人口变化趋势,助推人口红利向人才红利转变。一方面,在我国经济由高速增长阶段转向高质量发展阶段的时代背景下,迫切需要提高人口整体素质,促进生产效率提升,以人口高质量发展推动中国式现代化进程。城市创新生态系统构建将助益于企业、高校和科研机构造就一流的科技领军人才和创新团队,指向性地为基础研究和高精尖人才不足、"0~1""卡脖子"人才匮乏等问题提供解决方案,逐步形成产业需求侧和人力资本供给侧适应性发展的良性机制。另一方面,随着人口老龄化程度不断加深,我国劳动年龄人口占比趋于下降,为克服人口红利减弱对经济发展的影响,需加快形成人力资源竞争新优势。城市创新生态系统构建将积极为人才发挥作用创造有利条件、营造良好环境,鼓励知识交流和正溢出,促进人力资本要素流动,实现人尽其才、才尽其用新局面。

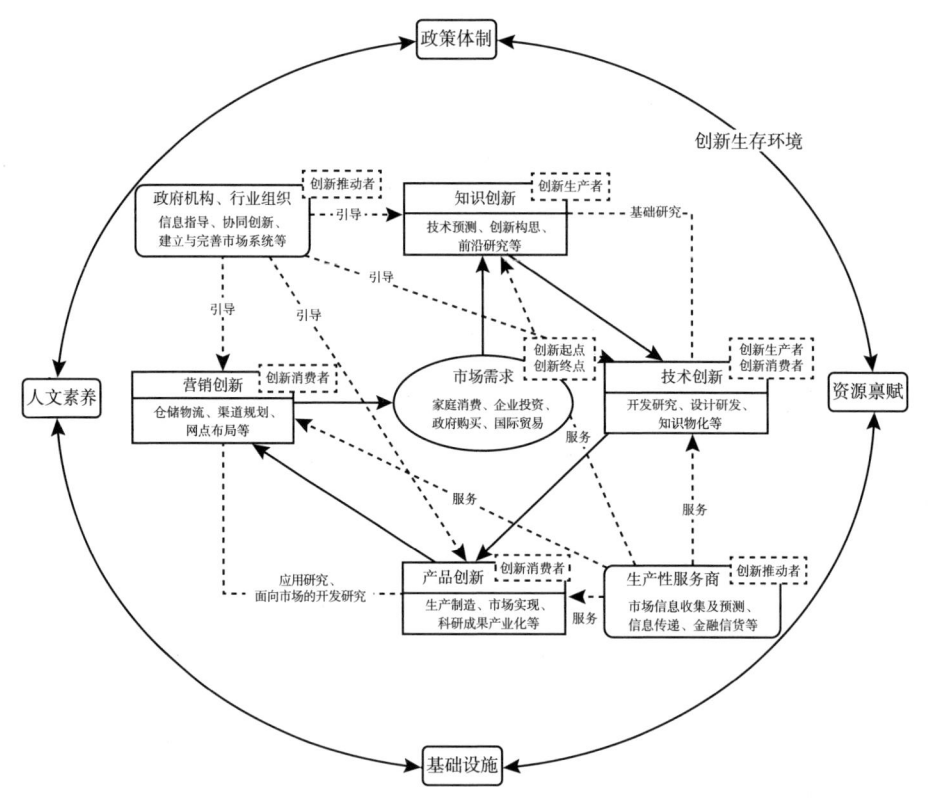

第三节　构建城市创新生态系统的理论框架

基于新时代的经济社会发展需要，城市创新生态系统构建将从知识创新、技术创新、产品创新、营销创新等四个环节出发，完善城市创新生态系统；从明晰创新生产者、创新消费者、创新推动者各个创新主体职能出发，协调城市创新生态系统；从市场需求既是创新起点又是创新终点出发，推进城市创新生态系统；从优化政策体制、资源禀赋、基础设施、人文素养等创新生存环境出发，赋能城市创新生态系统。城市创新生态系统的理论框架如图 8-3 所示。

图 8-3　城市创新生态系统的理论框架

资料来源：作者绘制。

一 从拓展创新环节视角完善城市创新生态系统

通常情况下，完整的创新链条由创意激发、研究开发、知识物化、产品制造、市场实现等环节组成，强调创新主体在知识创新、技术商业化过程中的合作与衔接。继而，构建城市创新生态系统应按照创新链发展实际，拓展知识创新、技术创新、产品创新、营销创新等创新环节。

知识创新和技术创新环节属于创新链条前端的基础研究阶段，产品创新和营销创新环节属于创新链条中后端的应用研究、面向市场的开发研究阶段。具体地，知识创新环节为创新活动提供人才和技术，涵盖技术预测、创新构思、前沿研究等，是促进科技进步和经济增长的革命性力量。技术创新环节影响创新活动的发展方向，包括开发研究、设计研发、知识物化等，是保持技术领先优势、加速创新成果扩散的关键。产品创新环节决定着科技创新能否实现市场化，包括生产制造、市场实现、科研成果产业化等，是创新要素转化为社会生产力的核心。营销创新环节是创新市场经营的重要手段，包括仓储物流、渠道规划、网点布局等，具体通过市场营销和品牌化运营等方式，助益于创新成果价值增值。

二 从明晰创新主体职能视角协调城市创新生态系统

城市创新生态系统的创新群落包括创新生产者、创新消费者和创新推动者，各创新主体分别承担不同的职能。继而，构建城市创新生态系统需明晰各创新主体职能，使其各司其职、各尽所能。

创新生产者是以高校及科研机构为代表的原始创新主体。高校主要承担知识传播、人才培养的职能，科研机构主要承担开展科学研究、突破重大技术难题的职能，二者均更多偏向于知识创新环节，它们是整个城市创新生态系统的基础和智力源泉，侧重解决前沿性创新难题，向企业输送高端人才和研发成果。创新消费者是以企业为代表的技术创新主体。企业是城市创新生态系统的核心和主导者，承担着创新思维转化、科技创新成果实现市场化的职能，更多偏向于技术创新、产品创新和营销创新等环节。创新推动者是以政府机构、行业组织和生产性服务商等为代表的制度创新主体和服务创新主体。就政府机构和行业组织而言，主要承担信息指导、协同创新、建立与完善市场体系等职能，引导人才、技术、资金等资源向各个创新环节集聚，同时提供政策咨询、创业指导、技术转移等服务；就生产性服务商而言，主要承担市场信息收集及预测、信息传递、金融信贷等职能，为城市创新生态系统中的创新群落提供专业化、综合化、社会化的服务。

三 从满足市场需求视角推进城市创新生态系统

构建以国内大循环为主体、国内国际双循环相互促进的新发展格局，不仅要紧紧扭住供给侧结构性改革这条主线，而且要注重需求侧管理，形成需求牵引供给、供给创造需求的动态平衡新局面，提升国民经济体系整体效能。相应地，在城市创新生态系统构建过程中，要以满足市场需求为出发点和落脚点，加快形成新发展格局。

市场需求主要由家庭消费、企业投资、政府购买、国际贸易四部分构成，是创新成果的最终检验者。当前我国经济下行压力增大的主要原因是有效需求不足，国内大循环存在堵点，外部环境的复杂性、严峻性、不确定性上升等。继而，要构建城市创新生态系统，激发有潜能的消费，扩大有效益的投资，形成消费和投资相互促进的良性循环。具体可从以下三方面入手。一是通过构建城市创新生态系统，培育壮大新型消费。大力发展数字消费、绿色消费、健康消费，积极培育智能家居、文娱旅游、体育赛事、国货"潮品"等新的消费增长点，并运用营销创新等手段，持续优化消费环境。二是通过构建城市创新生态系统，完善企业投融资机制。在精准定位行业发展趋势、深度挖掘用户潜在需求基础上，健全企业投融资平台，鼓励企业与高校及科研机构合作，持续开展技术创新与产品创新，助力科技创新转变为现实生产力。三是通过构建城市创新生态系统，发挥政府投资的带动效应。重点支持"两新一重"建设，加强新型基础设施、新型城镇化以及交通、水利等重大工程建设，培育发展新动能、助力产业升级。此外，从满足市场需求视角推进城市创新生态系统建设，还需主动适应国际发展环境和经济形势的变化，依托我国超大规模市场优势，提升国际循环质量和水平。

四 从优化创新生存环境视角赋能城市创新生态系统

城市创新生态系统中的创新生存环境主要包括政策体制、资源禀赋、基础设施、人文素养等，为城市创新群落提供引导服务，决定着城市创新生态系统的运行效率。优化创新生存环境、赋能城市创新发展是构建城市创新生态系统的应有之义。

资源禀赋决定着城市经济社会发展的方向，明确了城市创新发展的重点任务。城市创新生态系统的构建要因地制宜，突出自身优势，探索各具特色的创新发展道路。诸如，北京高校及科研院所众多，城市创新应注重原始创新；上海作为全球国际贸易中心，城市创新可在开放创新层面做足文章。政策体制在宏观层面为构建城市创新生态系统提供创新环境，有效推动企业、高校及科研机构进行科技创新和人才培养。城市创新生态系统的构建要鼓励政府机构、行业组织和生产性服务商积极参与城市创新活动，积极营造创新发展环境。基础设施便于创新生产者、创新消费者和创新推动者的技术交流与资源共享，大幅降低企业交易成本。就构建城市创新生态系统而言，基础设施建设的关键在于完善信息基础设施，开展物理基础设施的数字化改造，积极顺应网络化、数字化、智能化的社会发展趋势。人文素养是城市创新精神的集中体现，只有珍视创新作用与价值，充分尊重个人选择与权利，才能最大限度激发城市创新力。继而，构建城市创新生态系统不仅要追求科技创新的显性成果，更要注重提升城市对于创新的包容性，形成弘扬创新精神、培育创新文化的城市氛围。

第四节 长治创新生态系统的现状梳理

城市创新生态系统的理论框架为长治构建城市创新生态系统提供了依据，在实地调研、专家座谈、资料查阅等基础上，对当前长治创新生态系统的现状进行全面梳理，探寻制约长治城市创新生态发展的关键因素，为提出长治构建城市创新生态系统的推进路径奠定坚实基础。长治创新生态系统现状如图8-4所示。

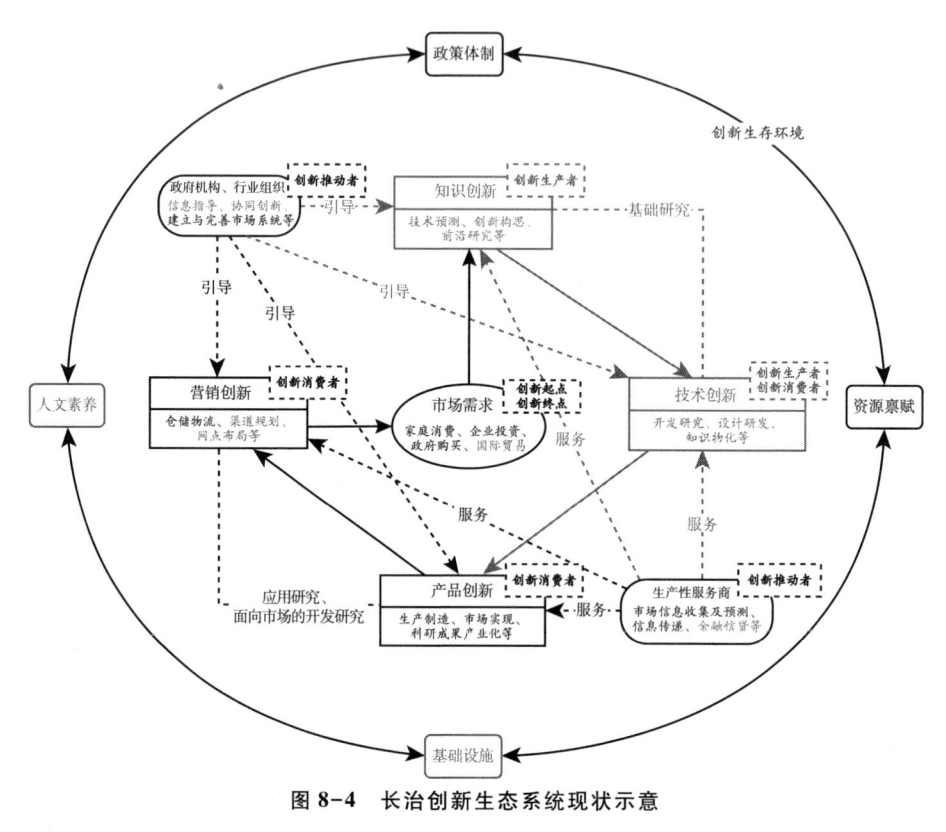

图 8-4 长治创新生态系统现状示意

资料来源：作者绘制。

一 长治创新生态系统创新环节缺失

长治城市创新生态系统前端的基础研究部分较为薄弱，表现在技术预测、创新构思、前沿研究等知识创新环节存在缺失，导致其难以在科技前沿、关键技术等领域取得突破性进展。同时，开发研究、设计研发、知识物化等技术创新环节也存在不足，缺乏创新性技术成果，致使长治难以形成具有竞争力的技术创新体系。这一现象产生的原因有二。一是长治创新策源地地位不明显，主要体现在缺乏具有引领作用的创新平台和机构，创新资源和创新人才的聚集程度较低，存在技术来源和最终市场"两头在外"现象。即城市创新侧重在科技成果转化应用与再创新层面，各创新主体普遍与外部高校、科研机构和企业等开展联合研发，以此为基础再进行二次本土转化，造成长治内部缺乏整体创新力。二是长治属地高校及科研机构数量少，科技活动人员、科研经费总量等不足；层级多样、品类完善的创新平台体系仍未形成，科研孵化能力弱。目前长治仅有1家国家级工程技术研究中心、4家国家级企业技术中心，且主要分布在传统优势产业领域（见表8-1）。

表8-1 长治市现有国家级创新平台名单

序号	国家级创新平台	产业
1	国家煤基合成工程技术研究中心	煤化工
2	天脊煤化工国家级企业技术中心	化工
3	潞安化工集团国家级企业技术中心	能源
4	清华机械国家级企业技术中心	制造
5	振东集团国家级企业技术中心	制药

资料来源：作者整理。

长治城市创新生态系统中后端的应用研究和面向市场的开发研究部分相对完善，生产制造、市场实现、科研成果产业化、仓储物流等创新生产要素齐全。然而，在产品制造环节，由于企业更多倾向于直接运用成熟科研成果抢占市场，导致长治在产品研发、技术革新和工艺改进层面存在短板，支撑产业发展能力弱；在营销创新环节，企业较为短视，偏向于通过完善仓储物流等线下销售渠道占领市场份额，在全渠道建设、网点布局、建立品牌形象等层面存在不足，难以高质量对接市场需求。

二 长治创新生态系统主体职能不健全

高校、科研机构是开展创新活动的原始创新主体，然而，长治市高校以应用型研究、职业教育为主，科研能力薄弱。科研机构对关键核心技术的研发欠缺，科技成果转化率低，对经济社会发展的支撑作用不强。诸如，长治医学院、长治学院、华北机电学校、山西机电职业技术学院等4所高等教育院校，拥有科研人员1700人，2022年共承担省级及以上科研项目19项，占全市的47%，但与长治产业实际相结合的科研项目少、科技成果转化能力不足，未能实现产学研的有效融合。企业作为技术创新主体的地位尚未得到充分凸显，一方面，企业研发活动不活跃，研发投入有限；另一方面，尽管中小规模高新技术企业在数量上占绝大多数，但对经济增长的贡献率低。

以政府机构、行业组织和生产性服务商等为代表的制度创新主体和服务创新主体，对于长治创新生态系统的引导和服务能力不足。政府机构层面，统筹协调作用发挥不足、组织科技创新能力弱，对县区科技创新整体谋划与服务能力不够，缺乏针对重点特色产业创新资源的整体布局，导致科技资源的开放共享、跨学科跨领域、产学研用协同的高效科技攻关体系不完善。行业组织层面，长治市科学技术协会对于城市创新的信息指导、协同创新等引导作用有限，城市创新生态系统组织化程度低。生产性服务商层面，对市场信息的收集及预测、信息传递等作用较为完善，在金融信贷方面存在较大的不足。具体表现为，一是长治科技金融服务体系建设尚处于初级阶段，科技金融市场体量不大，产品较为单一，支持成果转化的天使基金、创业风险投资引导基金等尚未建立。二是支持科技创新、科技成果转化的信贷投入占贷款总量的比例较低，多元化的科技投融资体系不完善，企业研发经费获得的贷款金额不多，科技企业孵化器融资能力不强。

三 长治创新生态系统市场契合不紧密

高质量市场需求具有引导创新的重要作用。长治的市场环境相对闭塞，市场敏感度低，企业创新成本高、影响力小，多数本土企业无法主动适应市场变化，致使长治创新生态系统与市场契合不紧密。

究其原因，一方面，不完善的消费环境抑制了需求引致创新潜力难以发挥。企业对专业、前瞻性消费者诉求的认知、解读和回应的过程，是高水平需求引致创新的微观机制。但目前长治消费环境不完善，本土企业没有对消费者诉求作出有效解读、及时回应压力，也就进一步导致国内专业、前瞻性消费者诉求无法成为长治本土企业创新的方向和动力，所属企业所在产业也很难在创新竞赛中有所突破。

另一方面，长治本土企业传统运营模式制约了高水平需求引致创新功能难以呈现。本土企业大多没有面向互联网环境，建立以消费者为中心的产品设计、生产与服务的运营模式，消费者的专业诉求和前瞻性消费偏好无法反映在产品创新过程中。同时，国内庞大的低水平需求为本土企业"以价换量"的获利模式提供了空间，使本土企业囿于依赖低端需求的规模化获利模式，没有建立依托高质量需求实现创新的长效发展机制。

四 长治创新生态系统创新环境不完善

政策体制、资源禀赋、基础设施、人文素养是优化城市创新生态环境的四个方面。长治政策体制、资源禀赋相对完善，基础设施、人文素养仍存在欠缺。

政策体制方面，《长治市创新生态建设30条》《长治市加快推进国家创新型城市建设实施方案》等政策文件出台，为激发城市创新活力提供了基本遵循，但常态化创新项目扶持机制、科技资源共建共享体制还未建立。资源禀赋方面，国家煤基合成工程技术研究中心、清华机械国家级企业技术中心等创新中心的建立，表明长治城市创新与资源禀赋联系紧密，但市域层面的科技资源配置整体性不足。

基础设施方面，在科技基础设施的建设和使用上普遍存在部门分割的现象。具体地，有限资源的80%~90%都集中在大专院校、科研院所或行业管理部门，企业难以得到利用，大型仪器"共建易、共享难"、科技文献和数据库"共建难、共享易"等问题突出。人文素养方面，创新氛围不浓，创新文化不强。具体表现为推动科技创新以政府动员为主，市场发育程度不高，技术更新迭代慢，区域创新需求不旺盛、科技进步贡献率低；"尊重劳动、尊重知识、尊重人才、尊重创造，遵循科学发展规律"尚未成为社会共识，创新担当、创新容错的文化精神不足。

第五节　长治构建城市创新生态系统的推进路径

以构建城市创新生态系统理论框架为基础，结合长治城市创新生态系统弱项，本节尝试着从完善创新生态系统创新环节、拓展创新生态系统主体职能、打造创新生态系统平台载体和优化创新生态系统外部环境四方面着手，针对性地提出优化长治城市创新生态系统的推进路径。

一　完善长治创新生态系统创新环节

针对当前长治创新生态系统中知识创新环节和技术创新环节缺失，以及产品创新环节和营销创新环节不足的实际，构建完善的长治创新生态系统重点任务如下。

（一）强化基础研究

基础研究是科技创新和社会发展的基石，长治应加强基础研究投入，提高基础研究水平，着力改善基础研究薄弱局面，为经济社会发展提供有力支撑。为此，知识创新环节应加大财政创新投入力度、精准引进高精尖人才、着力引育新型科研机构；技术创新环节需聚焦重点领域技术突破、建立重大技术攻关机制、推进国内跨区域创新合作。

知识创新环节重点举措，一是加大财政创新投入力度。建立市县财政创新投入稳定增长机制，市、县两级财政投入规模不低于年一般公共预算收入的2%。优化配置长治财政科技资源，采用"资金变基金""后补助"等自主方式扶持高校、科研机构创新活动，完善"科技创新券"等资助形式，引导企业加大科技投入，激发创新活力。二是精准引进高精尖人才。围绕长治市钢材深加工、新能源汽车、高端装备制造、氢能、光伏、现代医药、光电（LED）、现代煤化工、动力锂电池、资源综合利用等10条重点产业链，精准引育一批高水平科学家、科技领军人才，逐步建设符合产业发展导向、创新路径清晰、创业成果显著、预期效益明确的领军创新创业团队。三是着力引育新型科研机构。按照"政府引导、企业牵头、多方参与、独立运作"原则，聚焦新一代信息技术、先进装备制造、新能源新材料、生物医药健康等重点领域，建设一批以产业技术创新平台为代表的新型科研机构，打通"政产学研金服用"通道，催生一批原创性新兴产业。

技术创新环节重点举措，一是聚焦重点领域技术突破。每年确定4~5个重点行业、重点领域，通过深入广泛调研、专家论证、企业出题，凝练出长治年度重点支持打造的战略科技方向，鼓励"链主""链核"企业开展应用基础研究。二是建立重大技术攻关机制。贯通基础研究、应用基础研究和技术创新，聚焦长治产业发展急需的关键核心技术向全社会发榜，吸引、集聚国内外各类创新主体揭榜攻关。积极拓宽对外科技合作渠道，鼓励企业和高校、科研机构建立长期的合作关系，推动构建产学研用共同体，开展联合技术攻关，力争形成一批填补关键环节技术空白、走在全国前列的创新成果。三是推进国内跨区域创新合作。积极与北京、上海、武汉、成都等综合性国家科学中心、国家产业创新中心等联动发展；充分利用中原经济协作区市长联席会这一平台，不断拓展科技创新领域合作范围。

（二）提升应用研究与面向市场的开发研究

应用研究与面向市场的开发研究，注重直接转化科技成果，满足市场需求。为此，产品创新环节应提高科技成果转化应用、提升科技成果转移承接水平；营销创新环节需制定明确的渠道战略、合理布局网点、加强与政府沟通合作。

产品创新环节重点举措，一是提高科技成果转化应用。建立常态化企业技术需求征集机制，依托优势企业，创建省级科技成果转化示范企业和科技成果转移转化示范基地。加快开展应用场景落地推广，拓展深紫外LED、氢能汽车、大健康产业等应用场景建设，加速新技术、新成果产业化进程，促使更多长治本土企业成为科技成果转移转化主体。二是提升科技成果转移承接水平。完善技术供需体系、技术交易服务体系和技术交易保障体系，鼓励长治属地高校、科研机构和企业开展成果转移转化，对通过技术合同认定、登记并在市内转化的，按技术合同成交实际到账额（以转账凭证为依据），给予技术输出方5%的补助，单个科技成果最高补助20万元。

营销创新环节重点举措，一是制定明确的渠道战略。结合长治企业目标和市场情况，制定清晰、可行的渠道规划，明确各级渠道的定位和职责。与实力强、信誉好的渠道商建立合作关系，共同开拓市场，实现互利共赢。二是合理布局网点。根据市场需求和竞争态势，合理布局网点，确保覆盖范围和服务质量。三是加强与政府沟通合作。鼓励企业主动与政府机构建立沟通渠道，定期交流信息，了解政策动态，争取政策支持。积极参与政府主导的创新项目、产业扶持计划等，借助政府资源提升企业社会形象，增强品牌影响力。

二 拓展长治创新生态系统主体职能

创新主体对于城市创新生态系统的高效运作具有支撑作用。长治构建城市创新生态系统，需进一步拓展创新主体职能，具体从建立产学研用协同机制、培育多层次企业创新、改善城市创新服务水平三方面发力。

（一）建立产学研用协同机制

推动产学研用协同创新，形成以企业为创新主体、市场为导向、高校及科研机构为依托的产学研用合作长效机制。为此，应创新研发组织模式、开展产学研合作、建成企业创新联盟。一是创新研发组织模式。对于关键核心技术领域，实施"创新联合体"研发模式，即由政府策划组织、产学研有机联动、市场牵引研发方向，侧重基础共性技术突破，构建创新利益共同体。二是开展产学研合作。支持长治医学院、长治学院、华北机电学校、山西机电职业技术学院等本地院校发挥职教资源优势，通过在企业设立实训基地、科研成果转化基地、联合研发机构等方式开展产学研合作。三是建成企业创新联盟。支持以龙头企业为主体，围绕信创、半导体光电、碳基新材料、医药健康、装备制造、固废利用等产业领域，建成5~8个市级示范创新联盟，形成帮带上下游企业、中小配套企业模式，通过联盟间成熟技术成果转让、研发资源共享、研发成果路演、开展行业交流等方式，推动上下游企业耦合联动、配套企业协同创新、大中小企业融通发展。

（二）培育多层次企业创新

按照"科技型中小企业—高新技术企业—高科技领军企业""小升规、规改股、股上市"培育路径，聚焦优势产业，提升企业市场创新主体地位。为此，应扩充市场创新主体、实施高新技术企业倍增计划、实施"专精特新"提升行动。一是扩充市场创新主体。支持规模优势明显、具备产业链整合能力的龙头企业，瞄准产业链关键环节和核心技术，实施高端并购、委托研发和购买知识产权，精准扶持长治重点企业加入省级"百家创新型高科技领军企业"行列。二是实施高新技术企业倍增计划。建设高新技术企业培育库，成立科技服务团队，对入库企业提供"点对点"专项辅导服务，落实高新技术企业后补助政策，分类引导初创期、成长期、成熟期科技型企业申报成为高新技术企业。三是实施"专精特新"提升行动。建立完善中小微重点企业培育库，推动面广量大的中小微企业向高成长、新模式与新业态转型，打造一批科技企业"小巨人"和"单项冠军"。

（三）提升城市创新服务水平

政府机构、行业组织和生产性服务商对于改善城市创新服务水平具有重要作用。为此，长治应优化创新资源配置、推进融资体系建设、完善风险担保体系。一是优化创新资源配置。政府机构、行业组织需聚焦创新资源开放共享，提升存量资源协同效应，优化增量资源协同配置。依托省级大型科学仪器设备协作共用网，集聚国内大型科学仪器设备、大型设计软件、大数据和科技文献，向各类创新主体提供"淘宝"式精准便捷服务，形成覆盖市县全域的科技资源开放共享服务体系。二是推进融资体系建设。支持长治高新区设立科技小贷公司，鼓励商业银行设立科技支行等金融专营机构，建立常态化银企对接机制。鼓励金融机构积极开发创新金融产品，推广商标权、专利权质押贷款。三是强化风险担保体系。构建政银合作、银担互保的中小企业贷款风险分担和损失补偿机制，加强抵押担保、信用贷款、保证保险等综合服务，鼓励和引导金融机构加大对科技型中小企业的信贷支持力度。强化政府性融资担保，支持地方融资担保机构加入国家融资担保体系，推广"总对总"银担合作模式，建立3∶2∶3∶2信贷风险共担机制。

三 打造长治创新生态系统平台载体

市场需求是推动城市创新生态系统平台载体发展的重要动力。同时，城市创新生态系统平台载体建设是满足市场需求、推动产业升级和技术进步的关键。针对长治市场敏感度低，企业创新成本高、影响力小等实际，需在完善消费与创新环境的同时，变革数字经济下的创新模式。

（一）完善消费与创新环境

企业对专业、前瞻性消费者诉求的认知、解读和回应的过程，是高水平需求引致创新的微观机制。继而，完善消费与创新环境是打造长治创新生态系统平台载体的先决条件。一方面，要畅通消费者诉求渠道，加强市场监管，使市场真正成为创新起点。良好的消费环境会培养专业、前瞻性、高要求型消费者，进而促进本土创新。同时，良好的消费环境也是把消费者专业诉求转化为企业创新压力和方向的必要条件。为此，长治应进一步加强质量监管、畅通消费维权渠道、提升市场监管效能、完善消费维权法律法规等，营造安全、便利、诚信的良好消费环境。另一方面，加强创新导向的市场环境建设，倒逼企业发展模式转型。逐步促使本土企业放弃低端短效的发展模式，转向依托国内高端需求实现创新的长效发展模式。为此，不仅需要通过全面落实公平竞争审查制度以规范市场秩序，也需要通过深化体制改革以规避渐进式转型过程中各类"寻租、投机、套利"空间。

（二）建立数字型城市创新体系

在当前以数据资源为关键要素、以现代信息网络为主要载体、以信息通信技术融合应用与全要素数字化转型为重要推动力的数字经济背景下，需通过建立数字型城市创新体系，强化高质量需求引致创新功能发挥。一是推进产业互联网建设，精准预测市场需求、精准匹配企业产能、精准满足个性化诉求，促使互联网从消费端向上游生产端挺进，有效化解供给端转换滞后问题，促进企业从扎堆低端需求向精耕高端需求转变。二是推进构建"数字化"的企业运营与研发模式，建立信息化的运营平台和组织架构，让前瞻性、挑剔型消费者通过数据方式参与到产品构思、测试和改进等环节，实现企业创新团队与消费者的无缝合作和有效互动，放大高端需求引致创新功能发挥。三是完善数字经济下创新体系与创新政策，助力企业需求驱动创新发展。数字经济正重塑企业运营与研发模式，这就需要在互联网与大数据情境下对现有创新体系和创新政策进行重新审视与协调优化，从共性技术供给、融通创新、网络化协同以及大数据平台等方面协同发力，助力企业形成数字经济下功能完备的需求驱动创新模式。

四 优化长治创新生态系统外部环境

创新能力的强弱不仅取决于资金、人才等资源投入，还取决于创新环境。创新环境是创新主体所处空间范围内各种要素结合形成的关系总和，包括完善的政策体系、健全的体制机制、浓厚的文化氛围等。针对长治未能形成有效推动城市创新生态系统运行的外部环境的实际，应加强科学技术普及、全面厚植创新文化。

（一）加强科学技术普及

科学技术普及是普及科学技术知识、弘扬科学精神、传播科学思想、倡导科学方法的重要活动，是实现创新发展的重要基础性工作。为此，长治应推进科普基础设施建设、实施全民科学素质行动计划。一是推进长治科技文献与创新服务平台、科普宣教馆建设，健全具有开放性、交互性和集成性的文献检索、科技查新、竞争情报等科技信息资源共享服务。二是实施全民科学素质行动计划，提升科普基础设施和服务能力，完善科普队伍建设和基层科普阵地建设，新建一批青少年科普教育基地，强化重点实验室、工程技术研究中心等各类创新平台的科普功能，大力开展公益性科普服务，不断提升全民科学素质。

（二）全面厚植创新文化

科技转化为生产力，必须促进科学家、企业家、青少年等群体认识创新规律，转变发展观念，具备长远眼光和发展谋略。由此可知，人文素养是科技成果转化为创新的决定性因素之一。为此，长治应优化创新创业环境、培育城市创新精神。一是围绕一流城市创新生态系统建设，持续优化创新创业环境。积极组织高层次的学术交流活动，举办"双创"专业论坛，营造制造业自主创新和"双创"的文化氛围。紧密结合制造业发展实际，开设创新创业课程，培养青少年的创新创业意识，树立创新创业典型，引领带动更多青少年投身创新创业实践。精心打造"创客中国"等"双创"赛事体系，动员、引导和帮助"双创"主体积极参赛，激发创新创业热情，提升创新创业能力。二是充分发挥新闻媒体的作用，积极倡导科学家精神、企业家精神和工匠精神，培育创新担当、创新容错的文化精神。大力弘扬科学家精神，宣传科学思想，加快科学家精神和创新价值的传播塑造。大力弘扬企业家精神，鼓励企业家专注品质，追求卓越，打造更多享誉山西省、全国乃至世界的"长治创新品牌"。大力弘扬工匠精神，抓好技能人才源头培育，发挥职教资源优势，鼓励校企合作培养高技能人才。

第九章　城市农业全产业链优化路径

从经济学视角出发，城市是非农产业和非农人口的集聚地，是我国经济、政治、科学技术、文化教育的中心，在社会主义现代化建设中起着主导作用。然而，从行政区划视角出发，城市是一个区域的概念，它不仅涵盖经济学视角下的城市概念，而且包含相近的农村地区。继而，省域副中心建设城市不仅需要促进非农产业集聚发展，而且需要推动农业现代化进程，从而实现城乡融合发展，全面提升城市竞争力。在此，从农业全产业链视角，尝试提出推动农业增产增值增效的优化路径，为省域副中心城市建设赋能。

农业全产业链指农业研发、生产、加工、储运、销售、品牌、体验、消费、服务等环节和生产主体紧密关联、有效衔接、耦合配套、协同发展而形成的有机整体，是一二三产业有机融合、实现农业产业化发展的必然选择。长期以来，福建古田以食用菌全产业链优化为抓手，形成了集科技创新常态化、栽培生产规模化、从业群体大众化、产品推广品牌化、市场营销网络化、菌业文化多元化等于一体的全产业链发展模式，成为目前全国最大的银耳商品生产基地和开发品种最齐全的食用菌生产基地县。

继而，在凝练农业全产业链优化的时代价值与理论框架基础上，全面梳理福建古田食用菌全产业链发展模式。并以中国农产品地理标志保护产品平顺潞党参为研究对象，切实提出潞党参全产业链优化路径，在有助于做大做强上党中药材重点专业镇的同时，促进农民农村共同富裕。章节结构安排如下：第一部分，从当前我国面临的诸多风险挑战，深入探讨农业全产业链优化的时代价值,明确农业全产业链优化的现实意义;第二部分,从农业全产业链延伸和拓展方向等视角出发,构建农业全产业链优化的分析框架,为平顺潞党参全产业链优化提供理论指导;第三部分,结合福建古田相关部门汇报材料,以及实地调研情况,探析古田食用菌全产业链发展现状;第四部分,从全国"参"类农产品地理标志产品对比分析、平顺潞党参产业发展现状出发,全面剖析平顺潞党参全产业链发展的制约因素;第五部分,在农业全产业链理论框架基础上,结合平顺潞党参全产业链实际,兼顾短期应对和中长期发展,针对性地提出平顺潞党参全产业链优化的改革举措。

第一节 农业全产业链优化的时代价值

古田通过推动产业分工精细化,实现了食用菌产业生产流程再造,建立了以农资生产、农作物种植、农产品加工、营销流通等环节为核心的全产业链发展模式,实现了降低农产品生产成本、提高从业者收入、增加农产品销量的目标。全面探析农业全产业链优化的时代价值,有助于深化对农业全产业链发展模式重要性的认知。

习近平总书记在庆祝中国共产党成立100周年大会上庄严宣告,我国已历史性地解决了绝对贫困问题、全面建成了小康社会、实现了第一个百年奋斗目标。新征程,创造新伟业。当前,全面建设社会主义现代化国家,面临国际环境不确定性增加、国内发展不平衡不充分、人民群众对美好生活向往不断提升、经济下行压力较大等四方面严峻风险挑战。通过农业全产业链优化,则将针对性地增强抵御国际农产品市场风险能力、推动农业农村优先发展、提升人民群众生活品质、保持经济运行在合理区间。

一 有助于增强抵御国际农产品市场风险的能力

改革开放初期,在我国外汇短缺的约束下,凭借农村富余劳动力优势,我国采取了"两头在外,大进大出"的发展战略,以此促进经济高速增长。2008年国际金融危机爆发后,世界贸易增长乏力,我国经济社会发展动力开始向内需主导转变。2018年新一轮中美经贸摩擦，以及2020年新冠疫情大流行等，加剧了国际市场的不确定性与不稳定性，初级产品供给保障成为我国发展中亟须解决的重大理论和实践问题。

种植养殖是农业全产业链中的关键环节，直接关系着中国人的饭碗能否牢牢端在自己手中。长期以来，在市场和资源"两头在外"的格局影响下，包括粮食在内的部分初级产品供给过度依赖国外市场，突出表现为大豆对外依存度从1995年的2.19%上升至2020年的83.71%。[①] 窥一斑而知全豹，在新发展格局指引下，提高油料、大豆等农作物的产能和自给率，切实维护粮食安全，离不开种植养殖环节的优化。同时，农资生产、农产品加工，以及营销流通等环节的提质升级，也将显著提升我国农业全产业链的韧性，增强抵御国际农产品市场风险的能力。

二 有助于推动农业农村优先发展

发展不平衡不充分是新时代我国面临的主要问题。其中，发展不平衡突出表现为相对于人口和企业快速集聚的城市而言，农村呈现人口流失、土地荒芜、房屋空置等现象；发展不充分突出表现为相对于以信息化、规模化、全球化为特征的工业发展而言，农业生产在效率、科创、资源利用等方面存在不足。

面临农业大而不强、农村发展滞后等实际，农业全产业链优化有助于推动农业农村优先发展，从一定程度上为破解发展不平衡不充分问题提供解决方案。一方面，农业全产业链优化强调在创新发展理念指引下，进行技术创新、产品创新、模式创新和管理创新，从而促进产业链纵向延伸与横向拓展，全方位补齐农业产业链短板。以期在土地等自然资源约束下，最大限度发挥农业生产潜能，推动农业现代化进程。另一方面，城市是非农产业集聚地，意味着城市不仅拥有更多的就业机会，而且具有较高的工资水平，农村

[①] 屠年松、张月明：《中国参与国际循环的历程、特征与再定位》，《西南大学学报》（社会科学版）2022年第4期，第85~93页。

富余劳动力不断向城市转移，引致了农村发展的全面滞后。农业全产业链优化有助于推动农业增值增效，提升农业从业人员收入，增加就业岗位，继而吸引更多劳动力从事农业生产工作，有助于从源头上解决农村衰落问题。同时，农业全产业链的优化，需要农村水、电、通信、公路等基础设施改善做支撑，将有效带动农村各项事业全面发展。

三　有助于提升人民群众生活品质

把人民对美好生活的向往作为奋斗目标，是改革开放伟大实践的政治基础和价值取向。经过改革开放40余年的经济社会快速发展，总供给不足的短缺经济状况发生了根本性扭转，物质文化产品极大丰富。现阶段，人民对美好生活的向往由数量型转向了质量型、由单一化转向了多元化。在发展中保障和改善民生，创造高品质生活，实质上对农业全产业链优化提出了更高要求。

农业全产业链优化显著提升人民群众生活品质具体表现在两个层面。其一，农业全产业链优化为农民生活品质提升奠定经济基础。农业全产业链优化将通过构建完善的联农带农机制，满足农民利益诉求，提升农民可支配收入，为其生活品质改善提供前提。其二，农业全产业链优化将提供更多消费品类。农业全产业链的构建以种植养殖环节为基础，以农产品精深加工为核心，实现农产品由"初级产品"向"精深加工产品"转变。此外，在现代农业基础上，延伸出休闲农业、文化体验等新业态，将大大拓展消费品类，更好满足人民群众多样化、品质化、高端化的物质文化需求。

四　有助于保持经济运行在合理区间

2021年中央经济工作会议指出，我国经济发展面临需求收缩、供给冲击、预期转弱三重挑战，保持经济平稳增长面临较大压力。2022年3月以来，受上海、北京等局部新冠疫情影响，以及俄乌冲突导致全球粮食、能源安全风险加大等超预期因素冲击，稳定宏观经济大盘、保持经济运行在合理区间面临更大挑战。

农业全产业链优化是现阶段坚持稳中求进总基调、巩固经济回升向好趋势的重要抓手之一。就"稳"而言，农业全产业链优化有助于显著提升粮食自给能力，保障粮食等重要农产品供给安全，稳定农产品价格。同时，农业全产业链优化提供的新型就业岗位，有助于吸收因经济波动而留乡返乡农民工就业，增强我国应对风险挑战的能力，维护社会稳定发展。就"进"而言，农业全产业链优化需要在地方政府和行业组织提供的信息指导、产业规划指引下，充分利用信息化手段，健全农业全产业链的集约化生产体系、标准化监管体系、品牌化营销体系与网络化服务体系，切实助推农业供给侧结构性改革，稳步推进农业现代化进程。

第二节　农业全产业链优化的理论框架构建

相较于非农产业而言，农业生产更多受自然环境约束，且多以家庭为单位组织生产，因此农业产业链呈现短、散、弱、小的发展特征。为顺应全面推进乡村振兴新要求，借鉴古田食用菌全产业链发展经验，从延伸和拓展产业链、明晰利益主体职能、推动"三产融合"、促进"四联同构"视角出发，建构农业全产业链优化的理论框架，有助于从理论层面指导平顺潞党参全产业链优化，农业全产业链示意图详见图9-1。

一　从延伸和拓展产业链视角健全农业全产业链

在"立农为农、链条延伸"原则指导下，以农产品加工业为重点打造农业全产业链，推动种养业前后端延伸、上下游拓展，构建完整完备的农业全产业链，是优化农业全产业链的基础。

就农业全产业链纵向延伸而言，涉及农资生产、种植养殖、农产品加工和营销流通等四个环节。农资生产环节包括育种、化肥饲料生产、农业农机制造等，为农业高质量发展提供基础性农业生产物资；种植养殖环节包括标准化种植及养殖、田间管理、饲养管理等，在直接影响粮食安全与

图 9-1　农业全产业链示意

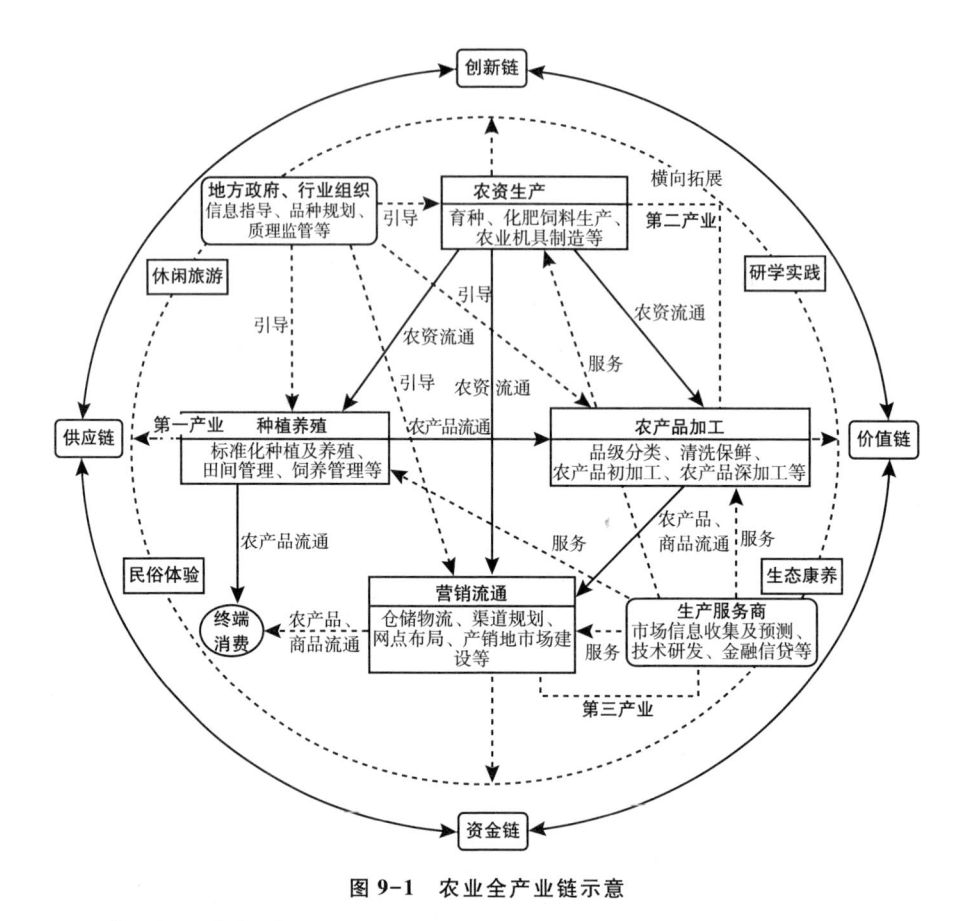

资料来源：作者绘制。

社会稳定的同时，为非农业发展提供丰裕的原材料；农产品加工环节包括品级分类、清洗保鲜、农产品初加工、农产品深加工等，可有效解决农产品储存时间短、运输困难等问题；营销流通环节包括仓储物流、渠道规划、网点布局、产销地市场建设等，通过市场营销、品牌化运营等手段，实现农产品价值增值。

就农业全产业链横向拓展而言，需立足农业农村特色资源，传承农耕农业、节日节庆、手工手艺及孝亲敬老等传统文化，发展休闲旅游、研学实践、生态康养与民俗体验等新业态。特别强调的是，农业全产业链横向拓展需建立在农业全产业链纵向延伸基础上，因为只有农业产业链前后各环节不断完善与有机衔接，才能为挖掘各环节功能和价值、为农业产业链横向拓展提供广阔空间。

二 从明晰利益主体职能视角协调农业全产业链

农业全产业链利益主体包括农业经营主体、地方政府和行业组织、生产服务商等，各利益主体的利益诉求存在显著差异。农业全产业链优化需明晰各利益主体职能，切实维护农业全产业链平稳健康运行。

农业经营主体由小农户、专业大户、家庭农场、农民专业合作社和农业企业等构成，是实现农业全产业链各环节价值增值的主体。具体地，小农户、专业大户和家庭农场应更多偏向于种植养殖环节，这是因为三者以家庭成员为主要劳动力，传统观念较深，抵御市场和自然风险能力较弱，难以有效对接市场需求。而农民专业合作社和农业企业具有带动农户、连接市场的优势，具有在产前、产中、产后完善农业全产业链的动机与拥有实现该目标的能力，可更多偏向于农资生产、农产品加工和营销流通环节。

地方政府和行业组织，以及生产服务商为农业全产业链优化提供服务与保障。就政府和行业组织而言，主要承担信息指导、品种规划、质量监管等职能，可有效解决因农副产品市场化改革所带来的信息不对称、垄断或不完全竞争、外部负效应等市场失灵问题。就生产服务商而言，主要承担市场信息收集及预测、技术研发、金融信贷等职能，以降低农业经营主体的盲目性与脆弱性，以此提升农业全产业链韧性。

三 从推动"三产融合"视角壮大农业全产业链

"产业兴旺"是实现乡村振兴战略总要求的基石，要求推动农村一二三产业融合，健全农业全产业链，为农民创造更多就业与增收机会。继而，农业全产业链优化需要从推动"三产融合"视角，壮大农业全产业链。

若将农业全产业链中的各环节割裂，农资生产和农产品加工偏向于第二产业，种植养殖偏向于第一产业，营销流通和生产服务商提供服务偏向于第三产业。然而，若将农业全产业链视为统一整体，则农业全产业链各个环节均是一二三产业融合发展的必然结果。以种植养殖环节为例进行说明，该环节在科学技术推广等生产性服务指导下，通过采购专业化农资生产商提供的化肥饲料等物质资料，进行标准化、规模化、集约化的种植养殖，以此实现三次产业的深度融合。

此外，以市场需求为导向，在种植养殖环节后，引致出品级分类、清洗保鲜等农产品加工业，是一二产业融合的典范；以现代农业为基础，横向拓展出的休闲旅游、研学实践、生态康养、民宿体验等新业态，则充分利用了农业生产过程中季节性与周期性特征，是一三产业融合的代表。由此可知，只有通过推动一二三产业深度融合，才能壮大农业全产业链，实现农业全产业链的增产增值增效。

四 从促进"四链同构"视角赋能农业全产业链

传统农业具有科学技术水平低，封闭式、自我循环发展，以满足家庭基本需求为主要目标，经营规模不足等特征，致使传统农业产业链难以有效延伸拓展。相应地，从融合创新链、优化供应链、提升价值链和畅通资金链，"四链同构"视角出发，优化农业全产业链，有助于摆脱传统农业发展制约。

融合创新链，即通过打造农业科技成果研发、转化、推广平台，在提升种质、革新农产品加工技术、创制先进适用农机设备等方面实现突破，减少农业生产对于自然环境的依赖，增加农业产出水平。优化供应链，即建立种养加、产供销全链条的供应模式，促进农资物品、农产品等有效流通，从而将农业全产业链各利益主体连成一体，摆脱农业生产的自我循环发展模式。提升价值链，即以市场需求为导向，开发特色化、多样化、品质化产品品类，增加农产品附加值，通过深化产业分工体系，提升农产品商品化率，改善农业从业人员收入水平。畅通资金链，即在统筹使用财政涉农资金、地方专项债券的同时，充分发挥社会融资作用，加大对农业全产业链项目库支持力度，适度扩大农业生产经营规模，为农业机械化生产提供前提。

第三节　古田食用菌产业发展模式概述

古田素有"中国食用菌之都"美誉，是全国袋栽银耳的发源地和主产区、"古田银耳"原产地域。习近平总书记在福建工作期间先后七次到古田考察，指出"古田县坚持一县一品，以食用菌特色产业带动县域经济发展，路子对，效果好"。[1] 目前，古田食用菌产业的栽培品种、产量规模、科研水平和营销网络位居全国前列，是古田的支柱产业、特色产业和富民产业。

一　古田食用菌产业发展现状

古田食用菌生产历史悠久，早在隋大业年间（公元609年）境内就有人从事香菇生产。古田先后引领了"20世纪60年代末的段木栽培银耳、70年代中后期的银耳瓶栽和银耳袋栽技术、80年代的香菇室外袋栽和竹荪生料栽培技术以及银耳棉籽壳代料栽培技术、90年代末期以来的黑木耳南方栽培技术和茶薪菇菌种攻关、配方创新技术"[2] 的食用菌生产变革的"五次浪潮"。

进入21世纪，古田食用菌产业发展走上栽培技术革新、工艺流程完善、设施设备升级的新路子，科技研发、质量管控和经营模式日趋成熟。当前，古田食用菌产业群栽培基础好，创业创新能力强，产业链各环节关联紧密，全面实现了食用菌产业专业化分工与社会化服务。科技创新常态化、栽培生产规模化、从业群体大众化、产品推广品牌化、市场营销网络化、菌业文化多元化等六个方面是古田食用菌产业发展的重要特征。

（一）科技创新常态化

古田以科技创新为抓手，以技术服务平台为支撑，逐渐形成了食用菌产业从原、辅料供应到科研、制种、栽培、加工、机械设备生产、技术推广等专业技术过硬的科研体系。由全国银耳相关生产技术、科研、教学及监督检

---

[1] 《坚持"四下基层"优良作风　永远把老百姓放在心中最高位置》，共产党员网，ttps://www.12371.cn/2023/12/08/VIDE1702009800808661.shtml。

[2] 《宁德古田食用菌百亿产业链惠及全县70%的农业人口》，闽南网，https://baijiahao.baidu.com/s?id=1601313127307595557&wfr=spider&for=pc。

验等方面专家、学者和代表组成的全国银耳标准化工作组,直属于国家标准化管理委员会,是全国唯一的银耳标准化技术归口管理组织,也是全国食用菌标准化领域中最具权威的技术性组织,现已发布实施8项国家标准、6项福建地方标准、1项团体标准。

(二) 栽培生产规模化

通过食用菌栽培规模化战略的实施,古田现已开发生产38种菌类,其中银耳、香菇、竹荪、猴头菇、茶树菇等20多个菌类实现规模化栽培生产,形成了"主栽品种规模不断扩大,珍稀菌类齐头并进"的发展格局,成为全国开发品种最齐全的食用菌产业县。具体地,全县从事食用菌生产的菇农5万多户,拥有食用菌菇棚近10万间(银耳专用房3万间);从事食用菌生产、加工、经销、机械等的相关企业600多家。2021年,全县食用菌规模以上企业55家,规上产值16.27亿元,占全县规上工业产值比重达22.08%。

(三) 从业群体大众化

面对"八山一水一分田"、耕地资源匮乏的实际,古田坚定以食用菌产业作为农业发展重点方向。目前,全县农业人口中70%的家庭从事食用菌产供销活动、70%的劳动力从事与食用菌产业相关工作、农民现金收入的70%来自食用菌产业,形成了全国独一无二的食用菌产业"县域工厂化"发展模式。2021年,全县共栽培各类食用菌14亿多袋,总产量90.7万吨(鲜品),产值60.1亿元,全产业链总产值近220亿元。其中,银耳产量达36.1万吨,占全球产量的90%以上,保持世界领先地位。

(四) 产品推广品牌化

"古田银耳"于2001年获准注册地理标志证明商标,2004年获得"中华人民共和国地理标志保护产品"称号,2008年获中国驰名商标,2017年入选福建省农产品十大区域公用品牌,2021年获得农业农村部颁发的农产品地理标志登记保护证书,成为全国食用菌行业第一个中国驰名商标产品。同时,古田致力于打造"十方田"区域公共品牌,搭建线上线下一体化运营模式,设立12家线下体验店,线上与澳门跨境电商等中高端平台合作,辐射带动71

家企业、合作社共400多种优质产品入驻平台,授权年销售额突破3亿元。

(五) 市场营销网络化

古田依托规模企业、出口企业、电子商务和庞大的营销队伍,现已形成"哪里有食用菌,哪里就有古田人;哪里需要食用菌,食用菌就送到哪里"的营销格局。"中国·古田食用菌批发市场"被农业部认定为全国第七批定点市场,年交易干品1.2万吨、交易额6.4亿元。食用菌营销网点遍布全国,营销户3万多家,产值千万元以上营销企业20多家。出口食用菌备案企业54家,产品销往日本及东南亚、欧美等30多个国家和地区。此外,全县拥有电商企业400多家、电商店铺2700多家,年交易额达5亿元以上,入选国家电子商务进农村示范县、全国"互联网+"农产品出村进城工程试点县。

(六) 菌业文化多元化

古田通过建设食用菌博物馆、举办食用菌大会等形式推动菌业文化多元化发展。中国·古田食用菌博物馆收藏了大量珍贵的历史照片、食用菌标本,以及翔实的模型和各种珍贵的实物。"古田银耳制作技艺系统"被列入宁德市第三批非物质文化遗产名录,姚淑先、戴维浩等食用菌科研人员成为宁德市第三批非物质文化遗产项目代表性传承人。先后8次组团参加"中国国际食用菌烹饪大赛",并获得团体赛金奖、菌菜创新奖、食用菌餐饮文化推广奖及个人金奖等多项荣誉。连续两年成功举办中国(古田)食用菌大会,极大地提升了古田食用菌产业在海内外的影响力,为古田构建最丰富的菌业文化产生了深远影响,也让"世界银耳在中国,中国银耳在古田"的理念进一步深入人心。

二 古田食用菌全产业链发展情况

古田通过科技创新常态化、栽培生产规模化、从业群体大众化、产品推广品牌化、市场营销网络化、菌业文化多元化等六方面合力,最终形成了涵盖原辅料采购与供应、工厂化种植、文化旅游等13个环节的食用菌全产业链发展模式,极大提升了食用菌产业产值,有效带动了古田农业农村优先发展。该模式为其他地区推动乡村产业振兴提供了范本,古田食用菌全产业链如图9-2所示。

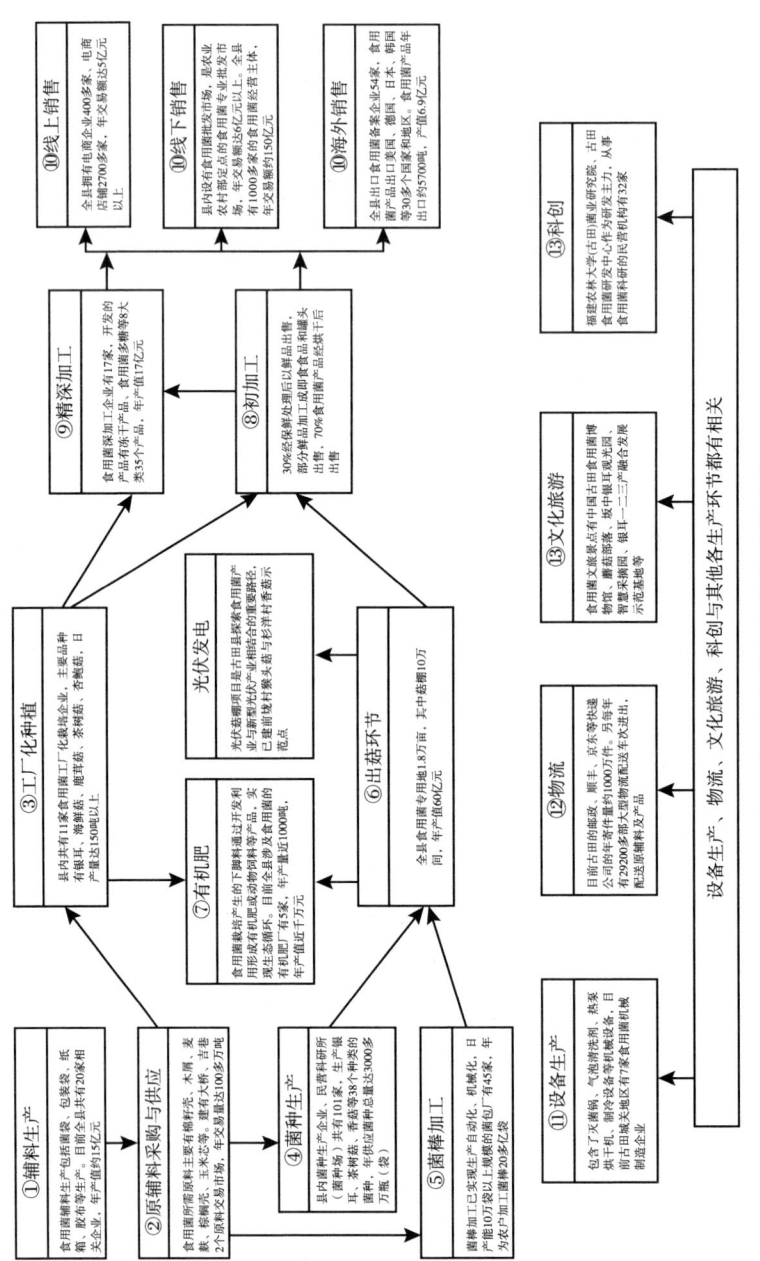

图9-2 古田食用菌全产业链示意

资料来源：作者绘制。

辅料生产环节：目前全县共有20家相关企业，年产值约15亿元。

原辅料采购与供应环节：建有大桥、吉巷2个原料交易市场，年交易量达100多万吨。

工厂化种植环节：县内共有11家食用菌工厂化栽培企业，日产量达150吨以上。

菌种生产环节：县内菌种生产企业、民营科研所（菌种场）共有101家，年供应菌种总量达3000多万瓶（袋）。

菌棒加工环节：菌棒加工已实现生产自动化、机械化，为农户年加工菌棒20多亿袋。

出菇环节：全县食用菌专用地1.8万亩，其中菇棚10万间，年产值60亿元。

有机肥环节：涉及食用菌的有机肥厂有5家，年产值近千万元。

初加工环节：30%的食用菌经保鲜处理后以鲜品出售，部分鲜品加工成即食食品和罐头出售，70%的食用菌经烘干后出售。

精深加工环节：食用菌深加工产品主要有冻干产品、食用菌多糖等8大类35个品种，年产值17亿元。

销售环节：全县拥有电商企业年交易额达5亿元以上；拥有1000多家的食用菌经营主体，年交易额150亿元；食用菌产品出口到美国、德国、日本、韩国等30多个国家和地区，产值6.9亿元。

设备生产环节：代表性的7家食用菌机械制造企业生产灭菌锅、气泡清洗机、热泵烘干机、制冷设备等机械设备。

物流环节：目前古田快递公司年寄件量约1000万件，且年有近29200多部大型物流配送车次配送原辅料及产品。

文化旅游与科创环节：县域内拥有大量菌菇元素的文旅、科创企业，有效延伸了食用菌产业价值链。古田拥有食用菌研发中心1个、食用菌民营科研院所32家，并与福建农林大学共建福建农林大学（古田）菌业研究院。同时，设立了全国银耳标准化工作组。

第四节 平顺潞党参产业发展现状分析

古田食用菌产业发展实践论证了农业全产业链发展模式的优越性，农业全产业链优化的时代价值与理论框架则从理论层面为平顺潞党参全产业链优化提供了基本遵循。在针对性地提出平顺潞党参延链、补链、强链具体举措之前，有必要从全国"参"类农产品地理标志产品对比分析、潞党参全产业链现状探析等层面出发，全面梳理平顺潞党参产业发展现状。

一 全国"参"类农产品地理标志产品对比分析

农产品地理标志是农产品来源于特定地域，产品品质和相关特征主要取决于自然生态环境和历史人文因素，并以地域名称冠名的特有农产品标志。一般地，农产品地理标志产品具有更高的质量标准与产品品质，以及更广泛的美誉度与知名度。包括平顺潞党参在内，全国"参"类农产品地理标志共24个，现可查询到种植面积、亩产量、亩产值等相关数据的共有15个。通过对全国"参"类农产品地理标志产品的比较分析，将进一步明晰平顺潞党参在全国"参"类农产品中的发展地位，具体情况详见表9-1。

表9-1 全国"参"类农产品地理标志产品基本信息

序号	产品名称	产地	登记年份	种植面积（万亩、年份）	亩产量（斤）	亩产值（元）
1	阆中川明参	四川省南充市	2009	4.2(2019)	1904.76	9523.81
2	靖宇林下参	吉林省白山市	2010	17.2(2016)	—	2906.98
3	苍溪川明参	四川省广元市	2010	1(2017)	—	—
4	平顺潞党参	山西省长治市	2011	2.3(2021)	260.87	5217.39
5	莱芜白花丹参	山东省莱芜市	2011	0.6(2013)	—	—
6	文登西洋参	山东省威海市	2011	5.5(2022)	—	16363.64
7	宕昌党参	甘肃省陇南市	2011	1.5(2022)	—	—
8	本溪林下参	辽宁省本溪市	2012	30多(2022)	—	1000

续表

序号	产品名称	产地	登记年份	种植面积（万亩、年份）	亩产量（斤）	亩产值（元）
9	渭源白条党参	甘肃省定西市	2012	10（2010）	400	—
10	单县罗汉参	山东省菏泽市	2013	0.3（2020）	—	6500
11	荣成西洋参	山东省威海市	2015	0.6（2018）	—	30000
12	武都纹党参	甘肃省陇南市	2016	10（2017）	—	—
13	渑池丹参	河南省三门峡市	2017	10（2016）	1000	—
14	禹州丹参	河南省许昌市	2018	10（2018）	1000	—
15	洛阳丹参	河南省洛阳市	2020	22.35（2022）	1146.04	—

资料来源：作者整理。

一是相较于全国"参"类农产品种植面积，潞党参种植规模较小。2021年平顺潞党参种植面积为2.3万亩，在全国15种"参"类农产品地理标志产品中位列第10。种植面积最大的是本溪林下参，2022年达30多万亩；靖宇林下参位居第2，2016年就已经达到17.2万亩。此外，渭源白条党参、武都纹党参、渑池丹参、禹州丹参种植面积均达到10万余亩。相较而言，潞党参种植规模较小。

二是相较于全国"参"类农产品亩产量，潞党参单位面积生产能力较弱。2021年平顺潞党参亩产量为260.87斤，在可查询到数据的全国6种"参"类农产品地理标志产品中位列第6。亩产量最高的是阆中川明参，达到了1904.76斤；洛阳丹参位居第2，亩产量为1146.04斤；渑池丹参和禹州丹参亩产量均达到了1000斤；渭源白条党参亩产量为400斤。相较而言，潞党参亩产量远远低于其他"参"类农产品，仅为阆中川明参亩产量的1/8左右。

三是相较于全国"参"类农产品亩产值，潞党参经济效益较低。2021年平顺潞党参的亩产值为5217.39元，在可查询到数据的全国7种"参"类农产品地理标志产品中位列第5。亩产值最高的是荣成西洋参，达到了30000元；其次是文登西洋参，亩产值为16363.64元；阆中川明参和单县罗汉参亩产值在6000~10000元，分别为9523.81元和6500元；靖宇林下参亩产值较低，为2906.98元；本溪林下参种植面积最大，但亩产值最低，约为1000元。相较而言，潞党参的经济效益较低，约为荣成西洋参亩产值的1/6。

综上，相较于可查询到数据的全国"参"类农产品地理标志产品，潞党参种植规模较小、单位面积生产能力较弱、经济效益较低，以农业全产业链优化为抓手，可将扩大潞党参种植规模、提高潞党参附加值作为今后发展的主要目标。

二 平顺潞党参全产业链梳理

农业全产业链理论框架为潞党参全产业链优化提供了参照系。在实地调研、专家座谈、资料查阅等基础上，全面梳理潞党参全产业链现状，是进一步明确潞党参产业发展制约因素、针对性地提出潞党参全产业链优化举措的前提。潞党参全产业链现状如图9-3所示。

（一）潞党参全产业链延伸和拓展不到位

潞党参全产业链纵向延伸层面，现已形成集"农作物种植、农产品加工、营销流通"于一体的产业链，但产业链前端育种、化肥生产、农业机具制造等农资生产环节存在缺失，无法为产业链其他环节提供配适度较高的农用物资。农作物种植环节，缺乏种植标准与技术指导，更多依靠农民个体经验，科学化田间管理、标准化种植能力不足。农产品加工环节，品类分级、农产品初加工、农产品深加工等加工体系相对完善，但潞党参产量有限，无法满足企业开发多样化产品的需求，精深加工产品较为单一。营销流通环节，仓储物流能力较强，但渠道规划、网点布局、产销地市场建设等层面较为薄弱，致使潞党参在市场上辨识度不高，全国影响力、竞争力较低。

潞党参全产业链横向拓展层面，缺乏对"三捋三晒"等手工揉搓工艺的开发挖掘，潞党参特色资源利用不足，尚未开拓休闲旅游、研学实践、民俗体验等新业态。生态康养业相对完善，但与潞党参结合不紧密，食有潞参膳、住有参文化、游有潞参景、购有参产品、娱有药疗养格局有待形成。

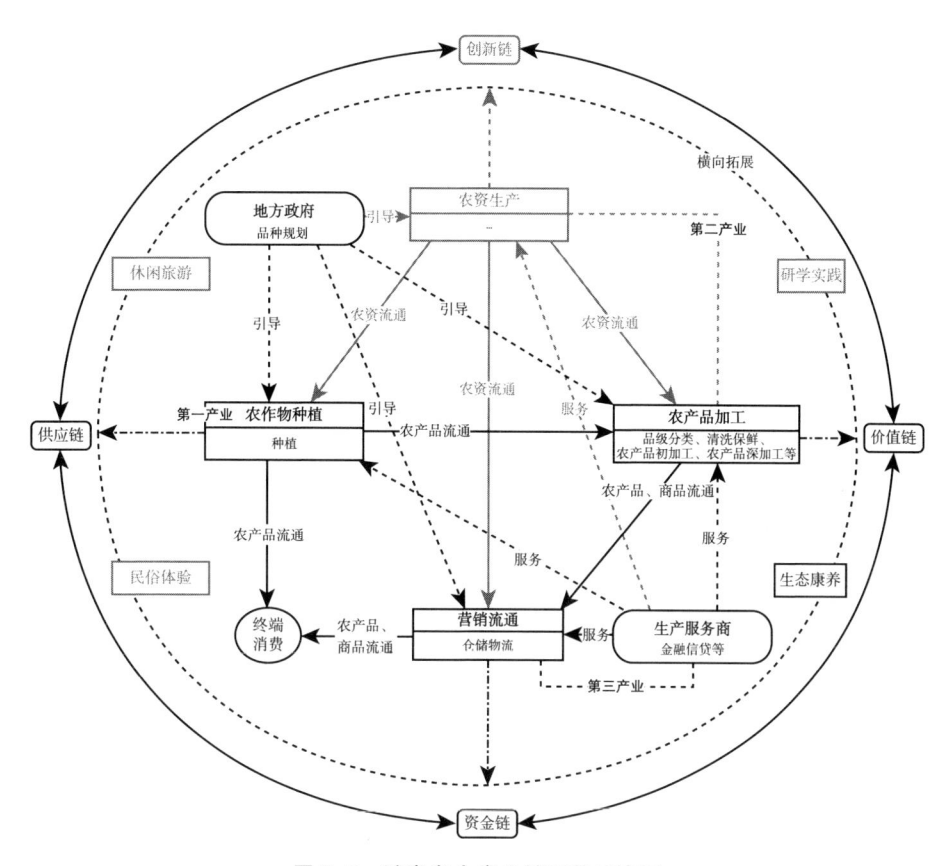

图 9-3 潞党参全产业链现状示意图

资料来源：作者绘制。

（二）潞党参全产业链利益主体职能不完善

小农户、专业大户和家庭农场应是种植潞党参的主力军，然而，平顺县以山坡地小块梯田为主，且适用农机装备滞后，规模化、机械化种植难度大，全县小农户、专业大户和家庭农场种植意愿有限。现有潞党参农民合作社和农业企业，更多通过低价收购、高价卖出等方式参与潞党参产业链建构，在农资生产等方面投入不足。同时，潞党参农民合作社间缺乏沟通协调，农业企业布局散乱无序，无法形成潞党参产业发展合力。

地方政府、行业协会和生产服务商等第三方机构，对于潞党参全产业链发展的引导与服务能力不足。地方政府层面，虽然对原生境保护区潞党参、撂荒耕地仿野生潞党参、标准农田潞党参等进行了品种规划，但在农药残留、重金属检测等方面作用不突出。行业组织层面，平顺县中药材发展协会未起到信息指导、质量监管等引导作用，致使潞党参产业发展组织化程度低。生产服务商层面，金融信贷服务相对完善，但潞党参保险等创新举措尚未真正落地；市场信息收集及预测、技术研发等生产服务商并未实际运营。

（三）潞党参产业链"三产融合"不健全

潞党参产业链缺乏农资生产环节，且生产性服务业缺失，致使潞党参全产业链呈现"一产弱、二产小、三产差"的特征。具体地，潞党参种苗质量低、专用肥和适用农业机具缺失，无法为潞党参规模化种植提供助力，全县潞党参产量仅占全国党参市场的1.5%，一产弱。潞党参产量不足，致使农产品深加工品种少，潞党参生态价值、健康价值、文化价值没有得到深度挖掘，二产小。适应城乡居民消费需求的品类少、渠道规划和产销地市场建设滞后、品牌影响力不足等束缚潞党参增值增效空间；同时，"狮头凤尾菊花芯""参须上党者佳"等文化资源开发不足，潞党参产业链横向拓展有限，三产附加值低。

（四）潞党参全产业链"四链同构"不均衡

融合创新链、优化供应链、提升价值链、畅通资金链，"四链同构"是提质潞党参全产业链的四个维度。现阶段，围绕潞党参的供应链、价值链和资金链基本建立，但创新链尚未真正形成。突出表现在以潞党参为核心的专业研究机构缺失，科技助力潞党参产业现代化进程缓慢。现阶段，潞党参产品检测、应用基础研究、健康营养研究更多依托山西医科大学、山西中医药大学等院校，合作模式稳定性较弱；潞党参种苗改良、栽培研发更多依托山西振东健康产业集团有限公司、平顺县君品健康科技有限公司等民营企业，资金智力支撑不足；潞党参人才培养、学术交流活动匮乏，新型农民培养缺失。

第五节　平顺潞党参全产业链优化的推进路径

农业全产业链涉及研发、生产、加工、储运、销售、品牌、体验、消费、服务等多环节。继而，在平顺潞党参产业发展现状分析基础上，切实推动平顺潞党参全产业链优化，需基于农业全产业链理论框架，从延链、补链和强链三方面着手，兼顾短期应对和中长期发展，针对性地提出改革举措。

一　延伸和拓展平顺潞党参全产业链

促进农业全产业链上下游延伸与横向拓展，是产业链延链的主要内容。针对当前平顺潞党参全产业链中农资生产环节缺失，以及横向拓展不足的实际，平顺潞党参延伸和拓展全产业链重点任务如下。

（一）完善农资生产环节

农资是重要的农业投入品，是影响农产品质量安全的重要因素，是连接工业与农业生产的桥梁，是发展现代农业的重要物资保障和基础。为此，短期应创新农机生产制造和研发；中长期需高标准建设良种繁育示范基地、提升育苗数量、加快专用肥研发。

短期举措。一是揭榜研发适宜农机具。受地理条件限制，采用传统手工作业进行潞党参的种植、采收，效率低、成本高。为此，急需政府或者行业协会发挥引领作用，基于潞党参起苗、移栽、收获等种植实际，面向全国揭榜研发适于山坡地、小块梯田生产使用的小型大马力农机。二是引导宜机化生产。在潞党参主产乡村，引导农户开展山坡地农田宜机化改造，解决地块大小不一、形状不规则、坡度大等制约潞党参标准化种植的难题。普及机械化种植知识，提升机械化种植水平，提升耕种管收各个方面的工作效率。

中长期举措。一是高标准建设良种繁育示范基地。抓牢种子质量关键，提升潞党参种苗繁育生产能力。创新发展理念，建设太行山潞党参良种繁育示范基地，高标准、高质量规范种苗的测度指标，引领农业经营主体更优、更准选种选苗。二是提升育苗数量。充分利用张井村潞党参工厂化育苗基地和西沟村育苗棚，支持经营主体和种植大户分散育苗，提升平顺潞党参种苗扩繁生产能力，满足本县及周边地区对高质量潞党参种苗的需求。三是加快专用肥研发。对潞党参种植地块进行土壤有机质测评，对比分析潞党参生长土壤，找到潞党参生产最适合的有机质等，实现测土配方，研发潞党参专用肥，改善土壤质量。

（二）积极探索横向拓展

横向拓展有助于在践行"绿水青山就是金山银山"理念的同时，提升潞党参产业链附加值。为此，短期应持续推广潞党参文化、继续做大生态康养产业；中长期需拓展休闲旅游、民俗体验、研学实践等全品类旅游项目。

短期举措。一是加快建设乡村旅游度假区。将潞党参立体式种植基地和潞党参规范化种植示范基地，与平顺人文景观、自然风光、休闲农庄等有机结合，加快建设一批以潞党参养生为特色的养生基地、养生山庄、养生文化体验馆，高质量创建乡村休闲度假旅游区。二是采取"潞党参+旅游"发展模式。推广一批有观赏和保健价值的潞党参产品，探索潞党参大健康消费新模式。将"平顺潞党参"品牌纳入全市旅游线路宣传计划中，开发潞党参博物馆等旅游项目，促进潞党参产业和旅游产业深度融合。

借鉴案例 9-1：渑池县中医药康养产业模式

随着大众中医保健意识的加强，中医药养生旅游将大有可为。渑池县将中医药深度参与到养生、保健、康复、旅游、养老等健康服务中，开发具有中医药特色的养生旅游线路及旅游项目，积极推动中医药养生旅游，推广药膳食疗、传播中医药文化。建设以"渑池丹参"和"渑池柴胡"两大地理标志产品为主的道地药材种植示范园和中药养生基地；完善河南中药材科研繁育中心、中药材电子商务交易平台、豫西中药材商品交易中心和豫西中医药休闲康养基地等建设。

资料来源：作者整理。

中长期举措。一是推进国家中医药健康旅游示范区建设。推进"潞党参+N"融合创新，依托太行1号旅游路、341国道、太行天路，建设多个集潞党参文化康养、科普、初加工、乡村旅游、休闲疗养于一体的康养小镇；建设一批"潞党参+乡村旅游+药膳""潞党参+养生""潞党参+养老"项目；建设潞党参按根卖采挖体验基地；建设多个潞党参主题药村融合美丽示范村，推进建设国家中医药健康旅游示范区。二是积极开展民俗体验活动。打造具有农耕特质、地域特点的乡村文化项目，发展历史赋能、还原传统的乡村民宿经济，制作乡村戏剧曲艺、杂技杂耍等文创产品。对潞党参传统手工揉搓等加工工艺进行总结，并制定操作规程，开发多种形式的民俗体验活动。三是积极开展研学实践。组建潞党参健康文化研究院，充分挖掘党参和人参的历史文化关系，做好潞党参文化传承；坚定文化自信，讲好潞党参故事，推广潞党参产品；围绕潞党参生态价值、药用价值、文化价值，面向全国、全省开展研学活动。

二 补齐平顺潞党参全产业链短板

以农业全产业链理论框架为坐标系，基于产业链各环节实际，补齐短板和弱项是产业链补链的重点任务。补齐潞党参全产业链可从农作物种植和营销流通两个环节发力。

（一）优化种植环节

农作物种植是农业生产的关键环节，为农产品加工、营销流通等奠定基础。为此，短期应注重优化生产布局，扩大种植面积；中长期需揭示潞党参生长规律，减少自然环境约束，提高种植产量。

短期举措。一是优化生产布局。迅速全面开展潞党参种植情况调查，全面彻底摸清各乡镇潞党参种植种类、面积。同时，按照生态条件，发挥政府、行业组织的引领作用，重新规划生产布局，通过土地流转、土地保护等举措，规划建设大面积潞党参生产基地。具体地，沿太行1号旅游路，主动协调壶关、陵川等太行山潞党参主产乡村，联建潞党参标准化生产示范基地；按照有机旱作农业标准，支持企业、农民合作社组织农民建设 N 个 50 亩以上集中连片、适度规模潞党参种植基地，提高机械化生产水平。二是扩大种植面积。按照仿野生种植技术要求，统筹村级组织、农民合作社利用 6 个乡镇、太行 1 号旅游路以及国、省、县、乡道两边 3 万多亩撂荒耕地，生产培育高品质、无农残、无重金属残留的潞党参。按照生态种植模式，普查疏林地面积，利用腐殖土层厚、有机质含量高的疏林地，集中连片发展有机潞党参。三是提高种植补贴标准。以实际种植面积对农民进行补贴，且对连片生产的农户和专业合作社成员适当提高补贴标准。对于单个农户，参与当年开发利用撂荒地种植仿野生潞党参的按亩给予奖补；对于新型农业经营主体，对当年新流转土地 50 亩以上的给予奖补；对于村集体，当年新种植潞党参面积超过 300 亩的给予奖补。

借鉴案例 9-2：渑池县扩大中药材种植规模

渑池县先后发展东天池丹参、英豪金银花、南村玫瑰、上曲枸杞子等 5 个 1000 亩以上中药材示范园区；建立万寿村、池底村、果园村、峪峒村、刘郭村等 10 个 500 亩以上中药材示范基地；引导发展 100 亩以上种植大户、家庭农场、合作社 50 余个。河南天沣农业科技有限公司，以每亩 500 元的价格，通过土地流转，完善水、电、路等基础设施建设，采用统一的技术规程，统一农资种苗供应、统一产品收购、统一外调其加盟公司加工等模式，发展丹参种植 2000 亩。

资料来源：作者整理。

中长期举措。一是提升全民种植水平。全面掌握潞党参种植地区地形、四周环境、温度、降水、湿度等情况，科学总结潞党参播种时间和方法、生长规律和习性，完善《潞党参栽培技术规范》等种植标准，指导、监督农业经营主体标准化生产。邀请农业种植专家录制潞党参种植、采收、挑拣分级、产地加工等节目，帮助农户学技术、用技术，实现潞党参种植加工标准化。二是完善利益联结机制。推广"龙头企业+基地+专业大户""龙头企业+专业合作社+基地""专业合作社+基地"等发展模式，实行"利益兜底""利润返还"等利润分配方式，建立更紧密的利益联结机制，保障潞党参种植基地的可持续发展。

借鉴案例9-3：集安边条参科学化种植

集安开创了非林地人参栽培技术，破解了伐林栽参与长白山林地保护的矛盾，完全避免了对生态环境的破坏，使山林得以休养，同时保障了人参产业的可持续发展。通过建立协会和专业生产合作社，把分散的种参农户组织起来，统一生产标准、统一采购生产资料、统一销售，全面推广普及非林地人参良种、非林地人参测土栽参、"复式棚"栽培技术、安全优质农药等先进种植技术。

推行持证种参制度，积极推广"益盛汉参1号""康美1号"等人参良种，强化"长白山人参"品牌原料基地、有机人参种植基地、人参良种繁育基地等标准化人参种植基地建设，从源头提升集安人参品质。

2017年以来，建成有机人参种植基地4064.25亩、"长白山人参"品牌原料基地1348.65亩、人参良种繁育基地1275亩，被评为国家级人参标准化示范县。

资料来源：作者整理。

（二）强化营销流通环节

营销流通是促进农产品实现市场价值的关键环节，关系整个产业的繁荣发展。为此，短期应做好营销渠道规划、加快产销地相关市场建设；中长期需以"生态平顺、党参故里"为口号，唱响潞党参品牌。

短期举措。一是畅通营销渠道。鼓励政府、行业协会、龙头企业共同搭建"线下+线上"农产品交易平台。线下依托平顺中药材特色专业镇，做大做强潞党参专业化市场，扩大交易规模；线上大力发展电子商务，建立健全潞党参电商购销网络。二是健全全产业链质量安全追溯体系。加强潞党参产品质量监管,成立潞党参质量安全监督管理站,对各类产品实行常态化检验。加强监管,督促龙头企业、农民合作社、种植大户建立潞党参质量追溯体系,确保潞党参从农田到药品、食品全程可追溯,可查询。三是建立数字化管理平台。利用互联网、物联网、人工智能、云计算和大数据等信息技术,建设集潞党参价格指数、供求信息查询、生产信息采集和直播、质量检测系统等于一体的供应链数字化管理平台。

借鉴案例9-4:渭源白条党参加强专业化市场建设

渭源从加快中药材交易市场建设、改造完善仓储设施和大力发展电子商务等三个层面,建设白条党参专业化市场。

一是加快中药材交易市场建设。全县形成了以渭水源中药材市场为中心,会川江能、莲峰、新寨三个中药材市场为产地市场,其他农贸市场为网点的中药材营销网络体系。同时,发展中药材产业合作社604家,网络会员3900多人,有10多个省份的客商在渭源进行中药材交易,年交易量10万吨以上,交易额16亿元。

二是改造完善仓储设施。大力推广中药材贮存空气养护技术,探索无硫保鲜仓储方法,发展适合加工贩运大户和药农需求的中小型安全仓储设施。全县中药材仓储静态能力达到3万吨。

三是大力发展电子商务。目前,全县累计建成网店683家,本地网购平台2个,发展网销企业51家,引进、组建实力较强电商公司4家;建成县级行业协会1个,乡(镇)级电商协会3个;大型物流配送中心1个,物流快递企业与个体站点80家。

资料来源:作者整理。

中长期举措:借助"新旧媒体"推介潞党参。继续加强传统媒体与新媒体的沟通合作,实现多渠道全方位多层次高频率宣传潞党参的格局。在开展城市文化和旅游宣传推介活动过程中,采用"云推介"方式,重点推介平顺潞党参旅游资源;组织县内中药材种植企业、中药材专业合作社积极参加西博会、中国农交会、农博会等品牌推介活动,探索举办中药材赏花、采摘、体验活动。

三 强化平顺潞党参全产业链

强化农业全产业链,一方面要锻造长板,增强发展主动权,另一方面要加强对产业的引导与服务,促进产业链提质升级。针对当前潞党参全产业链发展实际,要在推动潞党参精细化加工的同时,加强对潞党参全产业链的引导和服务。

(一) 深化精细化加工

农产品加工不仅是提升农产品附加值的关键,而且是构建农业全产业链的核心。为此,短期应基于市场调研和现有企业资源,拓展潞党参加工体系;中长期需持续招强引强、培育龙头企业、形成潞党参产业集群。

短期举措。一是拓展潞党参初加工。支持农业经营主体开展清洗分拣、烘干储藏、杀菌消毒、预冷保鲜、分级分割、产品包装等初加工,实现减损增效。在产品集中地建设一批规模化、标准化的潞党参初加工示范园区,提高潞党参产地初加工水平。二是深化潞党参精深加工。借助现有企业资源,提升潞党参精深加工,引导大型企业开发营养均衡、养生保健、食药同源的加工食品和质优价廉、物美实用的非食用加工产品,提升潞党参加工转化增值空间。推进综合利用加工,实现加工副产物循环、全值、梯次利用,实现变废为宝、化害为利。

借鉴案例 9-5:渭源白条党参加工体系建设

渭源通过提升中药材精深加工能力、全力突破中药配方颗粒生产瓶颈、加快企业认证进度、推动中医药产业园区建设等举措,不断健全白条党参加工体系,实现了白条党参产值新突破。

一是提升中药材精深加工能力。委托兰州大学编制《渭源县国家中药精致饮片加工示范基地发展规划》,成立了甘肃党参产业技术创新战略联盟，引进兰州佛慈、天津红日、甘肃弘润、亳春堂等16家中医药加工企业，建设中药材精深加工项目，开发了中药小包装饮片、破壁饮片等现代中药饮片，提高产品科技含量。

二是全力突破中药配方颗粒生产瓶颈。引进天津红日药业股份有限公司，投资1.5亿元，建设配方颗粒生产线，延伸产业链条，提高产品附加值。

三是加快企业认证进度。目前，全县取得"药品GMP证书"的企业30家，均为北京同仁堂、康美药业、成都新荷花、湖南九芝堂、宛西制药、步长制药、云南白药等国内知名企业的原料供应合作商。甘肃华庆堂药业饮片有限公司、渭源县德园堂药业有限公司两家企业取得了进出口许可资格。

四是推动中医药产业园区建设。采用从严落实科学规划、不断加大招商力度、完善园区要素保障等举措，目前中医药产业园区入驻中药加工企业达46家，占入园企业的80%以上，形成中药饮片5万吨、中药提取物2万吨的生产能力。引进浙江康华制药机械设备加工企业，实现了在生产设备、工艺优化方面协同发展的目标。

资料来源：作者整理。

中长期举措。一是持续推进招商引资工作。围绕潞党参全产业链，组建招商引资工作专班，紧盯头部企业、领军企业、高成长性企业，开展大招商、招大商系列活动，引导要素资源集聚；定期在北京、上海、深圳等地开展专题招商活动，积极落实客商拜访、嘉宾邀请、项目签约、潞党参产销对接等各项准备工作。二是加快培育龙头企业。在实施科技创新、推进龙头企业转型升级的同时，加强品牌塑造，提升龙头企业影响力。培育一批群链牵引力强、产出规模大、创新水平高、核心竞争力突出、市场前景广阔的链主型龙头企业。三是逐步形成潞党参产业集群。加大招商引资力度，组建高新技术企业孵化园，引导生物医药产业集聚发展，实现企业在基础设施、机械设备、工艺革新等层面的协同发展。

（二）深化生产性服务

随着现代农业的不断发展，农业经营主体对生产性服务的需求大幅增加。为此，在短期应建立科研院所、完善平顺县中药材发展协会职能；中长期需加强质量监督、优化政策保障、完善品种规划、推进科技创新服务。

短期举措。一是加快建立潞党参产业研究院。利用长治学院、长治医学院等地方本科院校资源，加快建立潞党参产业研究院，开展潞党参研发、人才培养和学术交流等活动，加紧完善《潞党参栽培技术规范》《平顺潞党参产地加工技术规程》等行业标准。二是完善平顺县中药材发展协会职能。进一步完善平顺县中药材发展协会组织架构，强化和落实协会在肥料调运、技术培训、联系药商回收药材等方面的重要作用。

中长期举措。一是加强质量监督。支持农产品检验检测中心对潞党参开展例行检测，确保潞党参产品质量。支持农业经营主体建立有机潞党参生产基地，申请国家有机认证，推动高品质潞党参走出国门。二是优化政策保障。出台撂荒地利用政策，大力发展仿野生潞党参。出台政策鼓励社会化服务组织和农户培肥土壤，提升潞党参种植土壤肥力。出台和完善产业发展扶持政策，对新型农业经营主体在土地流转、种植、加工、流通、技术研发等方面给予扶持。三是完善品种规划。加强潞党参原生境保护区建设，在黑虎村岭后、虎窑村蝙蝠沟、石窑滩猪拱地3个片区扩大野生党参种群数量。按照国家现代农业产业园"四区"空间布局，在4个乡镇15个村建设好潞党参原产地保护区，提高野生党参种子采集率。四是推进科技创新服务。依托国家、省级农产品加工研发中心，以企业为主体组织开展关键技术联合攻关。建设潞党参加工技术集成科研基地，培育潞党参食品创新产业园区。

第十章 城市高质量人口发展特征及对策

人口是实现区域协调发展的核心和主体，其数量、质量、结构、分布关系地区经济社会发展。《中华人民共和国国民经济和社会发展第十四个五年规划和2035年远景目标纲要》提出，"把提升国民素质放在突出重要位置，构建高质量的教育体系和全方位全周期的健康体系，优化人口结构，拓展人口质量红利，提升人力资本水平和人的全面发展能力。"进而，扩大人口规模、优化人口结构、提高人口质量、调整人口分布是实现经济稳步向好发展的有效途径。

为此，借助第六次、第七次全国人口普查数据，通过比较分析省域副中心建设城市人口数据，探究长治人口发展特征，为促进长治人口全方位高质量发展提供决策依据。章节结构安排如下：第一节，人口发展特征指标选取说明；第二节，从人口总量、人口结构、人口质量、人口分布四个层面，比较分析省域副中心建设城市人口发展特征；第三节，结合长治人口发展实际，提出长治人口高质量发展战略举措。

第一节 人口发展特征指标选取说明

全面分析人口发展特征，需从人口总量、人口结构、人口质量、人口分布四个层面出发，依据人口普查数据，就各层面选取指标及其对城市经济社会发展的重要作用阐述如下。

一是人口总量层面，选取城市常住人口数进行分析。

城市常住人口数是激发地方经济发展活力的基础，反映出城市经济腹地的大小。城市常住人口数，一方面，影响社会生产，如城市常住人口数减少，可能会降低社会劳动力数量，导致正常的生产活动难以为继；另一方面，影响社会消费，经济活动是围绕人来进行的，城市常住人口数降低，会导致消费市场活力不足。

二是人口结构层面，从户别人口结构、性别结构和年龄结构三方面进行分析。

户别人口结构选取家庭户数和平均家庭户人口数两个数据进行分析。由于社会成员消费活动的80%是由家庭控制和实施的，继而家庭户数越多，经济社会消费量越大。同时，随着家庭户数增加，对住房套数的需求总量会相应增加，进而推动房地产、家具、装修等行业繁荣发展。

平均家庭户人口数反映出社会对生活型服务业的需求。一是在小型化家庭中，人们更重视个性化发展，因此会从单纯追求物质生活的改善转向追求精神生活的提高，增大教育、文化、休闲、娱乐、卫生保健和书籍报刊等方面的消费支出，以此实现消费结构的升级，推动生活型服务业发展；二是小型化家庭的存在，可能会影响家庭社会整合功能的正常发挥，引发一系列社会问题，如独身户、单亲户、空巢老人户增多，将会增加对入托、入幼、养老等基本公共服务需求，推动新型服务业和养老产业发展。

性别结构选取总性别比来反映，即每100位女性所对应的男性数。性别比均衡有助于提高经济增长的持续性和稳定性。性别比例失衡，一方面，会造成高储蓄，加剧婚姻挤压现象，"丈母娘经济"会推动住房刚性需求和房价持续上涨；另一方面，加剧就业矛盾，使得女性就业形势更为严峻。

年龄结构从各年龄段占总人口比重和社会抚养比等方面进行分析。各年龄段主要指0~14岁、15~64岁、65岁及以上三个阶段。年龄结构类型不同，对未来人口再生产的影响也不同。当一个国家或地区60岁及以上老年人口比重达到10%，或65岁及以上人口比重达7%时，会被认为进入老年型社会，继而对经济、社会福利、医疗保健等方面产生深远影响。社会抚养比通常被用来量化人口年龄结构,也称人口负担系数,是指少儿(0~14岁)和老年人口(65岁及以上)之和与劳动年龄人口(15~64岁)之比,社会抚养比小于或等于50%称为人口机会窗口期,也可称为人口红利期,能为经济发展创造有利的人口条件。

三是人口质量层面,从受教育程度和健康状况两个方面进行分析。

受教育程度使用不同学历人口占总人口比重表征。当前,知识对经济发展的推动作用越发明显,人口受教育程度越高,地区经济发展潜力也就越大。受教育程度的优化可以提高地区人口素质,为当地经济发展注入活力。

使用65岁及以上人口数衡量人口健康状况,是因为其能够反映出当地医疗体系是否更健全、城市生活环境是否更宜居。一般地,65岁及以上人口数越多,地区人口健康状况越好。

四是人口分布层面,从城区常住人口数和城镇常住人口数两方面进行分析。

城区常住人口数,可以反映出城市集聚能力的大小。一般地,城区人口数越大,表明城市集聚能力越强,且大量人口聚集可以为城市经济发展提供充足的劳动力。

城镇常住人口会对经济社会发展产生一系列影响:一是城镇人口规模增大,将扩大住房及住房相关产品需求;二是城镇居民收入增长,将促使消费结构向高级化转变;三是城镇人口扩张,会增加基础设施和公共服务需求;四是城镇人口集聚,有助于带动创新经济发展。

第二节 省域副中心建设城市人口发展特征的比较分析

本节对"十四五"时期,长治、大同、临汾、芜湖、赣州、洛阳、宜昌、襄阳、衡阳、岳阳、汕头、湛江、柳州、桂林等14个省域副中心建设城市的人口发展特征进行比较分析。省域副中心建设城市"六普"、"七普"人口数据详见附表10-1。

一 人口总量层面发展特征比较

第七次全国人口普查全市常住人口数,从大到小依次为:赣州、洛阳、湛江、衡阳、汕头、襄阳、岳阳、桂林、柳州、宜昌、临汾、芜湖、长治和大同。2020年全市常住人口数位居前三的是赣州(897.00万人)、洛阳(705.67万人)和湛江(698.12万人)。长治在14个城市中位列倒数第二,与第一的赣州相差近579万人。

第六次、第七次全国人口普查数据相比,14个城市全市常住人口数10年间变化不一,有增有减。其中增加城市增幅从大到小依次为:芜湖、柳州、洛阳、赣州、桂林和汕头,芜湖增加最为明显,增幅达到61.04%,其次是柳州,增幅为10.62%,而其余城市增幅均低于10%。由芜湖较高的常住人口增幅可以推断,该城市拥有充足的劳动力供给,将有助于提升社会生产活动,推动城市经济社会繁荣发展。全市常住人口减少的城市降幅从大到小依次为临汾、岳阳、衡阳、大同、长治、襄阳、宜昌和湛江,湛江降幅最小,仅为0.19%。

二 人口结构层面发展特征比较

(一)户别人口结构特征

1. 家庭户户数

第七次全国人口普查家庭户户数,从大到小依次为:赣州、衡阳、洛阳、湛江、襄阳、桂林、岳阳、宜昌、临汾、柳州、汕头、芜湖、大同和长治,其中达到200万户的城市有赣州(265.06万户)、衡阳(229.94万户)、洛阳(229.40万户)和湛江(200.44万户)。

第六次、第七次全国人口普查数据相比,14个城市家庭户户数10年间都在增加,增幅从大到小依次为:芜湖、赣州、洛阳、柳州、长治、临汾、桂林、衡阳、大同、汕头、襄阳、岳阳、湛江和宜昌。其中,芜湖(74.07%)的增加最为明显,增幅大于70%,其余城市均小于30%,长治

（24.84%）增幅居中等偏上。

2. 平均家庭户人口数

第七次全国人口普查平均家庭人口数，从大到小依次为：汕头、湛江、赣州、洛阳、岳阳、柳州、襄阳、桂林、临汾、衡阳、宜昌、长治、芜湖和大同。其中，汕头（3.66）、湛江（3.30）和赣州（3.07）的平均家庭户人口数大于3人。

第六次、第七次人口普查数据相比，14个城市平均家庭户人口数10年间均呈现下降趋势，降幅依次递减为：临汾、长治、衡阳、大同、赣州、洛阳、岳阳、襄阳、汕头、桂林、柳州、湛江、宜昌和芜湖。其中，降幅排名前三的城市依次是临汾（-24.79%）、长治（-24.05%）和衡阳（-23.28%）。

（二）性别结构特征

第七次全国人口普查数据表明，总人口性别比从大到小依次为：湛江、柳州、衡阳、赣州、芜湖、岳阳、临汾、长治、桂林、宜昌、大同、襄阳、汕头和洛阳。其中，14个城市的总人口性别比都高于100，湛江（108.95）性别结构最差，洛阳（101.2）性别结构最好，长治（103.57）居中。

第六次、第七次全国人口普查数据相比，14个城市总人口性别比变化不一。其中，增加的城市有赣州和汕头；不变的城市是临汾；减少的城市降幅从大到小依次为：桂林、岳阳、宜昌、长治、大同、衡阳、柳州、芜湖、洛阳、湛江和襄阳。城市总人口性别比的下降，可以反映出整个城市呈现性别协调发展的趋势。赣州和汕头总人口性别比持续上升，不利于整个社会的稳定发展。

（三）年龄结构特征

1. 各年龄段情况

第六次、第七次全国人口普查数据相比，各城市年龄人口结构变化存在差异。

就各年龄段人口占比而言，0~14岁人口数占比：有增有减，增加的城市增幅由高到低为：桂林、襄阳、芜湖、岳阳、湛江、柳州、宜昌、洛阳、衡阳和汕头；减少的城市降幅依次由高到低为：大同、赣州、长治和临汾。15~64岁人口数占比：14个城市都呈现下降趋势，降幅从大到小依次为襄阳、岳阳、桂林、宜昌、芜湖、湛江、衡阳、洛阳、柳州、长治、临汾、汕头、大同和赣州。65岁及以上人口数占比：14个城市都呈现上升趋势，上升幅度从大到小依次为长治、临汾、襄阳、大同、宜昌、衡阳、岳阳、洛阳、汕头、芜湖、桂林、赣州、柳州和湛江。

就各城市分年龄段人口总数而言，0~14岁人口数：有增有减，增加的城市增幅从大到小依次为：芜湖、桂林、柳州、湛江、洛阳、襄阳、宜昌、岳阳、汕头和赣州；减少的城市降幅从小到大依次为：衡阳、长治、临汾、大同。15~64岁人口数：有增有减，增加的城市增幅从大到小依次为：芜湖、赣州、柳州；减少的城市降幅从小到大依次为：洛阳、汕头、桂林、湛江、长治、宜昌、大同、临汾、襄阳、衡阳和岳阳。65岁及以上人口数：14个城市均呈增加趋势，增幅从大到小依次为芜湖、长治、洛阳、襄阳、宜昌、临汾、大同、汕头、衡阳、柳州、岳阳、桂林、赣州和湛江。

进一步地，0~14岁人口：出现人口数和占比"双升"的城市有芜湖、洛阳、襄阳、宜昌、岳阳、汕头、湛江、柳州和桂林，有利于未来人口再生；"双降"的城市有长治、大同和临汾，未来不利于形成合理的人口年龄结构。占比上升，人口数下降的城市为衡阳，这是城市人口总数下降更快造成的；占比下降，人口数上升的城市是赣州，城市0~14岁人口增长相较于其他年龄段人口增长较为缓慢。15~64岁人口：不存在人口数值和占比"双升"的城市，多数城市出现"双降"，如长治、汕头、湛江和桂林，表明城市劳动力资源供给呈现下降趋势，不利于城市经济发展。芜湖、赣州和柳州出现了占比下降，人口数增加的趋势，这反映出15~64岁的人口增速小于其他年龄段的人口增长，这可能会增加整个社会的人口抚养负担。65岁及以上人口：14个城市都呈现人口数值和占比"双升"的状态，这表明城市人口老龄化趋势明显。整体来看，柳州呈现较好的人口发展态势。长治呈现老龄化程度加重的趋势，即0~14岁人口和15~64岁人口数值和占比

"双降"、65岁及以上人口数值和占比"双升"。

2. 社会抚养比

由第七次全国人口普查数据测算可知，14个城市人口总抚养比从小到大依次为大同、长治、临汾、宜昌、芜湖、柳州、襄阳、汕头、岳阳、洛阳、赣州、桂林、衡阳、湛江。2020年，大同、长治、临汾、宜昌、芜湖、柳州、襄阳和汕头的社会总抚养比小于50%，处在人口机会窗口期，表明城市劳动力相对供给较为充足，社会负担较轻，有利于城市的经济发展。

第六次、第七次全国人口普查数据相比，14个城市抚养比都呈增长趋势，增幅从大到小依次为襄阳、宜昌、岳阳、桂林、芜湖、衡阳、湛江、柳州、洛阳、长治、临汾、大同、汕头和赣州。

三 人口质量层面发展特征比较

（一）受教育程度特征

第七次全国人口普查数据表明，大学（指大专及以上）人口占比从大到小依次为：芜湖、大同、长治、宜昌、柳州、临汾、洛阳、桂林、襄阳、岳阳、赣州、衡阳、湛江和汕头。长治大学（指大专及以上）人口占比在14个城市中的排名位列第三，反映出长治高素质人才在全市常住人口中占比较多，对推动经济社会朝着创新方向发展具有人才资源优势。高中（含中专）人口占比从大到小依次为：岳阳、宜昌、洛阳、大同、汕头、襄阳、长治、临汾、衡阳、柳州、赣州、桂林、湛江和芜湖；初中人口占比从大到小依次为：临汾、长治、洛阳、衡阳、襄阳、赣州、大同、湛江、桂林、柳州、汕头、岳阳、宜昌和芜湖；小学人口占比从大到小依次为：汕头、芜湖、赣州、桂林、衡阳、湛江、襄阳、柳州、宜昌、岳阳、大同、长治、洛阳、临汾。

第六次、第七次全国人口普查数据相比，各城市受教育程度结构变化不同。其中大学（指大专及以上）人口占比均呈上升趋势，占比变化比例从大到小为：长治、赣州、大同、临汾、汕头、湛江、宜昌、洛阳、襄阳、柳州、桂林、衡阳、岳阳、芜湖。高中（含中专）人口占比有升有降，其中上升城市增幅从大到小依次为：赣州、衡阳、汕头、洛阳、长治、岳阳、宜昌、桂林、柳州、临汾、襄阳、湛江、大同；占比下降的城市为芜湖。初中人口占比有升有降，占比上升的城市为赣州；占比下降城市降幅从小到大依次为：柳州、衡阳、洛阳、桂林、汕头、大同、芜湖、湛江、临汾、岳阳、襄阳、长治、宜昌。小学人口占比有升有降，占比上升的城市为襄阳、芜湖；占比下降城市降幅从小到大依次为：衡阳、岳阳、宜昌、桂林、临汾、湛江、大同、长治、洛阳、柳州、汕头和赣州。

除芜湖、赣州和襄阳之外，其余城市均呈现大学（指大专及以上）人口占比和高中（含中专）人口占比上升，初中人口占比和小学人口占比下降趋势。其中，受教育程度发展较好的城市是长治、赣州和大同，高素质人才可以为当地经济发展注入新的活力，也为企业自主创新和科技平台建设提供人力保障，为高新技术产业的发展奠定雄厚基础。

（二）健康状况特征

由第七次全国人口普查数据可知，65岁及以上人口数从大到小依次为：赣州、衡阳、洛阳、湛江、襄阳、岳阳、桂林、宜昌、芜湖、汕头、柳州、临汾、大同和长治。2020年，14个城市中赣州65岁及以上人口数最多，接近100万，而长治的人口数最少，不足42万人。

第六次、第七次全国人口普查数据相比，14个城市的65岁及以上人口数都有所增加，增幅从大到小依次为：芜湖、长治、洛阳、襄阳、宜昌、临汾、大同、汕头、衡阳、柳州、岳阳、桂林、赣州和湛江。

四 人口分布层面发展特征比较

（一）城区常住人口数特征

由第七次全国人口普查数据可知，城区常住人口占比从大到小依次为：汕头、芜湖、大同、柳州、长治、襄阳、宜昌、桂林、洛阳、湛江、岳阳、临汾、赣州和衡阳。其中，城区常住人口占比最大的城市为汕头（98.83%），表明汕头城市聚集能力最强。长治在14个城市中处于中上位置，反映出其城区集聚能力相对较强。

第六次、第七次全国人口普查数据相比，13个城市城区常住人口数呈现上升趋势，增幅从大到小依次为：赣州、长治、芜湖、桂林、柳州、衡阳、湛江、大同、洛阳、岳阳、襄阳、汕头和临汾；呈现降低趋势的城市为宜昌。

（二）城镇常住人口数特征

由第七次全国人口普查数据可知，城镇常住人口占比从大到小依次为：大同、芜湖、汕头、柳州、洛阳、宜昌、襄阳、岳阳、长治、赣州、衡阳、临汾、桂林和湛江。2020年，大同（72.69%）、芜湖（72.31%）、汕头（70.71%）城镇化率超过了70%；柳州（69.93%）、洛阳（64.98%）、宜昌（63.77%）、襄阳（61.66%）和岳阳（60.66%）城镇化率都超过了60%，均高于2020年全国城镇化率，而其他城市的城镇化率则低于全国平均水平。

第六次、第七次全国人口普查数据相比，14个城市城镇常住人口数呈现增长趋势，增幅从大到小依次为：芜湖、洛阳、赣州、桂林、柳州、长治、宜昌、大同、湛江、岳阳、临汾、襄阳、衡阳和汕头。

第三节　长治人口高质量发展战略举措

以第六次、第七次全国人口普查数据为基础，通过省域副中心建设城市的对比分析可知，长治人口规模呈缩减趋势，人口总量不具优势；户别结构逐步优化，性别结构趋于均衡，老龄化趋势明显，社会抚养负担加重；人口受教育程度有所提升，尤其是大学（指大专及以上）人口占比与其他省域副中心建设城市相比具有明显优势，人口健康状况持续改善；撤县设区后，长治中心城区人口体量大幅提升，但城镇化率处于劣势，集聚能力有待进一步加强。

为促进长治人口长期平稳发展，促进人口与经济、社会、资源、环境协调可持续发展，基于长治人口发展存在特征，从人口数量、人口结构、人口质量、人口分布四方面提出长治人口发展战略举措。

一　促进人口总量平稳增长

"人人都有一双手，人人都有一张口"。人不仅是生产者，可以创造财富，同时也是消费者，具有衣食住行等基本生存需求及教育、医疗、就业、娱乐等其他需求。保持人口总量平稳增长是城市经济社会良性循环的主动力。促进人口总量平稳增长，主要从"内育外引"两方面入手：一是加强生育养育支持，提升人口出生率；二是强化人口居留意愿，吸引外来人口置业安居。

（一）加强生育养育支持

加强生育养育支持，属于"内部挖潜"范畴，最大限度提升本地出生人口数。继而，按照引导树立正确婚恋观、提高优生优育服务水平、降低养育教育成本、完善家庭服务体系等思路，尝试提出支持家庭和儿童健康发展的具体举措。

1. 引导树立正确婚恋观，促进家庭幸福发展

在现代婚恋价值观上，爱情是婚姻的基础。以体系化婚恋教育为基础，建立学校、家庭和社区三位一体的青年婚恋教育体系，让青年形成重视婚姻、重视家庭的价值观，消解互联网碎片化认知带来的非理性思维；搭建官方青年婚恋交友平台，强化青年婚恋服务，创新青年交友模式，打造一批可及性强、信任度高的公益婚恋服务品牌；结合民政、社区与相关专业社会组织及专家开设婚恋课堂、家庭辅导等活动，倡导夫妻和睦、男女平等、情感和谐的优良家教家风，增强青年关于婚恋的正向经验，提升青年的情感经营管理能力；宣传部门推动各媒体、社团、文化公司，打造积极向上的婚恋家庭文化，将美好爱情、幸福家庭具象化，增强青年对于婚姻家庭幸福的情感体验；倡导文明节俭、健康向上的新婚俗，打破婚姻功利化的价值评判。

借鉴案例 10-1：安徽蚌埠青年婚恋工作

为解决青年婚恋交友难题，安徽省蚌埠市妇联、团市委等相关部门充分

发挥作用,搭建青年婚恋交友平台,强化青年婚恋服务。如市妇联组织开展"为了遇见你""七夕青年联谊会""我们相爱吧"等公益交友活动,为单身青年朋友搭建了敞开心扉、展现自我、结识朋友、播种爱情的平台。

团市委将青年婚恋工作纳入《蚌埠市中长期青年发展规划实施意见(2019-2025年)》,明确发挥群团组织作用,因地制宜开展婚恋服务工作。结合党史学习教育,将举办联谊活动列入"我为青年做件事"项目清单,明确每月至少举办一场青年联谊交友活动,帮助青年在蚌埠解决成家问题。

资料来源:作者整理。

2. 依法实施"三孩政策",提高优生优育服务水平

积极响应《中共中央 国务院关于优化生育政策促进人口长期均衡发展的决定》,做好政策调整有序衔接;推进出生医学证明、儿童预防接种、户口登记、医保参保、社保卡申领等出生一件事联办;全面落实妊娠风险筛查评估、高危孕妇专案管理、危急重症救治、孕产妇死亡个案报告和约谈通报等母婴安全五项制度,保障孕产妇和儿童健康;改善医院产科条件,提升产妇生育的良好感受,重视孕产妇生理及心理健康,推进产前产后一体化管理服务,加强婴幼儿养育照护指导;取消社会抚养费等制约措施,清理废止相关处罚规定,将入户、入学、录取与个人生育情况全面脱钩。

3. 全面配套政策支持,降低养育教育成本

以生育配套政策和服务为保障,加强顶层设计,出台政策支持,构建多元化、多层面的普惠托育服务体系,系统化培育托育从业人员,出台对托育服务机构的资质认定、备案管理等制度,加强监督与评估,切实减轻家庭后顾之忧;完善生育支持政策及其相关婚姻生育立法工作,推动落实产假、哺乳假、陪护假制度,支持有条件的企事业单位开展育儿假试点,采取生育奖励补贴、父母育儿假期、入托福利等综合措施,减轻家庭生育成本和养育负担;推出针对适婚青年的公共性租房和购房优惠政策,要求企事业单位保障职工劳动权益,保障职工休息权和休闲空间,引导男性承担更多养育职责;加快推进义务教育均衡发展,切实提高教育投入,使义务教育阶段师生比降

到合理程度，反对过度精细化、攀比型教养教育，降低教育成本和教育焦虑。

4. 完善家庭服务体系，提升家庭发展能力

加强基础性和普惠性家庭服务供给，推动家庭服务向精细化、体系化、高品质化发展，打造一批信得过的优质家政服务企业和机构，培养一批专业家庭服务人才，推动家庭服务业优质发展；做好对独居、空巢、单身、单亲、流动等新型家庭服务工作，对困难群众和特殊群众实现社会工作服务全覆盖，加大对孤儿、留守儿童、寄养儿童、事实无人抚养儿童的社会支持和监督管理，完善社会救助机制；加强家庭建设，鼓励男女平等，夫妻和睦，建设和谐的家庭夫妻关系及亲子关系，对家庭矛盾进行早期预防和干预，倡导社区开展家庭作风教育及家庭心理健康教育。

（二）强化人口居留意愿

强化人口居留意愿，属于"外部拓展"范畴，最大限度吸引外地人口流入。拥有充足的就业岗位是外来人口流入的前提，优化院校专业结构是吸引高校毕业生居留的关键，完善制度改革是降低外来人口流入制度成本的重点。

1. 加大产业集群建设，增加就业岗位

依靠产业聚集，推动产城融合，发展特色产业、优势产业，提升品牌知名度和品牌质量。依托现代煤化工、半导体光电、信创产业、装备制造业、大健康产业等优势产业基础，加强与关联头部企业及产业链上下游企业联系，拓宽产业上下游集群；主动对接京津冀、长三角、粤港澳大湾区、中原城市群等地区，引进更多头部企业、总部企业、独角兽企业以及外资企业来长治投资兴业，争创国家承接产业转移示范基地；对于家属随同流入的，提供就业培训和就业支持，鼓励有条件的企业给予一定的生活补贴，增加其居留意愿。

借鉴案例 10-2：马鞍山的产业转型之路

作为皖江经济带的核心城市之一，马鞍山对标"杭嘉湖"，率先引入"亩均效益"综合评价体系。通过实施优质企业做大做强、潜力企业提档升

级、传统产业改造提升和低效企业倒逼退出"四个专项行动",推动要素资源向高效益、高产出、高成长、高质量企业集聚。

作为安徽"标准地"改革试点的唯一城市,马鞍山通过用地出让标准化、审批监管便捷化、投资项目承诺制,持续优化营商环境,加速工业项目落地,促进生产要素向优质高效领域流动。从"单项评估"到"区域评估"、从"企业跑腿"到"政府代办"、从"被动审批"到"主动承诺""拿地即开工",让项目审批进入"高速时代"。据统计,"标准地"工业项目拿地后,开工周期比以往平均缩短4~6个月。

同时,马鞍山创新"战法",全面梳理近年来亿元以上洽谈、竣工工业项目,分类整理出"洽谈未签约、签约未开工、开工未竣工、在建未入库、竣工未投产、投产未上规、上规未达产"等"七未"项目清单,通过多措并举、"对症下药"、精准破解,唤醒"沉睡"资源,加速项目"落地生根"。

马鞍山还持续深入开展"四送一服",积极促进政策、场地、资金、人才等要素有效对接,出台税源培植考核奖励、实施细则、企业帮扶等机制,加强重点企业人才、技术、品牌、质量和管理等培育,提供优质营商环境。

资料来源:作者整理。

2. 优化院校专业结构,提升高校毕业生居留比例

深化产教融合、校企合作,依托长治学院、长治医学院、山西机电职业技术学院等高等院校和专业培训平台,加强职业教育与企业合作及精准对接,优化院校专业结构;完善高校毕业生就业创业政策支持体系,搭建高校毕业生就业创业平台;发挥社会组织纽带联结功能,加强高校毕业生与其他群体的社会联系和情感参与,增加高校毕业生居留比例。

3. 深化制度改革,促进流动人口融入

完善顶层户籍制度设计和统筹,加快城镇户籍改革,促进新城镇居民在城镇安家落户,保证将新城镇居民全面纳入社会保障体系;推动劳动力市场改革,提高劳动力市场质量,为流动人口提供针对性培训,增加流动人口就

业前景，提高流动人口收入水平；以社区为抓手和着力点，建立流动人口社会支持平台，强调情感沟通，提高社会包容度，增强流动人口居留意愿；逐步实现各项福利制度常住人口全覆盖，协调各项公共资源，实现流动人口与当地居民平等享受教育、医疗、养老权益，实现社会公平正义。

二 主动应对人口结构变化

相较于户别结构逐步优化，性别结构趋于均衡，年龄结构呈现老龄化、社会抚养负担加重等特征。主动应对人口结构变化，主要指应对老龄化趋势给长治经济社会发展带来的冲击。在此，从提前应对公共支出危机、积极应对人口老龄化挑战两方面展开论述。

（一）提前应对公共支出危机

提前应对公共支出危机的前提是精准预测人口变动趋势。以此为基础，合理布局基础设施建设、提升公共服务供给质效。

1. 完善人口数据，预测人口变动

目前长治人口年龄结构"少子化""老龄化"已成为必然趋势，并伴随劳动力人口数量相对减少。继而，需进一步完善人口数据，准确预测未来中长期人口结构变动，为政府中长期决策提供人口实时数据。

2. 统筹财政预算，谨防公共支出危机

在当前以提升生育率为目标的人口政策指引下，出生人口存在微弱上涨的可能，且人口老龄化呈加速趋势，意味着政府为保障少儿和老年人口的教育、医疗、养老等公共支出势必增加。当财政收入一定时，可能会造成对其他公共支出的挤压，影响经济社会健康有序发展。因此，需要依据人口预测数据，提前测算人口公共支出增量，分析现有财政支出状况，对影响公共支出的项目进行客观评估，提高基础设施建设与公共服务供给效率和质量，增强基层政府一般公共预算收支平衡能力，避免出现严重的公共支出危机。

（二）积极应对人口老龄化挑战

积极应对人口老龄化挑战，一方面需要完善"硬性"设施，支持养老产业合理发展；另一方面需要健全"软性"制度，完善老年政策保障。除此之外，政府、市场及社会应认识到，老年人具有丰富的工作经验与熟练的工作技能，在力所能及的范围内，依旧能够为城市经济社会发展贡献力量，继而开发老年人力资源是主动应对老龄化挑战的应有之义。

1. 构建养老服务体系，支持布局养老产业

发展普惠性养老服务，支持家庭承担养老功能，构建居家社区机构相协调、医养康养相结合的养老服务体系；充分调动社区积极性，提升补贴社区居家养老服务设施建设资金，弘扬社区互助文化，建立完善家庭医生签约服务体系；优化民营养老机构发展环境，充分调动企业积极性，吸引更多社会资本投资养老机构；大力促进医养结合，鼓励探索多种形式的医养结合服务模式，鼓励养老机构与周边康复医院等医疗机构对接，鼓励专业医院探索医养结合发展模式，支持有条件的中医院开展中医医养服务；加强对养老照护人员的知识技能培训，提高养老服务机构的工作质量，健全评估监督机制。

2. 完善老年政策保障，发挥老年社会组织作用

完善基本养老保险制度，深化农村养老服务，构建多层次、多支柱的养老保险体系，提高养老保险基金抗风险能力；健全城乡一体化医疗保险制度，完善老年人社会救助制度；积极应对农村人口老龄化，发挥农村村委会作用，积极培育社会组织，发展农村互助幸福院，发展多种形式的社会养老互助模式；树立积极助老观念，形成关爱老人的社会氛围；继续扩大老年人社会参与度，培育和发展适合老年人参与的各种社会组织，并在法律上保证基层老年组织的合法地位，提高老年社会组织的自治和发展能力。

3. 开发老年人力资源，丰富老年社会生活

推进老年人才队伍建设，充分发挥老年人的智力优势、经验优势和技能优势，为其参与经济社会活动搭建平台，为经验丰富、身体健康、有工作技能的老年人再就业提供坚实的政策支撑，积极推动形成老有所为的良好氛围；鼓励老年人利用所学所长，在环境保护、社区服务、科学普及等方面发挥积极作用，开展各类社会服务；促进养老和文化教育融合，丰富老年社会生活，办好老年大学，强化无障碍改造，帮助高龄老人和失能老人便利获得

基本公共服务，利用养老机构开展有益于老年人身心健康的文娱和教育活动；统筹城乡公共文化服务资源，建设基层综合服务文化中心，实现城乡服务互联互通，向老年人常年免费开放；经常举办丰富多彩的老年群体文化活动，满足老年人爱好和需求。

三 着力提升人口质量

人口质量主要包含受教育程度和健康状况两个方面。就受教育程度而言，尽管长治目前大学（指大专及以上）人口占比相较于其他省域副中心建设城市具有明显优势，但尚无法充分满足全国创新型城市建设需求；就人口健康状况而言，在"健康中国"的发展理念下，促进全民健康只有进行时，没有完成时。继而，在人口质量层面，从全面提升人口素质和稳步改善人口健康状况入手分析。

（一）全面提升人口素质

若将人口简单分为以学历教育为主的"学龄人口"和以增强职业技能为主的"职业人口"两类的话，提升人口素质需从深化教育体制改革、增强劳动者职业技能两方面出发。

1. 深化教育体制改革，促进人力资本积累

深化教育体制改革，着力促进教育公平与社会人力资本积累。扩大普惠性幼儿园供给和覆盖率。加快城镇学校扩容增位，改善寄宿制学校条件，完善进城务工人员随迁子女在当地参加高中考试招生政策。支持有条件的院校率先积极探索免费职业教育。调整优化高等教育资源布局，推进长治学院向应用型高校转变，实现人才培养与社会经济发展紧密结合。

2. 增强劳动者职业技能，提升劳动人口质量

以适应经济向高质量转型发展为目标，增强劳动者职业技能，激发劳动者自主创新精神；实施精准就业培训服务，推进重点群体就业援助，搭建多层次的就业信息服务体系；营造良好用工环境，构建和谐劳动关系，调动职工积极性与主动性，实现企业职工共赢发展。

（二）稳步改善人口健康状况

改善人口健康状况，首先需要健全健康教育，提升全民健康素养；其次增强公共服务能力，关注重点人群健康；最后提升环境卫生管理能力，营造全民健康发展环境。

1. 健全健康教育，提升全民健康素养

加大科学健康知识宣传力度，倡导合理膳食，控烟限酒等健康生活方式；实施全民健身计划，推荐健身生活化，完善健身公共体育场地设施和服务网络，普及科学健身指导服务，大力发展群众喜闻乐见的运动项目，鼓励开发特色运动项目；把健康教育纳入各级学校教育计划，为学生提供人文关怀和心理疏导等服务；普及灾难逃生、自救互助、急救等安全知识；重视慢性疾病、心理疾病，提升长期诊疗服务能力。

2. 增强公共卫生服务能力，关注重点人群健康

完善突发公共卫生事件应急机制，健全公共安全管理机制；提高出生人口素质，综合防治出生缺陷，扩大新生儿疾病筛查病种范围，逐步将出生缺陷患儿治疗康复纳入基本医疗保障；提高妇女健康水平，加强妇女常见疾病筛查，重视生育力保护，提升风险防范意识，强化产科安全管理，切实维护母婴安全；促进儿童健康发展，落实儿童健康管理要求，提供评估与指导服务，规范儿童保健和儿科诊疗，完善未成年人和儿童福利体系，发展普惠型儿童福利制度，统筹推进农村留守儿童关爱和困境儿童保障工作，建立健全未成年人保护响应机制，提升儿童食品用品质量安全水平，加强儿童网络保护；增强残疾人保障服务能力，推进各级残疾人康复机构规范化建设，实施精准康复服务，保障残疾人平等接受教育的权利；为残疾人提供支持性就业服务，加强残疾人友好环境建设。

3. 提升环境卫生管理能力，营造全民健康发展环境

改进自然环境和社会环境，开展生态文明建设，完善城市规划、建设和管理，严格饮用水源保护，加强大气污染综合防治，水生态环境治理，土壤污染物治理，进一步改善环境质量；实现精细化管理，进一步提升环境卫生管理工作效能，推广先进技术，提高城市市容和环境卫生水平；完善村镇基

础设施条件，加强村镇环境及生态治理；倡导鼓励全社会参与卫生管理，提升群众文明卫生素养。

四 持续优化人口分布

伴随着经济社会快速发展，人口呈现由乡村向城镇转移的城镇化趋势。在城镇化背景下，又着重表现为人口向优势地区集中的特征。相应地，持续优化人口分布一方面要深入推进新型城镇化进程，构建合理的城镇体系，切实推动农业转移人口市民化；另一方面要遵循人口集聚规律，科学配置公共服务资源，补齐人口流入地社会保障短板。

（一）深入推进新型城镇化进程

构建合理的城镇规模体系，适应农村人口向城镇集聚是新型城镇化的必然要求。就长治而言，一是要协调好中心城区（潞州区）、新建区（上党区、屯留区、潞城区）与其他县区的关系，二是要协调好县城、中心镇、一般乡镇与农村的关系。此外，完善农业转移人口市民化政策、推进就近就地城镇化进程也应成为长治新型城镇化工作的重点任务。

1. 构建合理的城镇体系

深入推进新型城镇化，建立合理的城镇体系，推动区域中心城市人口进一步聚集；推进以县城为重要载体的城镇化建设，以县域为单元统筹城乡发展，补齐县城和小城镇基础设施与公共服务短板，发展一批特色小镇；围绕实施乡村振兴战略，完成县级及以上国土空间规划编制和村庄分类布局，实现村庄规划编制全覆盖，启动乡村建设行动，推动城乡基础设施互联互通，实施新一轮农村人居环境整治五年行动，力争全市美丽宜居示范村达到25%以上；实施与人口配套的土地供给政策，人口持续减少的区县要考虑"减量规划""精明收缩"。

2. 推动农业转移人口市民化

根据产业转型升级与社会经济发展趋势，加强农村职业教育，提升转移劳动力的劳动技能；构建农业转移人口的城乡社会支持网络，全方位、多角度提供教育培训、法律援助、就业信息等服务,鼓励农业转移人口积极参与所在企业、城市社区的集体活动;确保将农业转移人口纳入基本社会保险,逐步建立社会救济制度和最低生活保障制度;将城市保障性住房建设与农业转移人口安置相结合,逐步纳入城市公共住房保障体系;保护农业转移人口农村户籍利益,探索农村户籍利益转化办法,确保生计稳定。

(二)科学配置公共服务资源

从国家层面而言,引导常住人口向中心城市、都市圈和城市群有序转移,是完善城镇化空间布局的主要举措。就长治而言,引导常住人口向中心城区、新建区、县城集聚是优化上党城镇圈空间布局的主要手段。继而,政府公共资源应该跟着人走,即要以常住人口为基准,科学合理配置教育、医疗等公共服务资源。

1. 优化城区公共设施布局

通过科学规划公共服务设施,引导人口合理分布。考虑人口密度和资源环境承载能力,结合城市功能与服务范围,优化公共服务设施规划建设布局,促进城区人口合理分布,提高公共服务设施使用效率;综合考虑城市土地资源承载能力和财政支撑能力,科学确定基本公共服务均等化的实施项目、覆盖范围和保障标准;统筹房地产建设管理和人口调控目标,合理布局新建居住区,规范二手房市场。

2. 补齐县城和中心镇短板

加快推进以县城为重要载体的城镇化建设。加快弥补县城和中心镇在教育、医疗、养老和住房保障等公共服务与社会保障上的短板,大力推动县城提质增效,改善县城人居环境,提高县城承载能力,更好吸纳农业转移人口,促使周边农业转移人口就地城镇化。

五 健全人口发展保障机制

针对长治在人口总量、人口结构、人口质量和人口分布等层面的发展特征,相应提出促进人口总量平稳增长、主动应对人口结构变化、着力提升人口质量、持续优化人口分布的对策举措。需要强调的是，对策举措落实，可有效促进人口高质量发展，这需要进一步树立现代治理理念，强化组织实施保障。

（一）树立现代治理理念

转变人口治理路径，进行科学统筹治理。整合"以人口适应制度"和"以制度适应人口"的治理路径，使制度系统适应人口发展规律，间接影响人口要素，协调其与经济社会发展关系，从而实现"人的全面发展"；科学统筹社会资源和经济发展成果共享，重视公民权利，加强对贫困、残障等弱势人群的扶助，推动社会包容和谐发展。

推动人口信息化管理，注重动态监测评估。强化人口信息登记采集及资源整合，加强行政部门间的人口信息资源共享；推进信息常态化更新机制建设，进一步提高非户籍人口信息采集的准确性；以街道或乡镇为基本单元，实施人口信息定期上报与更新制度，明确各部门数据采集任务分工；健全人口信息管理平台，按照智慧城市的建设要求，实现政府各部门人口信息与地理空间信息的全面融合，为人口、产业和城市空间布局联动调整提供技术支撑；推进数据整合共享和深度应用，开展人口出生、死亡、迁移和区域分布的常态化监测分析，及时发布人口预测预警信息，提高人口信息利用效率，为促进人口平稳发展和政府决策提供翔实准确的人口信息数据。

（二）强化组织实施保障

健全人口发展工作协调机制，统筹重大人口和公共服务政策研究制定工作。政府各部门要将人口工作作为一项长期性、基础性、战略性的系统工程来抓，建立健全促进人口长期均衡发展的工作推进机制，研究制定配套政策和实施方案，统筹社会公共服务资源，完善人口发展政策体系，协调解决人口发展中的重大问题。

坚持正确舆论导向，深入开展人口市情、人口规划和人口政策的宣传解读，及时解答社会各界关注的热点问题，主动回应社会关切，合理引导社会预期。做大做强主流舆论，充分发挥各类媒体作用，加强正面引导，在全社会营造有利于人口长期稳定发展的舆论氛围。同时，协同各级人口宣教机构及组织单位，深入开展群众喜闻乐见的公益性社会活动。将人口问题内涵由过去相对单一的生育层面，扩展到人口与家庭发展、人口与健康生活等更为丰富的层面，逐步树立大人口、大卫生、大健康、大数据理念。

重视数据跟踪分析，定期监测、更新人口情况，及时发现和解决人口发展过程中存在的问题。根据经济普查与人口普查结果，对长治经济、产业与人口发展中重大关键问题与矛盾，及时进行深入分析研究，适时调整修订人口发展目标，及时更新关键问题的政策与举措，确保长治人口中长期高质量发展。

第十一章 城市全方位推动高质量发展指标体系建构

在把握新发展阶段、贯彻新发展理念、构建新发展格局的时代背景下，为破解经济社会发展不充分不协调的困境，解决供给侧改革和需求侧管理双重难题，应对外部竞争加剧和内生活力不足的双重挑战，需以全方位推动高质量发展为抓手，全面建设社会主义现代化国家。全方位推动高质量发展，要求当前和今后一段时期，从经济、政治、文化、社会、生态文明和党的建设"六个领域"出发，全面、整体、长期坚持改革创新、攻坚克难，奋力实现更高质量、更有效率、更加公平、更可持续、更为安全的发展。

省域副中心建设城市作为未来带动省域经济社会协调发展的重要引擎，更需以全方位高质量发展为目标。这从客观上要求在科学性、系统性、适应性、可行性、定性与定量相结合的原则下，构建全方位推动高质量发展的指标体系，进而明晰全方位推动高质量发展目标、标准，落实全方位推动高质量发展任务、举措，完善全方位推动高质量发展的政策、制度。

章节结构安排如下：第一部分，在全面把握中央要求的基础上，阐释全方位推动高质量发展的理论逻辑；第二部分，从全国、省域两个层面出发，借鉴高质量发展指标体系编制经验；第三部分，基于全方位推动高质量发展的理论梳理与实践经验，明确全方位推动高质量发展指标体系编制的重点方向；第四部分，全方位推动高质量发展指标体系一览，为省域副中心建设城市经济社会发展指明方向。

第一节 全方位推动高质量发展的理论逻辑

习近平总书记在党的十九大报告"贯彻新发展理念,建设现代化经济体系"部分中明确提出,"我国经济已由高速增长阶段转向高质量发展阶段"。即在国家政策层面,高质量发展更多地落脚在经济领域。全方位推动高质量发展,则将高质量发展的要求从经济领域拓展至经济、政治、文化、社会、生态文明和党的建设等"六个领域"。继而,阐释全方位推动高质量发展的理论逻辑,需着重从两方面入手:一是结合不同时期经济社会发展实际,探寻我国经济发展重点演进历程;二是把握发展趋势、顺应时代潮流,探讨中国特色社会主义建设主要任务演变进程。

一 改革开放后我国经济发展重点演进历程

1978 年以来,在坚持发展是解决我国一切问题的基础和关键的思想指导下,基于中国特色社会主义发展实际,我国经济发展重点先后经历了调整国民经济比例关系、保持经济较快增长、加快转变经济发展方式和促进经济高质量发展四个阶段。

第一阶段(1978~1986 年):以调整国民经济比例关系为重点。改革开放初期,面对国民经济遭到严重破坏的困局,着重调整农业与非农产业、轻工业与重工业比例关系成为当时经济发展的重中之重。

第二阶段(1987~2006 年):以保持经济较快增长为重点。从党的十一届三中全会开始,经过党的十二大,国民经济重大比例严重失调的状况显著改变,全国人民的绝大多数过上了温饱生活。为进一步应对社会总需求大于总供给矛盾尚未根本缓解、新技术革命迅猛发展和市场竞争日益加剧带来的严峻挑战,保持经济较快增长、切实改善人民生活水平成为经济发展战略第二阶段的重点。

第三阶段(2007~2016 年):以加快转变经济发展方式为重点。在经济平稳快速增长背景下,我国综合国力明显增强,人民生活明显改善,国际地位明显提高。面对经济增长资源环境代价过大,城乡、区域、经济社会发展仍然不平衡等问题,加快转变经济发展方式,促进经济又好又快发展成为当时所需。

第四阶段（2017年至今）：以促进经济高质量发展为重点。经过长期努力,中国特色社会主义进入了新时代,在决胜全面建成小康社会,进入全面建成社会主义现代化强国的关键时期,进一步要求以质量变革、效率变革、动力变革为抓手,推动经济高质量发展。

二 中国特色社会主义建设主要任务演变

改革开放以来,基于经济社会发展实际,在经济发展重心不断调整的指引下,国民经济高速增长,物质产品极大丰富,为政治、文化、社会、生态文明和党的建设奠定了坚实基础。同时,自党的十三大以来,加强党的建设、不断提升党的执政能力和领导水平是中国共产党历次全国代表大会报告中的重要内容,为经济、政治、文化、社会、生态文明的全面发展提供了坚强政治保证。继而,现从经济、政治、文化、社会和生态文明五个方面,探讨中国特色社会主义建设任务演进历程。

通过在指导思想上的拨乱反正,我国在各条战线的实际工作中取得了重大胜利,实现了历史性的伟大转变。为此,党的十二大报告重点论述了"促进社会主义经济的全面高涨"的主要举措,以期通过实现国家财政经济状况的根本好转,带动社会风气、党风的根本好转。党的十三大报告着重论述了经济发展战略与经济体制改革的重点任务,并首次涉及了政治体制改革的内容。为了加速改革开放,推动经济发展和社会全面进步,党的十四大报告主要从经济、政治和文化三个方面出发,提出十项改革和建设重点任务。

在社会主义改革开放和现代化建设的新时期,在跨越世纪的新征途上,党的十五大报告第一次系统地提出,建设有中国特色的社会主义经济、政治和文化,并相应在报告的第五、六、七部分进行了详细论述。在全国实现现代化建设"三步走"战略的第一步、第二步目标基础上,党的十六大报告提出全面建设小康社会的目标,涵盖经济、政治、文化和可持续发展四个层面,但报告中尚未充分表述可持续发展的内容。

党的十七大报告中在"实现全面建设小康社会奋斗目标的新要求"中，首次将增强发展协调性、扩大社会主义民主、加强文化建设，与加快发展社会事业、建设生态文明放在同一框架下，第一次将中国特色社会主义建设主要任务落脚在经济、政治、文化、社会、生态文明五个方面。然而，在报告具体论述中，生态文明偏向于从属地位，与"促进国民经济又好又快发展"相融合。进一步地，在全面建成小康社会决胜阶段，党的十八大报告在"加快完善社会主义市场经济体制和加快转变经济发展方式""坚持走中国特色社会主义政治发展道路和推进政治体制改革""扎实推进社会主义文化强国建设""在改善民生和创新社会管理中加强社会建设"后，论述了"大力推进生态文明建设"。至此，以全面推进经济建设、政治建设、文化建设、社会建设、生态文明建设五位一体总布局正式形成。

党的十九大报告在第四部分"决胜全面建成小康社会，开启全面建设社会主义现代化国家新征程"中提出，到2020年，紧扣我国社会主要矛盾变化，统筹推进经济建设、政治建设、文化建设、社会建设、生态文明建设。在全面建成小康社会、实现第一个百年奋斗目标后，要乘势而上开启全面建设社会主义现代化国家新征程，到21世纪中叶，我国物质文明、政治文明、精神文明、社会文明、生态文明全面提升。由此可知，从全面建成小康社会到基本实现现代化，再到全面建成社会主义现代化强国，需持续从经济、政治、文化、社会、生态文明五个方面发力，全方位推动高质量发展。

改革开放以来，伴随着经济社会的快速发展，我国经济总量稳步增长，社会主义民主法治更加健全，精神文明创建进一步提升，普惠性基础性兜底性民生建设持续加强，生态文明建设取得显著成效，政治生态持久风清气正。即经济、政治、文化、社会、生态文明和党的建设"六个领域"的新突破，为全方位推动高质量发展提供了坚实基础。同时，我国作为世界上最大的发展中国家，结构性体制性素质性矛盾依然存在，不充分不平衡不协调问题依然突出，全方位推动高质量发展成为解决一切问题的关键。省域副中心建设城市作为省域经济社会中重点建设的城市，肩负着社会经济发展重任，更应以全方位高质量发展为目标要求。

第二节　高质量发展指标体系编制经验探析

高质量发展是习近平新时代中国特色社会主义经济社会发展的鲜明特色和时代标识。从"发展"到"高质量发展"是质的提升和飞跃，意味着我国发展阶段的转换。自党的十九大报告提出经济高质量发展以来，以"高质量指标体系构建"为主题的学术成果不断涌现，分别从全国层面、省域层面，梳理现有高质量发展指标体系研究，能够在全面深化理解高质量发展内涵的同时，为编制城市全方位推动高质量发展指标体系提供借鉴。

一　全国层面高质量发展指标体系编制经验

无论是"五位一体"总体布局，还是经济高质量发展，均是从全国层面提出的重大战略决策。继而，全国层面高质量发展指标体系，更能反映高质量发展的整体性与一般性。

（一）全国层面高质量发展指标体系维度分析

在中国学术期刊（网络版）数据库中，以篇名"高质量发展"为依据，在搜索 CSSCI 来源期刊中，对全国高质量发展评价引用次数最高的 20 篇文章进行分析。其中，15 篇文章以经济高质量发展为研究对象，5 篇文章探讨高质量发展问题。全国层面高质量发展指标体系汇总，详见表 11-1。

表 11-1　全国层面高质量发展指标体系汇总

序号	篇名	作者	引用（次）	指标维度（个）
1	《中国经济高质量发展的测度与评估》	王伟（2020）	43	创新(9)、协调(8)、绿色(9)、开放(6)、共享(9)
2	《世界经济高质量发展水平的测度及比较》	刘亚雪等（2020）	54	创新(6)、协调(7)、绿色(5)、开放(4)、共享(7)、稳定(3)
3	《我国经济高质量发展测度与国际比较》	史丹等（2019）	86	创新驱动(13)、协调发展(12)、绿色生态(12)、开放稳定(13)、共享和谐(12)

续表

序号	篇名	作者	引用（次）	指标维度（个）
4	《中国经济高质量发展水平、区域差异及分布动态演进》	陈景华等（2020）	55	创新性(16)、协调性(6)、开放性(3)、可持续性(11)、共享性(5)
5	《中国经济高质量发展的测度、比较与战略路径》	吴志军等（2020）	45	综合质效(7)、创新发展(5)、协调发展(5)、绿色发展(5)、开放发展(5)、共享发展(6)
6	《经济高质量发展的测评与差异性分析》	张侠等（2020）	22	经济动力(10)、效率创新(10)、绿色发展(3)、美好生活(8)、和谐社会(3)
7	《我国经济高质量发展评价体系构建与测度研究》	王伟（2020）	17	经济发展的基本面(4)、创新发展(6)、协调发展(6)、绿色发展(5)、开放发展(5)、共享发展(8)
8	《中国经济高质量发展水平的测度及其空间非均衡分析》	郑耀群等（2020）	20	经济发展(11)、科技创新(4)、民生改善(8)、社会发展(12)、绿色生态(9)
9	《中国经济高质量发展水平的测度与时空差异分析》	鲁邦克等（2019）	73	经济增长(6)、创新发展(5)、生态文明(6)、民生发展(6)
10	《中国省际经济高质量发展的测度与分析》	师博等（2018）	393	增长的基本面(4)、社会成果(2)
11	《新时代中国经济高质量发展水平的测度研究》	魏敏等（2018）	608	经济结构优化(6)、创新驱动发展(6)、资源高效配置(4)、市场机制完善(6)、经济增长稳定(4)、区域协调共享(4)、产品服务优质(6)、基础设施完善(6)、生态文明建设(6)、经济成果惠民(5)
12	《中国区域经济高质量发展评价指标体系及测度研究》	马茹等（2019）	387	高质量供给(6)、高质量需求(6)、发展效率(6)、经济运行(8)、对外开放(2)
13	《中国经济高质量发展的逻辑、测度与治理》	杨耀武等（2021）	52	经济成果分配(4)、人力资本及其分布状况(7)、经济效率与稳定性(7)、自然资源与环境(7)、社会状况(7)
14	《经济高质量发展评价指标体系构建与实证》	苏永伟等（2019）	50	质量效益提升(6)、结构优化(4)、动能转化(3)、绿色低碳(4)、风险防控(4)、民生改善(6)
15	《中国经济高质量发展水平测度与差异分析》	唐娟等（2020）	20	投入(3)、产出(2)
16	《中国高质量发展的测度：1978-2018》	简新华等（2020）	42	产品和服务质量(6)、经济效益(5)、社会效益(16)、生态效益(8)、经济运行状态(28)
17	《中国高质量发展的测度及省际现状的分析比较》	聂长飞等（2020）	64	产品和服务质量(7)、经济效益(8)、社会效益(21)、生态效益(11)、经济运行状态(24)

续表

序号	篇名	作者	引用（次）	指标维度（个）
18	《高质量发展评价指标体系探讨》	李金昌等（2019）	560	经济活力(7)、创新效率(4)、绿色发展(5)、人民生活(7)、社会和谐(4)
19	《以人民为中心的高质量发展指标体系构建与测算》	黄敏等（2019）	45	收入(1)、健康(1)、教育(2)、科技(1)、环境(1)、民生(2)
20	《高质量发展的目标要求和战略路径》	张军扩等（2019）	483	高效(6)、公平(7)、可持续(3)

注：指标维度括号中数字为各指标维度下指标个数。
资料来源：

1. 全国层面经济高质量发展指标体系维度分析

狭义视角的经济发展质量仅涉及经济结构优化、创新驱动发展等经济层面，但是伴随着经济高质量发展的推进和深入，学者们逐渐将经济高质量发展内涵延伸到社会建设、文化建设以及生态文明建设等方面。关于经济高质量发展指标体系的构建，大致可分为两大类。

一是以新发展理念为指导，构建经济高质量发展指标体系。"创新、协调、绿色、开放、共享"的新发展理念，是党的十八大提出的重大理论创新，深刻揭示了经济发展规律。因此，部分学者以此为出发点，构建了经济高质量发展的指标体系。具体地，以王伟（2020）为代表的学者，在进行经济高质量发展指标体系构建时，直接以新发展理念作为经济高质量发展的评价维度。此外，更多学者在新发展理念基础上，对经济高质量发展指标体系进行了延伸与拓展。诸如，刘亚雪等（2020）等学者均在新发展理念基础上，新增了经济稳定性指标。

一般地，创新、开放维度属于经济建设范畴，协调维度包含经济建设和社会建设范畴，绿色维度属于生态文明建设范畴，共享维度属于社会建设范畴。即在以新发展理念为指导的经济高质量发展指标体系中，经济建设指标占据了较大比例，社会建设和生态文明建设指标占比较少。

二是基于对经济高质量发展不同内涵的理解，构建经济高质量发展指标体系。由于经济高质量发展尚无统一内涵，不同学者根据自己的研究领域和认知，构建了差异化的经济高质量发展评价体系，分别侧重于经济效益和综合效益两个方面。

构建经济高质量发展指标体系，侧重于经济效益的学者认为，经济高质量发展的基础是经济效益的不断提升，以此带动经济高质量发展。继而，要促进生产要素向优质高效领域流动，提高全要素生产率，实现经济效益的最大化。在该理念下构建的经济高质量发展指标体系中，经济建设指标占比较高。

诸如，师博等（2018）构建了包括增长基本面和社会成果两个维度的经济增长质量指标体系，其中经济建设指标占总指标的2/3。魏敏等（2018）从经济结构优化、创新驱动发展、资源高效配置、市场机制完善、经济增长稳定、区域协调共享、产品服务优质、基础设施完善、生态文明建设、经济成果惠民十个方面构建了高质量发展评价体系，其中八个方面均属于经济建设范畴。马茹等（2019）从高质量供给、高质量需求、发展效率、经济运行和对外开放五个方面构建了高质量评价体系，评价指标基本均为经济建设范畴。唐娟等（2020）认为以效率变革推动经济高质量发展，是促进我国经济发展方式转变的主线，进而从投入、产出两个维度评价高质量发展的效率。

构建经济高质量发展指标体系，侧重于综合效益的学者认为，经过多年快速发展，中国于2010年成为世界第二大经济体。然而在高投入、高消耗和高增长的背后，能源过度耗费、环境质量恶化、经济结构失衡、收入差距拉大、创新驱动不足等增长质量问题逐渐凸显。若想实现经济高质量发展，应综合考虑经济建设、社会建设、生态文明建设等方面的均衡发展，重视综合效益。在该理念下构建的经济高质量发展指标体系中，经济建设指标与社会建设、生态文明建设等指标数量基本均衡。

诸如，苏永伟等（2019）从质量效益提升、结构优化、动能转化、绿色低碳、风险防控、民生改善六个方面构建了经济高质量发展指标体系。其中，质量效益提升、结构优化、动能转化、风险防控均属于经济建设范畴，绿色低碳属于生态文明建设范畴，民生改善属于社会建设范畴。杨耀武等（2021）从经济成果分配、人力资本及其分布状况、经济效率与稳定性、自然资源与环境、社会状况六个方面构建经济高质量指标体系。其中，经济成果分配、经济效率与稳定性为经济建设范畴，人力资本及其分布状况、社会状况为社会建设范畴，自然资源与环境为生态文明建设范畴。

2. 全国层面高质量发展指标体系维度分析

党的十九届五中全会把高质量发展要求从最初的经济领域拓展到党和国家事业发展的各方面，为开启全面建设社会主义现代化国家新征程指明了方向。进而，以高质量发展为研究主题的成果，更易于从现有指标维度与"五位一体"+"党建"相联系。代表性观点如下。

简新华等（2020），聂长飞等（2020）将高质量发展界定为产品和服务质量高、经济效益高、社会效益高、生态效益高和经济运行状态好，并从以上五个方面构建高质量发展指标体系。其中，产品和服务质量、经济效益、经济运行状态属于经济建设范畴，生态效益属于生态文明建设范畴，社会效益属于社会建设范畴。李金昌等（2019）从经济活力、创新效率、绿色发展、人民生活、社会和谐五个方面构建了高质量发展的指标体系。其中，经济活力、创新效率属于经济建设范畴，绿色发展属于生态文明建设范畴，人民生活、社会和谐属于社会建设范畴。黄敏等（2019）以能否满足"人民日益增长的美好生活需要"为导向，从收入、健康、教育、科技、环境、民生六个维度构建中国高质量发展指标体系。其中，收入、科技为经济建设范畴，健康、教育、民生为社会建设范畴，环境为生态文明建设范畴。张军扩等（2019）认为，高质量发展是以满足人民日益增长的美好生活需要为目标的高效率、公平和可持续的发展，继而，从高效、公平、可持续三个方面构建指标体系。其中，高效涉及经济建设范畴，公平涉及社会建设范畴，可持续涉及生态文明建设范畴。

（二）全国层面高质量发展测量指标分析

通过对现有20个指标体系进行梳理，不重复的测量指标共354个。为更好挖掘在高质量发展指标体系中不可或缺的共性指标，筛选出重复次数5次及以上的测量指标，详见表11-2。其中，经济建设指标14个，社会建设指标7个，生态文明建设指标6个。

表 11-2　全国层面高质量发展体系测量指标

序号	分类	测量指标名称	出现次数(次)
1	经济建设	R&D 经费投入强度(%)	11
2		外贸依存度(%)	11
3		劳动生产率(%)	9
4		产业结构高级化指数	8
5		外资依存度(%)	8
6		第三产业占 GDP 比重(%)	7
7		人均 GDP(元/人)	7
8		GDP 增长率(%)	7
9		资本生产率(%)	6
10		R&D 人员数占总人口比重(%)	5
11		技术市场成交额占 GDP 比重(%)	5
12		全要素生产率(%)	5
13		产业结构合理化指数	5
14		经济波动率(%)	5
15	社会建设	常住人口城镇化率(%)	9
16		城镇登记失业率(%)	8
17		每万人医疗机构床位数(张/万人)	8
18		居民人均可支配收入(元)	8
19		人均受教育年限(年)	6
20		恩格尔系数(%)	6
21		城乡居民人均可支配收入之比	5
22	生态文明建设	森林覆盖率(%)	10
23		生活垃圾无害化处理率(%)	7
24		单位 GDP 废水排放量(吨/万元)	6
25		单位 GDP 废气排放量(吨/万元)	6
26		单位 GDP 固体废物排放量(吨/万元)	5
27		单位 GDP 环境污染治理投资额	5

经济建设指标大致分为四类，分别是经济发展、产业结构、创新驱动以及对外开放。经济增长指标共 6 个，包含劳动生产率、人均 GDP、GDP 增长率、资本生产率、全要素生产率、经济波动率；产业结构指标共 3 个，包含产业结构高级化指数、第三产业占 GDP 比重、产业结构合理化指数；创

新驱动指标共3个，包含R&D经费投入强度、R&D人员数占总人口比重、技术市场成交额占GDP比重；对外开放指标共2个，包含外资依存度、外贸依存度。由此可知，经济建设中经济增长共性指标数量最多，高质量发展阶段提高经济增长速度需要以市场化改革为抓手，推动经济增长动力转化，提升经济潜在增长水平。经济建设中出现频次最高的指标是R&D经费投入强度和外贸依存度，均为11次。

社会建设指标大致分为三类，分别是人民生活、城乡协调以及民生改善。人民生活指标共3个，包含城镇登记失业率、居民人均可支配收入、恩格尔系数；城乡协调指标共2个，包含常住人口城镇化率、城乡居民人均可支配收入之比；民生改善指标共2个，包含每万人医疗机构床位数、人均受教育年限。当前，我国社会主要矛盾已经转化为人民日益增长的美好生活需要和不平衡不充分的发展之间的矛盾，因此社会建设指标中人民生活类指标数量最多。社会建设中出现频次最高的指标是常住人口城镇化率（9次）。

生态文明建设指标大致分为三类，分别是污染排放、环境治理和绿色生态。污染排放共3个指标，包含单位GDP废水排放量、单位GDP废气排放量、单位GDP固体废物排放量；环境治理共2个指标，包含生活垃圾无害化处理率、单位GDP环境污染治理投资额；绿色生态只有1个指标，即森林覆盖率。高质量发展不再是传统意义上"高污染、高消耗、高排放"的发展，而是追求以资源节约型、环境友好型的方式来实现可持续发展。为此，较多的污染排放类指标，便于监测生态文明建设情况，其中，出现频次最高的指标是森林覆盖率（10次）。

二 省域层面高质量发展指标体系编制经验

学习其他省（区、市）高质量发展指标体系编制经验，有助于在省级行政单位层面，为编制城市全方位推动高质量发展指标体系提供好思路、好方法。

（一）省域层面高质量发展指标体系维度分析

在中国学术期刊（网络版）数据库中，以篇名"高质量发展"为依据，搜索 CSSCI 来源期刊中,与省域层面高质量发展相关的文章 20 篇进行分析。其中,12 篇文章研究集中在经济高质量发展测度,8 篇文章侧重研究高质量发展评价。省域层面高质量发展指标体系汇总,详见表 11-3。

表 11-3 省域层面高质量发展指标体系汇总

序号	篇名	作者	引用(次)	指标维度(个)
1	《中国省域经济高质量发展评价及不平衡测算研究》	杨沫等（2021）	1	创新(13)、协调(6)、绿色(13)、开放(5)、共享(10)
2	《中国省域经济高质量发展的测度与评价》	孙豪等（2020）	40	创新发展(4)、协调发展(4)、绿色发展(4)、开放发展(4)、共享发展(4)
3	《中国沿边省区经济高质量发展水平比较研究》	高志刚等（2020）	49	创新发展(7)、协调发展(7)、绿色发展(7)、开放发展(5)、共享发展(7)
4	《我国 30 个省市社会经济高质量发展的综合评价及差异性研究》	陈晓雪等（2019）	42	创新(6)、协调(4)、绿色(8)、开放(4)、共享(7)、有效(5)
5	《北京经济高质量发展研究》	王文举等（2021）	3	创新发展(12)、协调发展(3)、绿色发展(7)、开放发展(5)、共享发展(5)、减量发展(4)
6	《新时代中国省域经济高质量发展测度分析》	张侠等（2021）	18	经济动力(9)、效率创新(9)、绿色发展(3)、美好生活(8)、和谐社会(3)
7	《区域经济高质量发展测度研究:重庆例证》	黄庆华等（2019）	47	经济发展(4)、创新驱动(4)、生态文明(4)、社会民生(4)、基础设施(4)
8	《中国省域经济高质量发展评价研究》	唐晓彬等（2020）	24	经济稳定发展(8)、创新驱动水平(7)、协调发展水平(3)、生态环境水平(4)、对外开放水平(3)、社会发展水平(8)
9	《北京经济高质量发展指标体系及测度研究》	王文举等（2021）	3	经济运行状态(15)、创新驱动(4)、生态文明(7)、社会民生(9)、基础设施(5)
10	《粤港澳大湾区经济高质量发展评价》	凌连新等（2020）	13	经济增长稳定(2)、经济成果惠民(2)、经济结构优化(2)、创新驱动发展(2)、资源配置高效(2)、基础设施完善(2)、区域协调共享(2)、产品服务优质(2)、市场机制完善(2)、生态文明建设(2)
11	《中国省域经济高质量发展水平测度及实现路径:基于使用价值的微观视角》	任保显（2020）	24	生产(6)、分配(5)、流通(6)、消费(5)、外部性(6)

续表

序号	篇名	作者	引用（次）	指标维度（个）
12	《中国省域经济高质量发展水平评价与比较研究》	袁晓玲等（2022）	—	资本投入(1)、劳动投入(1)、土地投入(1)、资源消耗(2)、财政投入(1)、期望产出(4)、非期望产出(3)
13	《江苏高质量发展：测度评价与推进路径》	李子联等（2019）	71	创新(9)、协调(11)、绿色(9)、开放(3)、共享(7)
14	《江苏高质量发展水平测度与提升策略》	陈长江（2019）	25	创新性(9)、协调性(7)、绿色性(9)、开放性(2)、共享性(9)
15	《中国省域高质量发展评价研究》	韩永辉等（2021）	13	发展方式转变(12)、经济结构优化(9)、增长动力转换(8)
16	《东北地区高质量发展的测度及对策研究》	宋冬林等（2021）	4	经济创造力(8)、社会支撑力(8)、制度保障力(5)、环境承载力(4)
17	《供给侧改革背景下湖北高质量发展综合评价研究：基于加权因子分析法的实证研究》	孟祥兰等（2019）	88	经济发展(6)、创新发展(4)、绿色发展(5)、协调发展(4)、民生发展(6)
18	《高质量发展背景下京津冀协同发展评估与空间格局重塑》	文余源等（2022）	—	经济基本面(4)、创新(3)、协调(3)、绿色(4)、开放(4)、共享(4)
19	《东北地区高质量发展评价及其空间特征》	干伟等（2020）	22	有效性(5)、稳定性(3)、协调性(6)、创新性(4)、持续性(5)、分享性(11)
20	《长江经济带高质量发展指标体系构建与测度》	成春林等（2022）	—	生态文明示范力(13)、内外循环畅通力(8)、经济发展支撑力(8)

注：指标维度括号中数字为各指标维度下指标个数。

1. 省域层面经济高质量发展指标体系维度分析

省域层面12个经济高质量发展评价体系，大致以新发展理念、新发展理念补充或分解、经济高质量发展内涵和特征为依据分为三大类。

一是基于新发展理念，构建经济高质量发展指标体系。党的十九大报告指出，发展是解决我国一切问题的基础和关键，发展必须是科学发展，必须坚定不移贯彻创新、协调、绿色、开放、共享的新发展理念。学者们以此为依据，构建了五个维度的省域经济高质量发展指标体系（杨沫等，2021；孙豪等，2020；高志刚等，2020）。其中，创新和开放维度属于经济建设范畴，协调维度属于社会建设范畴，绿色维度属于生态文明建设范畴，共享维度属于社会建设或文化建设范畴。

二是基于新发展理念补充或分解,构建经济高质量发展指标体系。基于研究对象的特点,学者们对经济高质量发展维度进行了补充或分解。诸如,陈晓雪等(2019)在新发展理念的基础上添加了"有效"维度,用于衡量经济发展效率的高低,其本质属于经济建设范畴。王文举等(2021)结合北京发展特征,提出涵盖减量发展的指标体系,以此督促首都实现可持续发展。任保显(2020)基于使用价值的微观视角,构建生产、分配、流通、消费、外部性的指标体系,测度省域经济高质量发展水平。袁晓玲等(2022)通过投入和产出两个方面,评价省域经济高质量发展状况。

三是基于经济高质量发展内涵和特征,构建经济高质量发展指标体系。由于经济高质量发展内涵没有统一标准,学者们构建高质量发展指标体系略有不同。诸如,为推动社会经济发展,部分学者注重经济动力(张侠等,2021)、经济发展(黄庆华等,2019)、经济运行状况(王文举等,2021)、经济增长稳定(唐晓彬等,2020;凌连新等,2020)等维度;为加快建设现代化经济体系,部分学者注重效率创新(张侠等,2021)、创新驱动(黄庆华等,2019;王文举等,2021;唐晓彬等,2020;凌连新等,2020)等维度;为推动形成完善的开放格局,部分学者注重对外开放水平(唐晓彬等,2020)等。上述指标维度大大丰富了经济建设层面评价体系的完善。

2. 省域层面高质量发展指标体系维度分析

通过对8篇高质量发展文章进行分析,高质量发展评价维度大致分为两大类:一是基于新发展理念,构建高质量发展指标体系;二是基于经济社会发展实际,构建高质量发展指标体系。

一是基于新发展理念,构建高质量发展指标体系。一部分学者,直接以新发展理念为指标维度,评价江苏省高质量发展水平(李子联等,2019;陈长江,2019)。另一部分学者,对新发展理念进行了转换和补充,如孟祥兰等(2019)在综合评价湖北高质量发展水平时,新增了民生发展维度,其与共享本质是一样的，均属于社会建设范畴；文余源等（2022）将五大发展理念和经济基本面作为指标维度；王伟等（2020）结合东北地区特征，构建有效性、稳定性、协调性、创新性、持续性和分享性六方面的高质量发展指标体系。

二是基于经济社会发展实际，构建高质量发展指标体系。高质量发展涉及经济社会发展的方方面面，更多学者对于高质量发展的评价，注重结合地区经济社会发展特色。诸如，韩永辉等（2021）以发展方式转变、经济结构优化、增长动力转换三个维度，开展中国省域高质量发展评价研究。宋冬林等（2021）结合东北地区的一般性和特殊性，从经济创造力、社会支撑力、制度保障力、环境承载力四个方面详细分析东北地区的高质量发展水平。成春林等（2022）从生态文明示范力、内外循环畅通力、经济发展支撑三个维度，编制了长江经济带高质量发展指标体系。

（二）省域层面高质量发展测量指标分析

以指标出现次数大于5为依据，筛选出省域层面高质量发展体系中的共性指标，共17个，详见表11-4。具体地，经济建设指标7个，文化建设指标1个，社会建设指标3个，生态文明建设指标6个。

表11-4 省域层面高质量发展体系测量指标

序号	分类	测量指标名称	出现次数（次）
1	经济建设	第三产业占GDP的比重（%）	12
2		外贸依存度（%）	12
3		专利授权数（件）	8
4		R&D经费投入强度（%）	8
5		劳动生产率（%）	6
6		人均GDP（元/人）	6
7		GDP增长率（%）	5
8	文化建设	公共图书馆人均藏书量（本/万人）	6
9	社会建设	城镇登记失业率（%）	12
10		城乡人均可支配收入之比	9
11		每万人医疗机构床位数（张/万人）	6

续表

序号	分类	测量指标名称	出现次数(次)
12	生态文明建设	单位 GDP 能耗(万吨标准煤/亿元)	8
13		二氧化硫排放量(万吨)	7
14		单位 GDP 废水排放量(吨/万元)	7
15		工业固体废弃物综合利用率(%)	5
16		人均公园绿地面积(亩/人)	5
17		森林覆盖率(%)	5

经济建设指标大致分为四类,分别是经济增长、创新驱动、产业结构和对外开放。经济动力指标共 3 个,分别为劳动生产率、人均 GDP 和 GDP 增长率;创新驱动指标共 2 个,分别为专利授权数和 R&D 经费投入强度;经济结构指标和对外开放指标各 1 个,分别为第三产业占 GDP 的比重和外贸依存度。其中,第三产业占 GDP 的比重和外贸依存度出现次数最多,均为 12 次。

文化建设指标最少,仅有公共图书馆人均藏书量 1 个指标,出现了 6 次。现代化的公共图书馆是文化建设的重要体现,因此,公共图书馆人均藏书量受到了学者们的关注。

社会建设指标大致分为三类,分别是社会民生、基础设施和城乡协调。社会民生指标为城镇登记失业率;基础设施指标为每万人医疗机构床位数;城乡协调指标为城乡人均可支配收入比。其中,城镇登记失业率出现最多为 12 次,主要是因为失业率作为宏观经济运行的重要指标之一,能够较好地反映经济景气度的变化情况。

生态文明建设层面大致分为三类,分别是污染排放、污染治理和生态保护。污染排放指标共 3 个,分别为单位 GDP 能耗、二氧化硫排放量和单位 GDP 废水排放量;污染治理指标共 1 个,即工业固体废弃物综合利用率;生态保护指标共 2 个,分别为人均公园绿地面积和森林覆盖率。其中,单位 GDP 能耗出现次数最多为 8 次,说明在当前生态文明建设背景下,对污染排放的关注较多。

三 现有高质量发展指标体系述评

通过对全国层面、省域层面高质量发展指标体系的分析可见，学者们从多方面、多层次出发，对高质量发展指标体系作出了大量探讨，为城市全方位推动高质量发展指标体系编制提供了启示。

从高质量发展的内涵来看，现有全国层面、省域层面的指标体系，更多将高质量发展内涵聚合为创新、协调、绿色、开放、共享新发展理念；将高质量发展实践，从经济建设延展到文化建设、社会建设、生态文明建设等领域。

从高质量发展测量指标来看，经济建设指标最多，大体可分为经济增长、创新驱动、产业结构、对外开放四个方面。首先，经济增长是高质量发展的物质基础，集中反映地区发展活力、竞争力；其次，创新是经济建设的原动力，中国经济进入新常态，迫切需要将创新驱动视为经济发展动力；再次，产业结构优化是影响经济建设的结构性因素，构建现代化产业体系将为经济高质量发展提供有力支撑；最后，对外开放是经济建设的有效途径，积极促进贸易的互联互通，畅通国内国际双循环，有助于经济平稳增长。

文化建设指标较少，仅涉及文化普及方面。文化是培育自信共识的内在动力，是地区软实力的根基，现阶段仅在省域层面的研究中有所体现。然而，只有文化普及方面的指标是不够的，还应包括文化保护与价值开发。其中，文化普及关乎历史文脉的延续，文化保护是凝聚中华民族伟大复兴精神力量的有效途径，文化价值开发则是强化综合竞争力的重要因素。

社会建设指标分为生活水平、公共服务、城乡协调三个方面。首先，居民生活水平显著提高，共享经济发展成果，是高质量发展的目标归宿所在；其次，完善的公共服务，直接关系人民群众的获得感与幸福感，能最大限度调动人民群众共商共建社会主义现代化国家的积极性；最后，城乡协调发展是社会建设的重要基础，是协调各方面利益关系的重要表现形式。

生态文明建设指标分为节能减排、环境治理、生态建设三个方面。尤其是在党的十八大以来,生态文明建设逐渐上升到人类文明发展和社会进步层面,是进一步保障经济社会可持续发展的内在需要。

现有高质量发展维度与共性指标分析,为构建城市全方位推动高质量发展指标体系奠定了坚实基础,但仍需进一步完善政治建设、文化建设和党的建设三个层面的指标,切实践行全方位推动高质量发展的要求。

第三节 编制全方位推动高质量发展指标体系的重点方向

全方位推动高质量发展,不仅是一个经济要求,更是对经济社会发展方方面面的总要求;不是个别的、局部的、暂时的要求,而是全面性、整体性、长期性的要求。即必须从经济建设、政治建设、文化建设、社会建设、生态文明建设和党的建设"六个领域"统筹兼顾,全方位推动。因此,应在梳理全方位推动高质量发展理论逻辑、借鉴高质量发展指标体系编制经验基础上,明确城市全方位推动高质量发展指标体系构建的重点方向。

一 借鉴先进经验,纳入共性指标

高质量发展评价是一个十分复杂、系统的工程。在对全国层面、省域层面高质量发展评价体系梳理基础上,遵循科学性、系统性、适应性、可行性相结合的指标体系构建原则,将现有共性指标进行汇总、提炼,构成城市全方位推动高质量发展指标体系的第一部分。

(一) 城市全方位推动高质量发展指标体系共性指标凝练

现有全国层面、省域层面高质量发展共性指标,在生产效率、产业结构、城乡协调、节能减排四个层面出现了重叠,需进一步凝练。

一是生产效率方面,劳动生产率、资本生产率和全要素生产率均能从一定程度上体现生产效率,存在内涵交叉问题。具体地,劳动生产率指一定时期内单位劳动消耗量创造的产出;资本生产率指一定时期内单位资本存量创造的产出;全要素生产率指一定时期内单位全要素投入量创造的产出。显然，全要素生产率更能反映因科技进步带来的效率提升。继而，使用全要素生产率反映生产率变动状况。

二是产业结构方面，产业结构高级化和第三产业占GDP的比重均能反映经济发展中产业结构的升级情况，具有重复性。具体地，产业结构高级化也称产业结构高度化，指产业结构重心由第一产业向第二产业和第三产业逐次转移的过程，标志着一国经济发展水平的高低；第三产业占GDP的比重即第三产业贡献率，随着经济社会发展，该指标呈不断上升趋势。相较而言，产业结构高级化指标能够更加细化反映产业结构的变化状况，故在此选用产业结构高级化指数。

三是城乡协调方面，城乡居民人均收入比和城乡居民人均可支配收入均反映了城乡居民的收入差距。鉴于此，人均可支配收入数据获取性强，且更能反映城乡居民实际收入差距。因此，选取城乡居民人均可支配收入作为城乡协调类指标。

四是节能减排方面，二氧化硫排放量和单位GDP废气排放量，工业废水排放量和单位GDP工业废水排放量，为总量和单位量的区别，均能反映地区废气排放量和工业废水排放量的大小。为剔除经济体量等因素影响，选取单位GDP废气排放量和单位GDP工业废水排放量两个指标。

(二) 城市全方位推动高质量发展指标体系中共性指标分析

经过共性指标选取，城市全方位推动高质量发展指标体系共性指标详见表11-5。具体囊括了经济发展、文化繁荣、社会和谐、生态文明四个维度，共33个指标。其中，经济发展指标共13个，文化繁荣指标仅有1个，社会和谐指标共8个，生态文明指标共11个。

经济建设对应经济发展层面指标，包含经济增长、创新驱动、产业结构和对外开放四个方面。经济增长含GDP增长率等4个指标；创新驱动含R&D经费投入强度等5个指标；产业结构含产业结构高级化指数等2个指标；对外开放含外贸依存度等2个指标。

表 11-5 城市全方位推动高质量发展指标体系共性指标

一级指标	二级指标	三级指标
经济发展(13个)	经济增长(4个)	GDP 增长率(%)
		人均 GDP(元/人)
		经济波动率(%)
		全要素生产率(%)
	创新驱动(5个)	R&D 经费投入强度(%)
		R&D 人员数占总人口比重(%)
		专利授权数(件)
		技术市场成交额占 GDP 比重(%)
		每万人高校在校生人数(人)
	产业结构(2个)	产业结构高级化指数
		产业结构合理化指数
	对外开放(2个)	外贸依存度(%)
		外资依存度(%)
文化繁荣(1个)	文化普及(1个)	公共图书馆人均藏书量(本/万人)
社会和谐(8个)	生活水平(3个)	城镇登记失业率(%)
		恩格尔系数(%)
		居民人均可支配收入(元)
	公共服务(3个)	每万人医疗机构床位数(张)
		每万人拥有卫生技术人员数(人)
		人均受教育年限(年)
	城乡协调(2个)	常住人口城镇化率(%)
		城乡居民人均可支配收入比
生态文明(11个)	节能减排(3个)	单位 GDP 废气排放量(吨/万元)
		单位 GDP 工业废水排放量(吨/万元)
		单位 GDP 固体废物排放量(吨/万元)
	环境治理(5个)	单位 GDP 能耗(万吨标准煤/亿元)
		单位 GDP 水耗(吨/万元)
		单位 GDP 环境污染治理投资额
		工业固体废弃物综合利用率(%)
		生活垃圾无害化处理率(%)
	生态建设(3个)	建成区绿化覆盖率(%)
		人均公园绿地面积(亩/人)
		森林覆盖率(%)

文化建设对应文化繁荣层面指标，仅包含文化普及层面的公共图书馆人均藏书量。这充分反映出在经济社会不断进步的同时，人们对图书馆建设的重视程度不断提高。

社会建设对应社会和谐层面指标，包含生活水平、公共服务、城乡协调三个方面。生活水平含城镇登记失业率等3个指标；公共服务含每万人医疗机构床位数等3个指标；城乡协调含常住人口城镇化率等2个指标。

生态文明建设对应生态文明层面指标，包含节能减排、环境治理、生态建设三个方面。节能减排含单位GDP废气排放量等3个指标；环境治理含单位GDP能耗等5个指标；生态建设含建成区绿化覆盖率等3个指标。

二 结合城市建设实际，增加特色指标

以共性指标为依据，搭建全方位推动高质量发展指标体系，尚未结合城市经济社会发展实际，故在此结合"十四五"时期大同、临汾、长治等14个省域副中心建设城市资源型经济转型、文化资源开发利用、生态环境改善等发展要求，对指标体系进行充实、完善。城市全方位推动高质量发展指标体系特色指标，详见表11-6。

表11-6 全方位推动高质量发展指标体系特色指标

一级指标	二级指标	三级指标
经济发展	创新驱动(1个)	第二产业比较劳动生产率(%)
	产业结构(2个)	高新技术产业占GDP比重(%)
		先进制造业产出占比(%)
文化繁荣	文化普及(1个)	文盲率(%)
	文化保护(2个)	每万人拥有博物馆个数(个)
		文化遗产保护项目(个)
	价值开发(3个)	文化产业增加值占GDP比重(%)
		文化产业从业人员数(万人)
		国内外游客接待数(万人)
生态文明	节能减排(1个)	人均水资源量(m^3/人)
	环境治理(1个)	水土流失治理程度(%)
	生态建设(1个)	当年造林总面积(千公顷)

(一) 增加创新驱动能力的特色指标

当前我国正处在转变发展方式、优化经济结构、转换增长动力的攻关期，培育创新人才，孵化高端企业，优化政策支持，为城市创新赋能增势尤为重要。省域副中心建设城市作为省域经济社会发展的排头兵，更需通过创新驱动全方位推动高质量发展。因此，为监测城市创新驱动能力，加入第二产业比较劳动生产率；在产业结构方面加入高新技术产业占GDP的比重、先进制造业产出占比两个指标。

(二) 增加文化底蕴深厚的特色指标

城市作为人类生产、生活的集聚地，是人类文明的创造地，是人类的精神寓所，是我国经济、政治、科学技术、文化教育的中心，是中国共产党领导文化建设的中心地与辐射源。省域副中心建设城市应主动承担起文化保护与价值开发的重任，为全面建设中国特色社会主义现代化国家提供强大价值引导力、文化凝聚力和精神推动力。因此，将文化繁荣从文化普及，拓展到文化普及、文化保护和价值开发三个层面。其中，文化普及方面加入文盲率；在文化保护方面加入每万人享有博物馆个数、文化遗产保护项目两个指标；在价值开发方面加入文化产业增加值占GDP比重、文化产业从业人员数、国内外游客接待数3个指标。

(三) 增加生态环境改善的特色指标

传统的城市发展理念以经济增长为核心，往往忽视了环境承载力。雾霾、水污染、噪声污染、生物多样性丧失等生态环境问题，已经成为制约城市全方位高质量发展的掣肘。在重新审视城市发展模式基础上，需进一步提高生态环境承载力，切实改善生态环境。因此，在节能减排方面加入人均水资源量；在环境治理方面加入水土流失治理程度；在生态建设方面加入当年造林总面积。

三 基于"全方位"要求，加入政治建设、党的建设指标

现有高质量发展指标体系，主要从经济建设、社会建设、文化建设、生

态文明建设四个方面考察高质量发展实际情况，缺乏对政治建设和党的建设的考核评价。因此，基于"全方位"推动高质量发展的要求，在城市全方位推动高质量发展指标体系中，加入政治民主和党建引领两个维度的指标。

（一）政治民主指标构建

政治民主属于政治建设范畴，能够为经济建设、文化建设、社会建设和生态文明建设提供坚实政治保证，是实现全方位推动高质量发展的基本保障。

1. 政治民主指标维度解析

政治民主指标体系的构建主要从人民当家做主和法治建设两个层面入手。一是人民当家做主是社会主义民主政治的本质特征，是政治民主的基本要求。只有坚持人民当家做主，人民才会更加自觉地在党的领导下全面推进法治建设，聚合起发展社会主义民主政治的磅礴伟力。只有实现了人民当家做主，才能保证广大人民群众积极参与立法、执法和司法活动，形成最为广泛的爱国统一战线。二是法治建设是社会主义民主政治建设的基本方式，是政治民主的坚强保障。社会主义政治民主要求法治建设，实现民主政治运行的法治化，切实保护人民当家做主的合法权益。同时，社会主义法治建设以保障人民根本利益为出发点和落脚点，保障人民依法享有平等参与国家政治生活的权利。

2. 政治民主测量指标分析

立足于对政治民主两个维度的分析，在政治民主下，设置人民当家做主、法治建设两个二级指标，以及市民案件投诉率、法律宣传频率、年均法律援助次数等7个三级指标，详见表11-7。

人民当家做主层面包含市民案件投诉率和民主参与率两个指标，前者用以表征社会共治情况，后者则衡量了反映人民意愿的民主政治发展状况。

法治建设层面：设法律宣传频率、每万人律师数等5个指标。其中，法律宣传频率反映全民普法工作的推动进程，政府法治经费年增长率体现政府在法治方面的经费保障，每万人律师数表征法律事业的发展程度，年均法律援助次数和年均法律援助经费反映法律服务水平。

表 11-7 全方位推动高质量发展政治民主指标

一级指标	二级指标	三级指标
政治民主	人民当家做主(2)	市民案件投诉率(%)
		民主参选率(%)
	法治建设(5)	法律宣传频率(次/年)
		政府法治经费年增长率(%)
		每万人律师数(个)
		年均法律援助次数(次/年)
		年均法律援助经费(万元/年)

资料来源：作者整理。

(二) 党建引领指标构建

提高党的建设质量、发挥党建引领作用是全方位推动高质量发展的有机组成部分，也是全方位推动高质量发展的根本保证。党的建设最终目标在于在经济、政治、文化、社会、生态文明等各方面实现党建引领，明确高质量发展方向。

1. 党建引领指标维度解析

党建引领涵盖思想建设、基层组织建设、干部队伍建设等三个维度。

一是思想建设是党的基础性建设，具有夯基垒台、强基固本的重要意义。"思想建党"是党的一大特点和优良传统，思想建设旨在保持全党思想统一，创新执政理论，制定和运用正确路线方针政策，是党的先进性建设和执政能力建设的首要工作。

二是基层组织建设是党领导和执政的重要基础。基层党组织是落实党的路线方针和各项工作任务的战斗堡垒，基层党建工作是党的组织建设的重要环节，是完成各项任务、促进全面建设的重要保证。

三是干部队伍建设是关系党和国家长治久安的根本大计。建设一支政治坚定、能力过硬、作风优良、奋发有为的执政骨干队伍，是坚持和发展中国特色社会主义的关键。一方面，要求通过干部队伍建设提高党的执政能力和领导水平，不断增强党组织的创造力、凝聚力、战斗力；另一方面，要求干部队伍保持和发展党的先进性，保持党的先锋队性质不变，充分发挥党员干部的先锋模范作用。

2. 党建引领测量指标选取

立足于对党建引领的维度分析，设置思想建设、基层组织建设、干部队伍建设3个二级指标，党建理论的宣传普及率、民主生活会次数、对年轻干部的提拔数量等8个三级指标，详见表11-8。

表11-8 全方位推动高质量发展党建引领指标

一级指标	二级指标	三级指标
党建引领	思想建设（3）	党建理论的宣传普及率（%）
		思想教育频率（次/年）
		年脱产培训时长（小时/年）
	基层组织建设（3）	民主生活会次数（次/年）
		政务网络平台组建率（%）
		政务网络平台利用率（%）
	干部队伍建设（2）	对年轻干部的提拔数量（个/年）
		无带病提拔或违规晋升的比例（%）

资料来源：作者整理。

思想建设层面：设党建理论的宣传普及率等3个指标，集中反映了党的基本理论宣传教育情况，从侧面反映了在思想上建党并不断提高党性修养的实际情况。

基层组织建设层面：设民主生活会次数等3个指标。其中，民主生活会次数用于衡量基层党组织的管理能力和管理效率；政务网络平台组建率和网络平台利用率两个定量指标，代表基层党组织的组织能力。

干部队伍建设层面：设置对年轻干部的提拔数量、无带病提拔或违规晋升的比例两个指标进行评价。前者反映干部队伍的选人用人情况，后者衡量干部作风和违规违纪情况。

第四节 城市全方位推动高质量发展指标体系一览

城市全方位推动高质量发展指标体系，对应于经济建设、政治建设、文化建设、社会建设、生态文明建设和党的建设六大领域，在借鉴先进经验，纳入共性指标；结合城市实际，增加特色指标；基于"全方位"要求，加入政治建设、党的建设指标的思想指引下，从经济发展、政治民主、文化繁荣、社会和谐、生态文明、党建引领六个维度出发，共设18个二级指标，60个三级指标，各级指标名称与测算方法详见表11-9。

表11-9 城市全方位推动高质量发展指标体系

一级指标	二级指标	三级指标	计算方法
经济发展（16个）	经济增长（4个）	GDP增长率(%)	报告期GDP/基期GDP(可比价)
		人均GDP(元/人)	GDP/常住人口数
		经济波动率(%)	3年期滚动窗口GDP实际增长率的标准差
		全要素生产率	利用DEA技术测算
	创新驱动（6个）	R&D经费投入强度(%)	(研发经费支出/GDP)×100%
		R&D人员数占总人口比重(%)	(R&D人员数/总人口)×100%
		专利授权数(件)	—
		技术市场成交额占GDP比重(%)	(技术市场成交额/GDP)×100%
		每万人高校在校生人数(人)	高校在校生人数/常住人口数
		第二产业比较劳动生产率(%)	(第二产业的产值比重/第二产业劳动力比重)×100%
	产业结构（4个）	产业结构高级化指数	第三产业增加值/第二产业增加值
		产业结构合理化指数	泰尔指数
		高新技术产业增加值占GDP比重(%)	(高新技术产业增加值/GDP)×100%
		先进制造业产出占比(%)	(先进制造业产值/制造业产值)×100%
	对外开放（2个）	外贸依存度(%)	(进出口总额/GDP)×100%
		外资依存度(%)	(外商直接投资/GDP)×100%
政治民主（7个）	人民当家做主（2个）	市民案件投诉率(%)	(市民投诉案件数/总案件数)×100%
		民主参选率(%)	(参选人数/有投票权的选民人数)×100%
	法治建设（5个）	法律宣传频率(次/年)	—
		政府法治经费年增长率(%)	—
		每万人律师数(人/万人)	律师数/常住人口数
		年均法律援助次数(次/年)	—
		年均法律援助经费(万元/年)	—

续表

一级指标	二级指标	三级指标	计算方法
文化繁荣(7个)	文化普及(2个)	公共图书馆人均藏书量(本/万人)	公共图书馆图书藏量/常住人口数
		文盲率(%)	—
	文化保护(2个)	每万人享有博物馆个数(个)	博物馆个数/常住人口数
		文化遗产保护项目(个)	—
	价值开发(3个)	文化产业增加值占GDP比重(%)	(文化产业增加值/GDP)×100%
		文化产业从业人员数(万人)	—
		国内外游客接待数(万人)	—
社会和谐(8个)	生活水平(3个)	城镇登记失业率(%)	—
		恩格尔系数(%)	—
		居民人均可支配收入(元)	—
	公共服务(3个)	每万人医疗机构床位数(张)	医疗机构床位数/常住人口数
		每万人拥有卫生技术人员数(人)	卫生技术人员数/常住人口数
		人均受教育年限(年)	6岁以上人口平均受教育年限
	城乡协调(2个)	常住人口城镇化率(%)	(城镇常住人口数/地区常住人口数)×100%
		城乡居民人均可支配收入之比	城镇居民人均可支配收入/农村居民人均可支配收入
生态文明(14个)	节能减排(4个)	单位GDP废气排放量(吨/万元)	SO_2排放量/GDP
		单位GDP工业废水排放量(吨/万元)	工业废水排放总量/GDP
		单位GDP固体废物排放量(吨/万元)	一般工业固体废物产生量/GDP
		人均水资源量(m^3/人)	水资源量/常住人口数
	环境治理(6个)	单位GDP能耗(万吨标准煤/亿元)	能源消耗量/GDP
		单位GDP水耗(吨/万元)	耗水总量/GDP
		单位GDP环境污染治理投资额	环境污染治理投资额/GDP
		工业固体废弃物综合利用率(%)	—
		生活垃圾无害化处理率(%)	—
		水土流失治理程度(%)	(新增水土流失治理面积/水土流失面积)×100%
	生态建设(4个)	建成区绿化覆盖率(%)	—
		人均公园绿地面积(亩/人)	公园绿地面积/常住人口数
		森林覆盖率(%)	—
		当年造林总面积(千公顷)	—

续表

一级指标	二级指标	三级指标	计算方法
党建引领(8个)	思想建设(3个)	党建理论的宣传普及率(%)	(宣传普及人数/被调查人数)×100%
		思想教育频率(次/年)	—
		年脱产培训时长(小时/年)	—
	基层组织建设(3个)	民主生活会次数(次/年)	—
		政务网络平台组建率(%)	(组建的政务网络平台数/政务部门总数)×100%
		政务网络平台利用率(%)	(投入使用的政务网络平台数/组建的政务网络平台数)×100%
	干部队伍建设(2个)	对年轻干部的提拔数量(个/年)	—
		无带病提拔或违规晋升的比例(%)	(1-带病提拔或违规晋升人数/晋升总人数)×100%

注：计算方法中"—"表示数据可直接获取。

在科学性、系统性、适应性、可行性、定性与定量相结合的原则下，构建城市全方位推动高质量发展指标体系。以此为基础，对省域副中心建设城市进行监测，首先可以明晰省域副中心城市建设目标、标准；其次可从经济、政治、文化、社会、生态文明等全方位，明确城市高质量发展任务、举措；最后基于省域副中心建设城市发展实际，进一步完善政策、制度，营造城市良好发展环境。总而言之，全方位推动高质量发展，客观上要求构建城市全方位推动高质量发展的指标体系，这是坚持目标导向、问题导向、结果导向有机统一的必然要求。

第十一章　城市全方位推动高质量发展指标体系建构

本篇小结

在全党全国各族人民迈上全面建设社会主义现代化国家新征程之际，省域副中心城市建设对于省域经济社会高质量发展的重要意义，从单纯的经济领域拓展至政治、经济、文化、社会、生态文明、党的建设等全领域。相应地，大同、临汾、长治等14个省域副中心建设城市任务艰巨繁重。本篇一方面从理论视角对城市创新生态系统营造、农业全产业链优化、人口高质量发展、全方位推动高质量发展指标体系构建等层面进行较为深入的探讨，另一方面结合省域副中心建设城市长治的发展实际，开展实践探索，以期为省域副中心城市建设提供指导。

城市创新生态系统即在城市范围内，由涵盖创新生产者、创新消费者、创新推动者的城市创新群落，以及包含政策体制、资源禀赋、基础设施和人文素养等创新生存环境所共同构成的相互依存、相互促进的有机整体。拓展创新环节、明晰创新主体职能、满足市场需求、优化创新生存环境等是构建城市创新生态系统的主要途径。针对长治创新生态系统存在的制约因素，提出强化基础研究、提升城市创新服务水平、完善消费与创新环境、厚植创新文化等对策建议。

农业全产业链指农业研发、生产、加工、储运、销售、品牌、体验、消费、服务等环节和生产主体紧密关联、有效衔接、耦合配套、协同发展而形成的有机整体，具备增强抵御国际农产品市场风险能力、推动农业农村优先发展、提升人民群众生活品质、保持经济运行在合理区间的时代价值。当前长治平顺潞党参农业全产业链存在产业链延伸和拓展不到位、利益主体职能不完善、"三产融合"不健全、"四链同构"不均衡的短板，完善农资生产、强化营销流通、深化生产性服务等是未来平顺潞党参全产业链优化的重点方向。

适度扩大人口规模、持续优化人口结构、逐步提高人口质量、动态调整人口分布是实现经济稳步向好发展的有效途径。继而，结合第六次、第七次全国人口普查数据，从人口总量、人口结构、人口质量、人口分布四个层面，对省域副中心建设城市的人口特征进行了梳理。基于长治人口流失、老龄化趋势明显、人口集聚程度较低等实际，提出加强生育养育支持、提前应对公共支出危机、改善人口健康状况、推进新型城镇化进程、健全人口发展保障机制等战略举措。

全方位推动高质量发展不仅为全面建设社会主义现代化国家指明了方向，而且为省域副中心城市建设提出了更高要求。在借鉴先进经验、纳入共性指标，结合城市建设实际，增加特色指标，基于"全方位"要求，加入政治建设和党的建设指标的方向指引下，构建了涵盖经济发展、政治民主、文化繁荣、社会和谐、生态文明、党建引领等6个维度，经济增长、人民当家做主、文化普及、城乡协调、节能减排、思想建设等18个二级指标，以及GDP增长率、市民案件投诉率、公共图书馆人均藏书量、城镇登记失业率、人均水资源量、党建理论的宣传普及率等60个指标的城市全方位推动高质量发展指标体系，助益省域副中心建设城市明确目标标准、落实任务举措、完善政策制度。

参考文献

陈景华等：《中国经济高质量发展水平、区域差异及分布动态演进》，《数量经济技术经济研究》2020年第12期。

陈敏：《新常态下赣州市高技能人才培养研究》，《住宅与房地产》2020年第6期。

陈善浩、陈忠暖、蔡霞：《基于区位几何要素的省域副中心城市铁路出行便捷性分析——以广东省湛江市为例》，《地域研究与开发》2016年第5期。

陈圣安：《襄樊建设省域副中心城市问题的思考》，《长江论坛》2007年第4期。

陈涛等：《赣州市"数字城市"的基本框架建设研究》，《赣南医学院学报》2013年第5期。

陈晓雪、时大红：《我国30个省市社会经济高质量发展的综合评价及差异性研究》，《济南大学学报》（社会科学版）2019年第4期。

陈长江：《江苏高质量发展水平测度与提升策略》，《南通大学学报》（社会科学版）2019年第3期。

成春林等：《长江经济带高质量发展指标体系构建与测度》，《统计与决策》2022年第9期。

邓婕、嵇艳兰：《构建赣州市区域金融中心与振兴赣南等原中央苏区发展》，《江西广播电视大学学报》2019年第1期。

邓婕：《构建赣州区域金融中心探析——以赣南等原中央苏区振兴发展为背景》，《南京广播电视大学学报》2018年第1期。

丁宏鸣：《我国省域副中心城市的建设略论——以湖北省宜昌市为例》，《边疆经济与文化》2010年第4期。

杜泽：《赣州：经开区绽放数字经济之花》，《中国信息界》2020年第6期。

范玲俐:《赣州市融入粤港澳大湾区路径研究》,《经济研究导刊》2020 年第 34 期。

冯章献等:《东北地区收缩城市活力演化及影响因素分析》,《地理科学》2023 年第 5 期。

高玲玲:《中心城市与区域经济增长:理论与实证》,《经济问题探索》2015 年第 1 期。

高志刚、克甝:《中国沿边省区经济高质量发展水平比较研究》,《经济纵横》2020 年第 2 期。

韩永辉、韦东明:《中国省域高质量发展评价研究》,《财贸研究》2021 年第 1 期。

郝寿义、倪鹏飞:《中国城市竞争力研究——以若干城市为案例》,《经济科学》1998 年第 3 期。

胡亚光、钟小根:《赣州推进大湾区康养旅游"后花园"跨越式发展的几点建议》,《质量与市场》2020 年第 16 期。

黄昌富、胡玉蓉:《区际联系视角的省域副中心城市产业定位研究》,《三峡大学学报》(人文社会科学版)2012 年第 1 期。

黄春松:《长三角经济区、珠三角经济区与海西经济区的城市竞争力综合比较——基于因子分析模型的研究》,《经济社会体制比较》2013 年第 1 期。

黄国妍等:《基于复杂网络分析方法的国内外主要城市竞争力比较研究》,《城市发展研究》2019 年第 1 期。

黄涵荣、陈志毅:《中小城市在城市群中的区域发展战略研究——以江西赣州为例》,《城市建筑》2020 年第 9 期。

黄敏等:《以人民为中心的高质量发展指标体系构建与测算》,《统计与信息论坛》2019 年第 10 期。

黄庆华等:《区域经济高质量发展测度研究:重庆例证》,《重庆社会科学》2019 年第 9 期。

简新华等:《中国高质量发展的测度:1978—2018》,《经济学家》2020 年第 6 期。

康智超等:《推动赣州历史文化与旅游业的融合发展》,《农村经济与科技》2016 年第 14 期。

赖晓瑾:《矿产资源枯竭城市转型升级的探讨——以江西赣州为例》,《农村实用技术》2019 年第 4 期。

雷斌:《襄阳建设汉江流域中心城市的战略研究》,《湖北社会科学》2015 年第

3期。

雷依凡等：《基于多源夜间灯光数据的城市活力与城市扩张耦合关系研究——以海峡西岸城市群为例》，《人文地理》2022年第2期。

黎江林等：《高铁对建设省域副中心城市的促进作用研究——以江西赣州为例》，《城市住宅》2019年第11期。

黎中彦等：《城市活力统计测度比较研究》，《调研世界》2021年第8期。

李春香：《城市群视角下我国省域副中心城市发展研究——以湖北宜昌市为例》，《湖北社会科学》2012年第1期。

李金昌等：《高质量发展评价指标体系探讨》，《统计研究》2019年第1期。

李秀娟、杨贤房：《赣州市主要公共服务设施协同布局研究》，《上海房地》2018年第12期。

李子联、王爱民：《江苏高质量发展：测度评价与推进路径》，《江苏社会科学》2019年第1期。

梁健：《赣州 着力打造生态宜居城市》，《江西日报》2010年3月14日，第3版。

凌连新、阳国亮：《粤港澳大湾区经济高质量发展评价》，《统计与决策》2020年第24期。

刘琮、宋伯庆：《赣州资源型城市可持续发展战略》，《资源·产业》2005年第6期。

刘建春：《打好新型城镇化攻坚战 把赣州建设成为省域副中心城市》，《中外企业家》2017年第19期。

刘金峰：《提升省域副中心城市发展能级的对策探讨——以安徽省芜湖市为例》，《中国物价》2023年第5期。

刘明富主编《城市经济管理辞典》，四川省社会科学院出版社，1988，第263页。

刘秋生等：《"一带一路"背景下赣州市新能源汽车产业发展策略研究》，《时代汽车》2020年第12期。

刘瑞珍等：《构建赣州人才聚集高地的对策研究》，《中外企业家》2013年第12期。

刘晓梅：《赣州市推进经济转型升级策略探析》，《山西农经》2018年第20期。

刘晓英：《人力资本与城市竞争力关系研究》，《企业经济》2011年第5期。

刘亚雪等：《世界经济高质量发展水平的测度及比较》，《经济学家》2020年第5期。

刘云舒等：《基于位置服务数据的城市活力研究——以北京市六环内区域为例》，《地域研究与开发》2018年第6期。

龙晓柏、陈德明：《"一带一路"倡议下江西内陆港高质量发展研究》，《老区建设》2020年第10期。

鲁邦克等：《中国经济高质量发展水平的测度与时空差异分析》，《统计与决策》2019年第21期。

吕红平等：《河北省各城市竞争力研究》，《人口与发展》2008年第4期。

刘黎等：《基于模糊物元模型的城市活力评价》，《地理与地理信息科学》2010年第1期。

马茹等：《中国区域经济高质量发展评价指标体系及测度研究》，《中国软科学》2019年第7期。

孟祥兰、邢茂源：《供给侧改革背景下湖北高质量发展综合评价研究——基于加权因子分析法的实证研究》，《数理统计与管理》2019年第4期。

明雨佳等：《基于大数据的山地城市活力评价——以重庆主城区为例》，《资源科学》2020年第4期。

毛炜圣、钟业喜：《长江中游城市群城市活力水平空间格局及影响因素》，《世界地理研究》2020年第1期。

聂长飞等：《中国高质量发展的测度及省际现状的分析比较》，《数量经济技术经济研究》2020年第2期。

彭继增等：《赣州对接融入粤港澳大湾区的可行性研究——基于承接产业转移的视角》，《金融与经济》2020年第5期。

彭智敏：《我国省域副中心城市研究——以湖北宜昌市为例》，《学习与实践》2006年第4期。

邱国伟等：《赣州市承接沿海地区产业转移研究》，《营销界》2020年第30期。

任保显：《中国省域经济高质量发展水平测度及实现路径——基于使用价值的微观视角》，《中国软科学》2020年第10期。

师博等：《中国省际经济高质量发展的测度与分析》，《经济问题》2018年第4期。

史丹等：《我国经济高质量发展测度与国际比较》，《东南学术》2019年第5期。

宋冬林等：《东北地区高质量发展的测度及对策研究》，《学习与探索》2021年第1期。

苏美蕊、任杲：《三生空间视角下省域副中心城市综合承载力研究——以山西省与湖北省为例》，《城市》2022 年第 3 期。

苏永伟、陈池波：《经济高质量发展评价指标体系构建与实证》，《统计与决策》2019 年第 24 期。

孙光晨：《以循环经济为主题、建设绿色经济城市——以江西赣州市为例》，《赣南医学院学报》2010 年第 5 期。

孙豪等：《中国省域经济高质量发展的测度与评价》，《浙江社会科学》2020 年第 8 期。

塔娜等：《基于大数据的上海中心城区建成环境与城市活力关系分析》，《地理科学》2020 年第 1 期。

汤凯、许锦锦：《"一带一路"节点城市竞争力测评与优化》，《经济问题探索》2016 年第 9 期。

唐娟等：《中国经济高质量发展水平测度与差异分析》，《统计与决策》2020 年第 15 期。

唐晓彬等：《中国省域经济高质量发展评价研究》，《科研管理》2020 年第 11 期。

田艳平、秦尊文：《我国省域副中心城市的兴起与发展》，《湖北社会科学》2022 年第 7 期。

童明：《城市肌理如何激发城市活力》，《城市规划学刊》2014 年第 3 期。

王海波等：《从全球视角看中国城市格局、层级与类型——基于全球城市竞争力数据的研究》，《北京工业大学学报》（社会科学版）2019 年第 1 期。

王建国：《包容共享、显隐互鉴、宜居可期——城市活力的历史图景和当代营造》，《城市规划》2019 年第 12 期。

王平：《江西省赣州市：扩大区域城市规模　培育新经济增长极》，《城乡建设》2009 年第 2 期。

王琦：《城市道路交通安全隐患及治理措施——以赣州市中心城区为例》，《运输经理世界》2019 年第 4 期。

王苏洲：《城市形象的四维定位——以江西赣州为例》，《科技经济市场》2011 年第 5 期。

王伟、王成金：《东北地区高质量发展评价及其空间特征》，《地理科学》2020 年第 11 期。

王伟:《我国经济高质量发展评价体系构建与测度研究》,《宁夏社会科学》2020年第6期。

王伟:《中国经济高质量发展的测度与评估》,《华东经济管理》2020年第6期。

王文举、姚益家:《北京经济高质量发展指标体系及测度研究》,《经济与管理研究》2021年第6期。

王文举、祝凌瑶:《北京经济高质量发展研究》,《北京工商大学学报》(社会科学版)2021年第3期。

王晓鹏等:《中国城市竞争力评价量化模型研究》,《数理统计与管理》2008年第3期。

王兴平、黄兴文:《省域中心城市的内涵与选择——以江苏省为例》,《城市发展研究》2002年第3期。

王泽明、边俊杰、《赣州融入粤港澳大湾区》课题组:《以工业产业对接承接为突破口,将赣州打造成为融入粤港澳大湾区协同发展的重要城市——江西省赣州市抢先主动融入粤港澳大湾区路径探析》,《经济师》2019年第9期。

王泽明:《运用统战思维谋划推进区域经济发展的若干思考——江西赣州革命老区依托发达地区优势推动创新发展探索》,《经济师》2019年第1期。

魏敏等:《新时代中国经济高质量发展水平的测度研究》,《数量经济技术经济研究》2018年第11期。

文余源、杨钰倩:《高质量发展背景下京津冀协同发展评估与空间格局重塑》,《经济与管理》2022年第2期。

吴少华、李语佳:《基于主成分分析的西部地区城市竞争力评价研究》,《经济问题》2021年第11期。

吴志军等:《中国经济高质量发展的测度、比较与战略路径》,《当代财经》2020年第4期。

吴忠荟、黄文华:《赣州市深入推进"海绵城市"建设研究》,《农技服务》2016年第16期。

线实、陈振光:《城市竞争力与区域城市竞合:一个理论的分析框架》,《经济地理》2014年第3期。

谢文蕙、邓卫编著《城市经济学》,清华大学出版社,1996,第1~2页。

熊平生:《赣州生态城市建设探讨》,《水土保持研究》2008年第5期。

徐康宁：《论城市竞争与城市竞争力》，《南京社会科学》2002年第5期。

荀关玉：《遵循发展规律建设好曲靖省域副中心城市》，《曲靖师范学院学报》2021年第4期。

杨沫等：《中国省域经济高质量发展评价及不平衡测算研究》，《产业经济评论》2021年第5期。

杨耀武等：《中国经济高质量发展的逻辑、测度与治理》，《经济研究》2021年第1期。

袁晓玲等：《中国省域经济高质量发展水平评价与比较研究》，《经济与管理研究》2022年第4期。

张军扩等：《高质量发展的目标要求和战略路径》，《管理世界》2019年第7期。

张希奇：《湖南省衡阳市创建省域副中心城市路径探索》，《改革与开放》2020年第14期。

张侠、许启发：《新时代中国省域经济高质量发展测度分析》，《经济问题》2021年第3期。

张侠等：《经济高质量发展的测评与差异性分析》，《经济问题探索》2020年第4期。

赵霞、陈丽媛：《增强省域副中心城市辐射功能研究——以湖北宜昌市为例》，《当代经济》2009年第19期。

赵义、王云丰：《"粤港澳大湾区"建设下赣州节点城市的构建研究——基于"一带一路"倡议背景下》，《中国商论》2019年第5期。

郑耀群等：《中国经济高质量发展水平的测度及其空间非均衡分析》，《统计与决策》2020年第24期。

钟祝秀：《浅析提升赣州城市经济实力的具体举措》，《现代经济信息》2018年第21期。

周大鸣：《移民与城市活力——一个都市人类学研究的新视角》，《学术研究》2018年第1期。

周德群等：《城市竞争力：一个系统分析框架及其应用——淮海经济区城市竞争力的测度与分析》，《经济地理》2005年第1期。

周建标等：《中部崛起背景下赣州实现又好又快发展的优势分析》，《山西农业大学学报》（社会科学版）2008年第2期。

周秘、刘多:《关于汕头市加快建设省域副中心城市的路径研究》,《广东经济》2023年第2期。

朱淑华:《建设东南沿海地区旅游休闲"后花园"——以赣州为例》,《新经济》2016年第32期。

朱卫东等:《关于"数字赣州"建设的探讨》,《科技情报开发与经济》2006年第15期。

曾光:《加快提升赣州省域副中心城市发展能级研究》,《苏区研究》2021年第6期。

翟冬平:《苏锡常城市竞争力评价与比较研究》,《城市发展研究》2011年第9期。

附 录

附表 5-1 中部地区省域副中心建设城市的新时代城市竞争力分项指标

地区	年份	城市创新发展竞争力	城市协调发展竞争力	城市绿色发展竞争力	城市开放发展竞争力	城市共享发展竞争力	城市竞争力
大同	2012	1.1480	1.0713	1.1269	1.0766	1.1859	5.6087
	2013	1.1412	1.0754	1.1288	1.0760	1.1521	5.5735
	2014	1.1589	1.0782	1.1360	1.0793	1.1581	5.6106
	2015	1.1626	1.0809	1.1256	1.0840	1.1840	5.6371
	2016	1.1377	1.0849	1.1308	1.0857	1.1854	5.6246
	2017	1.1658	1.0847	1.1452	1.0881	1.1852	5.6690
	2018	1.1802	1.0852	1.1350	1.0902	1.1827	5.6732
	2019	1.2006	1.0842	1.1357	1.0928	1.1933	5.7067
	2020	1.2149	1.0846	1.1404	1.0879	1.1971	5.7249
长治	2012	1.1793	1.0417	1.1532	1.0719	1.1638	5.6099
	2013	1.1601	1.0479	1.1484	1.0738	1.1375	5.5677
	2014	1.1708	1.0622	1.1527	1.0762	1.1375	5.5994
	2015	1.1466	1.0727	1.1490	1.0787	1.1542	5.6012
	2016	1.1747	1.0729	1.1457	1.0804	1.1579	5.6316
	2017	1.1843	1.0867	1.1600	1.0823	1.1588	5.6721
	2018	1.2099	1.0692	1.1629	1.0848	1.1692	5.6960
	2019	1.2194	1.0692	1.1639	1.0808	1.1736	5.7069
	2020	1.2196	1.0699	1.1678	1.0825	1.1795	5.7193

续表

地区	年份	城市创新发展竞争力	城市协调发展竞争力	城市绿色发展竞争力	城市开放发展竞争力	城市共享发展竞争力	城市竞争力
临汾	2012	1.1409	1.0496	1.1206	1.0705	1.1361	5.5176
	2013	1.1258	1.0542	1.1176	1.0718	1.1120	5.4813
	2014	1.1387	1.0640	1.1158	1.0738	1.1141	5.5063
	2015	1.1340	1.0724	1.1279	1.0740	1.1366	5.5448
	2016	1.1465	1.0747	1.1336	1.0746	1.1340	5.5634
	2017	1.1677	1.0938	1.1459	1.0761	1.1353	5.6188
	2018	1.1721	1.0763	1.1539	1.0769	1.1424	5.6215
	2019	1.1955	1.0788	1.1511	1.0786	1.1504	5.6544
	2020	1.2019	1.0791	1.1572	1.0800	1.1549	5.6731
芜湖	2012	1.2951	1.0409	1.1399	1.0713	1.1325	5.6796
	2013	1.3050	1.0402	1.1355	1.0742	1.1410	5.6960
	2014	1.3334	1.0484	1.1545	1.0783	1.1515	5.7660
	2015	1.3470	1.0628	1.1683	1.0815	1.1552	5.8148
	2016	1.3849	1.0650	1.1732	1.0849	1.1602	5.8683
	2017	1.3935	1.0680	1.1691	1.0891	1.1829	5.9026
	2018	1.3872	1.0711	1.1734	1.0933	1.1859	5.9109
	2019	1.3824	1.0755	1.1787	1.1163	1.1903	5.9432
	2020	1.3878	1.0769	1.1853	1.1218	1.2226	5.9944
赣州	2012	1.1520	1.0702	1.0205	1.0502	1.1207	5.4137
	2013	1.1795	1.0720	1.0404	1.0514	1.1090	5.4523
	2014	1.1953	1.0709	1.0629	1.0488	1.1230	5.5010
	2015	1.2137	1.0735	1.0971	1.0493	1.1142	5.5478
	2016	1.2355	1.0765	1.1162	1.0492	1.1295	5.6069
	2017	1.2650	1.0783	1.1200	1.0506	1.1430	5.6569
	2018	1.2846	1.0768	1.1221	1.0491	1.1585	5.6910
	2019	1.2977	1.0806	1.1327	1.0623	1.1716	5.7449
	2020	1.2983	1.0816	1.1376	1.0757	1.1899	5.7833
洛阳	2012	1.2054	1.0569	1.1553	1.0733	1.1632	5.6541
	2013	1.1994	1.0600	1.1483	1.0799	1.1432	5.6308
	2014	1.2196	1.0717	1.1577	1.0835	1.1518	5.6842
	2015	1.2309	1.0749	1.1550	1.0831	1.1459	5.6897
	2016	1.2425	1.0777	1.1651	1.0865	1.1540	5.7259
	2017	1.2617	1.0876	1.1716	1.0914	1.1585	5.7708
	2018	1.2805	1.0807	1.1762	1.0931	1.1730	5.8034
	2019	1.3020	1.0790	1.1686	1.0970	1.1781	5.8247
	2020	1.2983	1.0802	1.1711	1.0954	1.1907	5.8357

续表

地区	年份	城市创新发展竞争力	城市协调发展竞争力	城市绿色发展竞争力	城市开放发展竞争力	城市共享发展竞争力	城市竞争力
宜昌	2012	1.1864	1.0441	1.1177	1.0850	1.1295	5.5628
	2013	1.2181	1.0453	1.1381	1.0894	1.1279	5.6190
	2014	1.2339	1.0489	1.1576	1.0934	1.1394	5.6731
	2015	1.2591	1.0510	1.1642	1.0987	1.1516	5.7246
	2016	1.3057	1.0548	1.1711	1.1053	1.1738	5.8106
	2017	1.2391	1.0642	1.1649	1.1086	1.1704	5.7472
	2018	1.2564	1.0654	1.1679	1.1143	1.1749	5.7788
	2019	1.2726	1.0744	1.1838	1.1211	1.1832	5.8352
	2020	1.2574	1.0772	1.2045	1.1072	1.2027	5.8489
襄阳	2012	1.1751	1.0494	1.1176	1.0717	1.1258	5.5396
	2013	1.1923	1.0498	1.1059	1.0754	1.1123	5.5357
	2014	1.2451	1.0504	1.1365	1.0780	1.1367	5.6467
	2015	1.2530	1.0540	1.1613	1.0826	1.1419	5.6928
	2016	1.2569	1.0576	1.1638	1.0872	1.1441	5.7095
	2017	1.2565	1.0653	1.1717	1.0920	1.1504	5.7359
	2018	1.2726	1.0670	1.1771	1.0971	1.1572	5.7710
	2019	1.2780	1.0716	1.1790	1.1032	1.1596	5.7913
	2020	1.2425	1.0738	1.1808	1.1009	1.1754	5.7733
衡阳	2012	1.1647	1.0675	1.1104	1.0562	1.1057	5.5046
	2013	1.1676	1.0694	1.1096	1.0610	1.0899	5.4975
	2014	1.1670	1.0718	1.1133	1.0628	1.1353	5.5502
	2015	1.1722	1.0746	1.1241	1.0657	1.1291	5.5657
	2016	1.1808	1.0786	1.1406	1.0679	1.1436	5.6114
	2017	1.1944	1.0799	1.1431	1.0689	1.1498	5.6361
	2018	1.2029	1.0873	1.1361	1.0707	1.1411	5.6381
	2019	1.2106	1.0881	1.1432	1.0786	1.1502	5.6708
	2020	1.2269	1.0874	1.1700	1.0914	1.1638	5.7395
岳阳	2012	1.1579	1.0575	1.1273	1.0721	1.1156	5.5305
	2013	1.1673	1.0593	1.1448	1.0555	1.1052	5.5321
	2014	1.1749	1.0619	1.1485	1.0810	1.1094	5.5756
	2015	1.2030	1.0680	1.1348	1.0845	1.1111	5.6014
	2016	1.2101	1.0719	1.1422	1.0874	1.1225	5.6341
	2017	1.2104	1.0841	1.1489	1.0914	1.1285	5.6632
	2018	1.2045	1.0794	1.1448	1.0929	1.1295	5.6510
	2019	1.2484	1.0805	1.1548	1.1005	1.1281	5.7122
	2020	1.2376	1.0797	1.1710	1.1040	1.1481	5.7403

附表 5-2　中部地区地级及以上城市的新时代城市竞争力指数

城　市	2012 年	2013 年	2014 年	2015 年	2016 年	2017 年	2018 年	2019 年	2020 年
武　汉	5.9351	5.9960	6.0504	6.0997	6.1504	6.1617	6.2116	6.2752	6.1429
长　沙	5.9271	5.9770	6.0096	6.0598	6.1245	6.1460	6.1988	6.2333	6.1132
合　肥	5.7661	5.7706	5.8052	5.8531	5.9067	5.9139	5.9763	6.0744	6.0354
芜　湖	5.6796	5.6960	5.7660	5.8148	5.8683	5.9026	5.9109	5.9432	5.9944
郑　州	5.7276	5.7718	5.8101	5.8484	5.8874	5.9636	6.0231	6.0669	5.9846
铜　陵	5.5673	5.5766	5.6354	5.6394	5.7221	5.7523	5.7758	5.7586	5.9509
南　昌	5.7080	5.7339	5.7902	5.8210	5.8171	5.8618	5.9043	5.9420	5.9373
太　原	5.8088	5.8173	5.8388	5.8829	5.9031	5.9203	5.9581	5.9705	5.9284
马鞍山	5.6376	5.6969	5.6949	5.7549	5.7544	5.7942	5.8354	5.8582	5.9277
株　洲	5.6154	5.6175	5.6885	5.7137	5.7513	5.7785	5.8318	5.8862	5.8973
九　江	5.5495	5.5659	5.6174	5.6406	5.6891	5.7621	5.7780	5.8438	5.8702
蚌　埠	5.5405	5.5821	5.6052	5.6755	5.7127	5.7223	5.7424	5.8197	5.8647
萍　乡	5.5308	5.5591	5.5922	5.6313	5.6757	5.7220	5.7713	5.8323	5.8569
宜　昌	5.5628	5.6190	5.6731	5.7246	5.8106	5.7472	5.7788	5.8352	5.8489
新　余	5.6475	5.6570	5.6972	5.7358	5.7659	5.8364	5.8020	5.8178	5.8456
洛　阳	5.6541	5.6308	5.6842	5.6897	5.7259	5.7708	5.8034	5.8247	5.8357
黄　山	5.5618	5.6462	5.6321	5.6724	5.7086	5.7541	5.7741	5.8207	5.8321
滁　州	5.5012	5.5310	5.5672	5.5937	5.6440	5.6552	5.7109	5.7836	5.8301
鹰　潭	5.5025	5.5532	5.5968	5.6402	5.6762	5.7213	5.7349	5.8124	5.8261
湘　潭	5.5702	5.6193	5.6320	5.6762	5.7075	5.7606	5.7929	5.8091	5.8127
宣　城	5.5377	5.6227	5.6390	5.6676	5.7015	5.7356	5.7431	5.7760	5.8111
安　庆	5.5457	5.5584	5.5752	5.5943	5.6729	5.6673	5.6897	5.7555	5.8104
三门峡	5.5818	5.6098	5.6547	5.0244	5.6882	5.7592	5.7652	5.7862	5.8013
景德镇	5.5057	5.5238	5.5467	5.6185	5.6611	5.6746	5.7488	5.7761	5.7939
池　州	5.5336	5.5604	5.5723	5.6194	5.6252	5.6410	5.6670	5.7166	5.7834
赣　州	5.4137	5.4523	5.5010	5.5478	5.6069	5.6569	5.6910	5.7449	5.7833

续表

城 市	2012年	2013年	2014年	2015年	2016年	2017年	2018年	2019年	2020年
鄂 州	5.5250	5.5306	5.5524	5.5974	5.6498	5.6817	5.7085	5.7994	5.7807
宜 春	5.4870	5.5100	5.5530	5.5733	5.6028	5.6519	5.6782	5.7316	5.7783
常 德	5.5762	5.5927	5.5412	5.5782	5.6212	5.6546	5.7009	5.7517	5.7759
十 堰	5.5229	5.5395	5.5783	5.6062	5.6465	5.6666	5.7015	5.7420	5.7755
襄 阳	5.5396	5.5357	5.6467	5.6928	5.7095	5.7359	5.7710	5.7913	5.7733
淮 北	5.5496	5.5274	5.5485	5.5637	5.5686	5.6171	5.6352	5.7050	5.7715
黄 石	5.5493	5.5498	5.5791	5.6209	5.6584	5.6938	5.7150	5.7108	5.7602
淮 南	5.5470	5.5200	5.5233	5.5558	5.5841	5.6329	5.6470	5.7095	5.7569
晋 城	5.6216	5.6010	5.6462	5.6665	5.6345	5.6993	5.7035	5.7205	5.7566
吉 安	5.4883	5.5300	5.5719	5.6028	5.6106	5.6469	5.6656	5.7150	5.7515
抚 州	5.4817	5.5317	5.5500	5.5700	5.6019	5.6798	5.6497	5.6866	5.7500
六 安	5.4880	5.4965	5.5022	5.5370	5.5732	5.6035	5.6513	5.6785	5.7482
许 昌	5.5508	5.5591	5.6134	5.0955	5.6302	5.6630	5.6755	5.6954	5.7467
荆 门	5.4892	5.5043	5.5575	5.5855	5.6287	5.6579	5.6673	5.6960	5.7458
岳 阳	5.5305	5.5321	5.5756	5.6014	5.6341	5.6632	5.6510	5.7122	5.7403
衡 阳	5.5046	5.4975	5.5502	5.5657	5.6114	5.6361	5.6381	5.6708	5.7395
怀 化	5.5668	5.5444	5.5322	5.5566	5.5993	5.6412	5.6553	5.6864	5.7348
郴 州	5.5634	5.5735	5.6065	5.6260	5.6629	5.6867	5.6715	5.7747	5.7302
永 州	5.4915	5.5050	5.5379	5.5512	5.5844	5.6260	5.6549	5.6934	5.7301
大 同	5.6087	5.5735	5.6106	5.6371	5.6246	5.6690	5.6732	5.7067	5.7249
濮 阳	5.4824	5.4971	5.5589	5.5595	5.5743	5.6255	5.6396	5.6993	5.7219
咸 宁	5.5234	5.5332	5.5780	5.6029	5.6212	5.6304	5.6541	5.6982	5.7203
长 治	5.6099	5.5677	5.5994	5.6012	5.6316	5.6721	5.6960	5.7069	5.7193
朔 州	5.6582	5.6243	5.6339	5.6106	5.6175	5.6591	5.6883	5.7278	5.7163
漯 河	5.4527	5.4897	5.5488	5.5587	5.5660	5.6015	5.6232	5.6948	5.7154
上 饶	5.4766	5.5121	4.8782	5.5605	5.5884	5.6151	5.6165	5.6610	5.7148
阳 泉	5.7039	5.6431	5.6528	5.6129	5.6471	5.6968	5.7123	5.7105	5.7117

续表

城 市	2012 年	2013 年	2014 年	2015 年	2016 年	2017 年	2018 年	2019 年	2020 年
邵 阳	5.4716	5.4517	5.4791	5.5215	5.5360	5.5662	5.5990	5.6684	5.7104
晋 中	5.5770	5.5936	5.6099	5.6439	5.6350	5.6806	5.6981	5.7137	5.7096
平顶山	5.5416	5.5429	5.5743	5.5710	5.5914	5.6439	5.6684	5.6854	5.7058
益 阳	5.5143	5.5106	5.5496	5.5819	5.6153	5.6276	5.6593	5.6669	5.7047
新 乡	5.5283	5.5348	5.5641	5.5732	5.6165	5.6450	5.6616	5.6798	5.7000
娄 底	5.5086	5.5024	5.4812	5.4777	5.5488	5.6005	5.6305	5.6689	5.6945
南 阳	5.4557	5.4703	5.5515	5.5648	5.5980	5.6246	5.6324	5.6469	5.6932
驻马店	5.4792	5.5034	5.5397	5.5323	5.5615	5.5731	5.5869	5.5944	5.6917
阜 阳	5.4338	5.4079	5.4371	5.4944	5.5278	5.5491	5.5870	5.6479	5.6906
安 阳	5.5382	5.5422	5.5861	5.5778	5.6195	5.6446	5.6783	5.6611	5.6885
宿 州	5.4266	5.4585	5.4803	5.5234	5.5584	5.5876	5.6075	5.6362	5.6856
鹤 壁	5.4832	5.5332	5.5496	5.5453	5.5610	5.6045	5.6373	5.6796	5.6826
张家界	5.5149	5.5018	5.5129	5.5495	5.6117	5.6399	5.6327	5.6866	5.6792
开 封	5.4783	5.5800	5.5863	5.5949	5.6248	5.6491	5.6627	5.6672	5.6787
信 阳	5.4458	5.4885	5.5242	5.6082	5.5471	5.5483	5.5874	5.6056	5.6777
吕 梁	5.5860	5.5535	5.5277	5.5410	5.5841	5.6473	5.6411	5.6720	5.6763
孝 感	5.4932	5.4993	5.5134	5.5476	5.5759	5.5986	5.5900	5.6254	5.6756
临 汾	5.5176	5.4813	5.5063	5.5448	5.5634	5.6188	5.6215	5.6544	5.6731
黄 冈	5.4375	5.5522	5.6189	5.5533	5.5682	5.5961	5.5979	5.6003	5.6696
焦 作	5.5432	5.5691	5.6119	5.6170	5.6432	5.7026	5.7028	5.7254	5.6595
亳 州	5.4485	5.4631	5.4479	5.4785	5.5074	5.5320	5.5622	5.6208	5.6590
忻 州	5.5190	5.5770	5.6208	5.6358	5.5717	5.6106	5.6186	5.6671	5.6571
运 城	5.5727	5.5995	5.5894	5.5772	5.5806	5.6257	5.6351	5.6461	5.6526
随 州	5.5241	5.5069	5.5434	5.5059	5.5543	5.5712	5.5834	5.6336	5.6381
荆 州	5.4464	5.4488	5.5289	5.5439	5.5731	5.6128	5.6328	5.6643	5.6263
商 丘	5.4705	5.4992	5.5349	5.5177	5.5251	5.5498	5.5777	5.5959	5.6242
周 口	5.4523	5.4919	5.4751	5.4914	5.5056	5.5264	5.5397	5.5611	5.6162

附表 5-3　中部地区省域副中心建设城市的城市活力分项指标

年份	地区	城市科技活力	城市资本活力	城市人口活力	城市活力	地区	城市科技活力	城市资本活力	城市人口活力	城市活力
2012	大同	1.3906	1.0011	1.1644	3.5562	长治	1.4239	1.0188	1.1582	3.6009
2013	大同	1.3689	1.0008	1.1546	3.5243	长治	1.3631	1.0185	1.1559	3.5375
2014	大同	1.4218	1.0000	1.1536	3.5754	长治	1.3959	1.0168	1.1553	3.5680
2015	大同	1.4291	0.9995	1.1631	3.5918	长治	1.3188	1.0169	1.1554	3.4911
2016	大同	1.3573	0.9984	1.1614	3.5171	长治	1.3960	1.0130	1.1538	3.5628
2017	大同	1.4305	1.0045	1.1604	3.5954	长治	1.4159	1.0156	1.1536	3.5851
2018	大同	1.4648	1.0071	1.1594	3.6313	长治	1.4790	1.0182	1.1525	3.6497
2019	大同	1.5016	1.0127	1.1589	3.6732	长治	1.4913	1.0218	1.1514	3.6645
2020	大同	1.5083	1.0400	1.1613	3.7096	长治	1.5202	0.9991	1.1611	3.6804
2012	临汾	1.3298	1.0213	1.1607	3.5118	芜湖	1.6229	1.1544	1.1498	3.9272
2013	临汾	1.2860	1.0205	1.1580	3.4645	芜湖	1.6410	1.1575	1.1502	3.9487
2014	临汾	1.3226	1.0192	1.1555	3.4974	芜湖	1.6967	1.1692	1.1511	4.0170
2015	临汾	1.3083	1.0186	1.1531	3.4800	芜湖	1.7201	1.1799	1.1524	4.0523
2016	临汾	1.3408	1.0168	1.1505	3.5081	芜湖	1.8180	1.1766	1.1517	4.1464
2017	临汾	1.3982	1.0189	1.1497	3.5668	芜湖	1.8477	1.1622	1.1529	4.1628
2018	临汾	1.4132	1.0187	1.1477	3.5796	芜湖	1.8339	1.1522	1.1548	4.1409
2019	临汾	1.4538	1.0220	1.1471	3.6229	芜湖	1.8233	1.1421	1.1557	4.1212
2020	临汾	1.4544	1.0253	1.1613	3.6410	芜湖	1.8493	1.1389	1.1610	4.1492
2012	赣州	1.3193	1.0755	1.1266	3.5214	洛阳	1.4035	1.1399	1.1401	3.6836
2013	赣州	1.3754	1.0793	1.1282	3.5829	洛阳	1.3724	1.1506	1.1496	3.6726
2014	赣州	1.4036	1.0916	1.1188	3.6139	洛阳	1.4260	1.1495	1.1514	3.7269
2015	赣州	1.4377	1.1016	1.1181	3.6574	洛阳	1.4431	1.1553	1.1406	3.7390
2016	赣州	1.4798	1.1220	1.1168	3.7187	洛阳	1.4638	1.1592	1.1391	3.7620
2017	赣州	1.5133	1.1451	1.1191	3.7774	洛阳	1.5066	1.1618	1.1409	3.8092
2018	赣州	1.5487	1.1595	1.1182	3.8263	洛阳	1.5477	1.1499	1.1406	3.8381
2019	赣州	1.5633	1.1746	1.1198	3.8577	洛阳	1.6060	1.1366	1.1415	3.8842
2020	赣州	1.5549	1.1834	1.1613	3.8996	洛阳	1.5848	1.1316	1.1612	3.8776

续表

年份	地区	城市科技活力	城市资本活力	城市人口活力	城市活力	地区	城市科技活力	城市资本活力	城市人口活力	城市活力
2012	宜昌	1.3703	1.0911	1.1657	3.6271	襄阳	1.3384	1.1199	1.1435	3.6018
2013		1.4202	1.1139	1.1658	3.6998		1.3551	1.1487	1.1449	3.6487
2014		1.4636	1.1207	1.1660	3.7504		1.4936	1.1535	1.1448	3.7919
2015		1.5305	1.1243	1.1674	3.8223		1.5136	1.1516	1.1473	3.8125
2016		1.5196	1.1201	1.1699	3.8096		1.5095	1.1620	1.1476	3.8190
2017		1.4673	1.0873	1.1711	3.7257		1.5265	1.1362	1.1492	3.8119
2018		1.5060	1.0886	1.1711	3.7657		1.5754	1.1297	1.1498	3.8549
2019		1.5358	1.0944	1.1717	3.8019		1.5745	1.1362	1.1513	3.8620
2020		1.4793	1.0922	1.1570	3.7286		1.4591	1.1385	1.1613	3.7589
2012	衡阳	1.3345	1.0994	1.1248	3.5587	岳阳	1.3129	1.1151	1.1518	3.5798
2013		1.3420	1.0989	1.1335	3.5745		1.3388	1.1148	1.1594	3.6130
2014		1.3565	1.0809	1.1332	3.5707		1.3500	1.1165	1.1597	3.6261
2015		1.3741	1.0758	1.1316	3.5814		1.4344	1.1094	1.1608	3.7046
2016		1.3971	1.0741	1.1292	3.6004		1.4571	1.1089	1.1599	3.7260
2017		1.4200	1.0869	1.1251	3.6321		1.4671	1.0976	1.1641	3.7288
2018		1.4516	1.0784	1.1264	3.6564		1.4347	1.1067	1.1661	3.7075
2019		1.4620	1.0792	1.1308	3.6720		1.5412	1.1194	1.1645	3.8251
2020		1.4793	1.0989	1.1615	3.7397		1.4698	1.1399	1.1614	3.7710

附表 5-4　中部地区地级及以上城市的城市活力指数

城市	2012年	2013年	2014年	2015年	2016年	2017年	2018年	2019年	2020年
合肥	3.9379	3.9820	4.0092	4.0823	4.2019	4.1270	4.1992	4.2188	4.2098
长沙	3.9783	4.0377	4.0730	4.1179	4.1592	4.1961	4.2569	4.2829	4.1933
芜湖	3.9272	3.9487	4.0170	4.0523	4.1464	4.1628	4.1409	4.1212	4.1492
武汉	4.0430	4.1386	4.1922	4.2401	4.2680	4.3158	4.3518	4.4120	4.1389
南昌	3.7946	3.8249	3.8758	3.9262	3.9681	4.0209	4.0469	4.0954	4.0628
郑州	3.8935	4.0054	4.0240	4.1343	4.1744	4.2072	4.2490	4.2565	4.0572
株洲	3.7427	3.7754	3.8229	3.8650	3.8710	3.8597	3.9301	4.0377	4.0124
马鞍山	3.7576	3.8460	3.7975	3.8956	3.8788	3.8900	3.9298	3.9375	3.9789

续表

城 市	2012 年	2013 年	2014 年	2015 年	2016 年	2017 年	2018 年	2019 年	2020 年
宣 城	3.7117	3.7913	3.7895	3.8087	3.8577	3.8897	3.9266	3.9388	3.9556
九 江	3.5767	3.6512	3.6834	3.7351	3.7769	3.8184	3.8819	3.9329	3.9553
滁 州	3.6169	3.6668	3.6978	3.7587	3.8005	3.8624	3.8750	3.8960	3.9315
太 原	3.7773	3.7628	3.7960	3.8459	3.8265	3.8972	3.9777	3.9794	3.9249
赣 州	3.5214	3.5829	3.6139	3.6574	3.7187	3.7774	3.8263	3.8577	3.8996
宜 春	3.5465	3.5962	3.6338	3.6835	3.7184	3.7750	3.8286	3.8478	3.8988
铜 陵	3.7127	3.7155	3.7806	3.7898	3.7892	3.7840	3.7546	3.7684	3.8969
洛 阳	3.6836	3.6726	3.7269	3.7390	3.7620	3.8092	3.8381	3.8842	3.8776
湘 潭	3.6517	3.6953	3.6892	3.7649	3.7918	3.8569	3.8988	3.9078	3.8699
蚌 埠	3.6307	3.6747	3.6797	3.7524	3.7918	3.7977	3.8091	3.9214	3.8594
新 余	3.6772	3.6278	3.7126	3.7612	3.7666	3.7700	3.7811	3.8202	3.8528
萍 乡	3.5882	3.6115	3.6454	3.6888	3.7090	3.7543	3.8072	3.8408	3.8505
黄 山	3.6637	3.6758	3.6922	3.7195	3.7573	3.8147	3.8420	3.9066	3.8497
鹰 潭	3.5693	3.6508	3.6618	3.7278	3.7331	3.7637	3.8110	3.8896	3.8475
安 庆	3.5792	3.5636	3.6362	3.6457	3.7268	3.7476	3.7916	3.8715	3.8338
吉 安	3.5288	3.6199	3.6404	3.6765	3.6927	3.6950	3.7637	3.7961	3.8298
上 饶	3.4717	3.5262	2.8906	3.6119	3.6336	3.6625	3.7082	3.7510	3.8291
淮 南	3.7332	3.7122	3.6475	3.6690	3.6375	3.6872	3.7367	3.8246	3.8143
六 安	3.4666	3.4852	3.4961	3.5250	3.6209	3.6994	3.7519	3.7518	3.8052
池 州	3.6128	3.6384	3.6488	3.7103	3.6895	3.6797	3.7295	3.7768	3.7982
抚 州	3.5302	3.6034	3.6120	3.6663	3.6836	3.7039	3.7179	3.7459	3.7846
常 德	3.5292	3.5647	3.5861	3.6068	3.6368	3.6769	3.7289	3.8051	3.7826
岳 阳	3.5798	3.6130	3.6261	3.7046	3.7260	3.7288	3.7075	3.8251	3.7710
淮 北	3.6777	3.6629	3.6458	3.6086	3.5932	3.6803	3.6813	3.7653	3.7692
景德镇	3.566	3.5683	3.5996	3.6537	3.6563	3.7118	3.7083	3.7872	3.7675
阜 阳	3.4187	3.4293	3.4749	3.5582	3.5902	3.6121	3.6730	3.7186	3.7674
许 昌	3.5757	3.5898	3.6310	3.2029	3.6671	3.6900	3.7291	3.7545	3.7618
襄 阳	3.6018	3.6487	3.7919	3.8125	3.8190	3.8119	3.8549	3.8620	3.7589
郴 州	3.6030	3.6239	3.6634	3.6646	3.6881	3.6906	3.6977	3.7528	3.7555
晋 中	3.5962	3.5977	3.6371	3.6459	3.6446	3.7032	3.7676	3.7911	3.7536
晋 城	3.6209	3.5708	3.5951	3.5773	3.5667	3.6303	3.6805	3.7078	3.7522
新 乡	3.5826	3.5895	3.6248	3.6092	3.6445	3.6787	3.7120	3.7399	3.7521
邵 阳	3.4703	3.4850	3.5172	3.5658	3.5849	3.6058	3.6482	3.7066	3.7496
衡 阳	3.5587	3.5745	3.5707	3.5814	3.6004	3.6321	3.6564	3.6720	3.7397
怀 化	3.5087	3.5170	3.5024	3.5609	3.5899	3.6487	3.6527	3.7035	3.7380
三门峡	3.5908	3.5772	3.6181	3.1205	3.6181	3.6825	3.7092	3.7360	3.7351

续表

城 市	2012年	2013年	2014年	2015年	2016年	2017年	2018年	2019年	2020年
益 阳	3.5149	3.5342	3.5656	3.5821	3.6316	3.6413	3.6834	3.7269	3.7309
宜 昌	3.6271	3.6998	3.7504	3.8223	3.8096	3.7257	3.7657	3.8019	3.7286
荆 门	3.5345	3.5544	3.5921	3.6245	3.6485	3.6630	3.6888	3.7018	3.7205
永 州	3.4719	3.4926	3.5137	3.5275	3.5639	3.6051	3.6437	3.6904	3.7140
朔 州	3.5996	3.5614	3.6068	3.5038	3.5314	3.6250	3.6424	3.6938	3.7137
大 同	3.5562	3.5243	3.5754	3.5918	3.5171	3.5954	3.6313	3.6732	3.7096
吕 梁	3.5678	3.5659	3.5220	3.4813	3.5498	3.6227	3.6575	3.6852	3.7085
宿 州	3.5067	3.5100	3.5384	3.5732	3.6299	3.6374	3.6727	3.6803	3.7031
驻马店	3.4793	3.5138	3.4985	3.5116	3.5411	3.5668	3.5621	3.5432	3.6943
十 堰	3.5278	3.6007	3.6134	3.6298	3.6338	3.6586	3.6619	3.6957	3.6937
开 封	3.5243	3.5899	3.5884	3.6164	3.6356	3.6414	3.6615	3.6724	3.6928
娄 底	3.5003	3.5332	3.5090	3.5103	3.5358	3.5850	3.6342	3.6876	3.6894
咸 宁	3.5174	3.5675	3.5810	3.5816	3.5998	3.6210	3.6549	3.6841	3.6877
平顶山	3.5260	3.5293	3.5616	3.5467	3.5676	3.6261	3.6452	3.6577	3.6863
商 丘	3.4364	3.4679	3.5050	3.5198	3.5381	3.5583	3.6065	3.6142	3.6842
南 阳	3.4870	3.5094	3.5852	3.6261	3.6592	3.6057	3.6247	3.5870	3.6832
安 阳	3.5059	3.5170	3.5481	3.5561	3.5839	3.5774	3.6325	3.6070	3.6806
濮 阳	3.5233	3.5669	3.5661	3.5722	3.5736	3.5679	3.5810	3.6455	3.6804
长 治	3.6009	3.5375	3.5680	3.4911	3.5628	3.5851	3.6497	3.6645	3.6804
漯 河	3.5070	3.5106	3.5492	3.5650	3.5684	3.6036	3.6357	3.6840	3.6777
孝 感	3.5312	3.5675	3.5907	3.6452	3.6624	3.6597	3.6657	3.6785	3.6765
信 阳	3.4215	3.4665	3.4675	3.6499	3.4832	3.4768	3.4938	3.5072	3.6671
忻 州	3.5231	3.5001	3.4990	3.4943	3.5175	3.5618	3.5681	3.6201	3.6593
黄 石	3.5429	3.5596	3.5857	3.5945	3.6351	3.6569	3.6907	3.5837	3.6582
鹤 壁	3.5182	3.5715	3.5589	3.5576	3.5753	3.5895	3.6340	3.6665	3.6573
阳 泉	3.6194	3.5216	3.5230	3.4962	3.5123	3.5985	3.6254	3.6310	3.6530
亳 州	3.4671	3.5296	3.4807	3.5323	3.5496	3.6170	3.6394	3.6654	3.6506
鄂 州	3.5468	3.5607	3.5616	3.5784	3.6375	3.6868	3.6776	3.6810	3.6505
张家界	3.4775	3.4655	3.5155	3.5311	3.6266	3.6318	3.6207	3.6873	3.6475
运 城	3.4428	3.4601	3.4126	3.4817	3.4952	3.5544	3.5877	3.5889	3.6443
临 汾	3.5118	3.4645	3.4974	3.4800	3.5081	3.5668	3.5796	3.6229	3.6410
黄 冈	3.4650	3.5253	3.5479	3.5959	3.5965	3.6185	3.6248	3.6215	3.6377
周 口	3.3899	3.4822	3.4221	3.4419	3.4488	3.4535	3.4899	3.4920	3.6336
荆 州	3.5029	3.5526	3.5882	3.5956	3.6227	3.6726	3.6948	3.7064	3.6240
随 州	3.4800	3.5084	3.5243	3.5422	3.5483	3.5647	3.5767	3.6351	3.5731
焦 作	3.6213	3.6266	3.6497	3.6584	3.6779	3.6858	3.7260	3.7484	3.5504

附表 5-5 各年份中部地区省域副中心建设城市的新时代城市竞争力障碍因素

年份	城市	障碍因子			城市	障碍因子		
2012	大同	人均地区生产总值（0.0857）	金融机构年末各项贷款余额（0.0825）	职工平均工资（0.0823）	长治	每万人医生数（0.0674）	人均地方财政一般预算内支出（0.0672）	金融机构年末各项贷款余额（0.0670）
2013		人均地区生产总值（0.0643）	工业企业数（0.0624）	每万人医生数（0.0542）		职工基本医疗保险参保人数（0.0629）	职工平均工资（0.0628）	每万人医生数（0.0624）
2014		每万人公共图书馆图书总藏量（0.0712）	房价收入比（0.0696）	人均供水量（0.0662）		科技支出占GDP比重（0.0677）	人均供水量（0.0652）	市辖区建设用地平均产出（0.0635）
2015		污水处理厂集中处理率（0.0721）	职工基本医疗保险参保人数（0.0689）	工业企业数（0.0677）		职工基本医疗保险参保人数（0.0634）	职工基本医疗保险参保人数（0.0621）	市辖区建设用地平均产出（0.0587）
2016		每万人普通高等学校学生数（0.0668）	工业企业数（0.0664）	职工基本医疗保险参保人数（0.0659）		人均地区生产总值（0.0684）	人均地区生产总值（0.0676）	市辖区建成区人口密度（0.0675）
2017		每万人普通高等学校学生数（0.0906）	职工基本医疗保险参保人数（0.0830）	工业企业数（0.0721）		市辖区GDP占全市GDP比重（0.0677）	第二产业占第三产业的比重（0.0677）	市辖区建成区人口密度（0.0652）
2018		每万人普通高等学校学生数（0.0850）	职工基本医疗保险参保人数（0.0800）	市辖区建设用地平均产出（0.0800）		市辖区GDP占全市GDP比重（0.0856）	科技支出占GDP比重（0.0854）	流动人口（0.0834）
2019		教育支出占公共财政支出的比重（0.1181）	职工基本医疗保险参保人数（0.1149）	每万人普通高等学校学生数（0.1070）		科技支出占GDP比重（0.1235）	流动人口（0.1219）	职工基本医疗保险参保人数（0.1039）
2020		教育支出占公共财政支出的比重（0.1420）	市辖区建成区人口密度（0.1323）	职工基本医疗保险参保人数（0.1255）		教育支出占公共财政支出的比重（0.1590）	工业企业数（0.1454）	职工基本医疗保险参保人数（0.1364）

续表

年份	城市	障碍因子			城市	障碍因子		
2012	临汾	每万人公共图书馆图书总藏量（0.0719）	市辖区建成区面积占市辖区面积的比重（0.0705）	每万人普通高等学校学生数（0.0696）	芜湖	流动人口（0.0582）	每万人医生数（0.0578）	职工基本医疗保险参保人数（0.0568）
2013		地区生产总值增长率（0.0667）	市辖区建成区面积占市辖区面积的比重（0.0656）	每万人公共图书馆图书总藏量（0.0644）		人均供水量（0.0653）	流动人口（0.0625）	每万人医生数（0.0619）
2014		市辖区建成区面积占市辖区面积的比重（0.0750）	每万人公共图书馆图书总藏量（0.0727）	工业企业数（0.0718）		市辖区建成区面积占市辖区面积的比重（0.0703）	每万人普通高等学校学生数（0.0685）	市辖区GDP占全市GDP比重（0.0633）
2015		人均地区生产总值（0.0712）	地区生产总值增长率（0.0687）	市辖区建成区面积占市辖区面积的比重（0.0682）		市辖区建成区面积占市辖区面积的比重（0.0660）	每万人普通高等学校学生数（0.0656）	房价收入比（0.0646）
2016		工业企业数（0.0791）	人均地区生产总值（0.0734）	人均一般公共预算收入（0.0713）		教育支出占公共财政支出的比重（0.0774）	市辖区建成区面积占市辖区面积的比重（0.0730）	职工基本医疗保险参保人数（0.0721）
2017		第二产业占第三产业的比重（0.0763）	房价收入比（0.0671）	每万人公共图书馆图书总藏量（0.0666）		市辖区建成区面积占市辖区面积的比重（0.0812）	职工基本医疗保险参保人数（0.0810）	人均供水量（0.0780）
2018		教育支出占公共财政支出的比重（0.0844）	每万人公共图书馆图书总藏量（0.0837）	流动人口（0.0821）		每万人普通高等学校学生数（0.0927）	市辖区GDP占全市GDP比重（0.0806）	职工基本医疗保险参保人数（0.0793）
2019		流动人口（0.1236）	科技支出占GDP比重（0.1227）	教育支出占公共财政支出的比重（0.1222）		工业企业数（0.0973）	每万人普通高等学校学生数（0.0934）	第二产业占第三产业的比重（0.0895）
2020		教育支出占公共财政支出的比重（0.1440）	市辖区建设用地平均产出（0.1424）	科技支出占GDP比重（0.1291）		工业企业数（0.1999）	地区生产总值增长率（0.1872）	第二产业占第三产业的比重（0.1810）

续表

年份	城市	障碍因子			城市	障碍因子		
2012	赣州	每万人普通高等学校学生数（0.0651）	人均社会消费品零售总额（0.0647）	每万人医生数（0.0644）	洛阳	每万人医生数（0.0723）	每万人公共图书馆图书总藏量（0.0721）	科技支出占GDP比重（0.0713）
2013		每万人普通高等学校学生数（0.0658）	职工基本医疗保险参保人数（0.0610）	人均地区生产总值（0.0608）		职工基本医疗保险参保人数（0.0657）	每万人公共图书馆图书总藏量（0.0639）	职工平均工资（0.0637）
2014		每万人普通高等学校学生数（0.0728）	流动人口（0.0670）	人均社会消费品零售总额（0.0652）		市辖区建成区面积占市辖区面积的比重（0.0774）	每万人公共图书馆图书总藏量（0.0687）	科技支出占GDP比重（0.0659）
2015		教育支出占财政支出的比重（0.0708）	流动人口（0.0657）	职工基本医疗保险参保人数（0.0657）		职工基本医疗保险参保人数（0.0610）	流动人口（0.0608）	人均供水量（0.0601）
2016		市辖区建设用地平均产出（0.0737）	流动人口（0.0706）	市辖区建成区人口密度（0.0699）		流动人口（0.0756）	科技支出占GDP比重（0.0700）	职工基本医疗保险参保人数（0.0693）
2017		市辖区建成区面积占市辖区面积的比重（0.0877）	职工基本医疗保险参保人数（0.0824）	流动人口（0.0789）		流动人口（0.0744）	教育支出占财政支出的比重（0.0736）	每万人普通高等学校学生数（0.0736）
2018		市辖区建成区面积占市辖区面积的比重（0.0988）	职工基本医疗保险参保人数（0.0922）	流动人口（0.0914）		流动人口（0.0900）	教育支出占财政支出的比重（0.0840）	职工基本医疗保险参保人数（0.0828）
2019		市辖区建成区面积占市辖区面积的比重（0.1354）	职工基本医疗保险参保人数（0.1253）	流动人口（0.1222）		教育支出占公共财政支出的比重（0.1172）	市辖区建成区人口密度（0.1094）	流动人口（0.1035）
2020		市辖区建成区面积占市辖区面积的比重（0.1820）	第二产业占第三产业的比重（0.1756）	职工基本医疗保险参保人数（0.1673）		教育支出占公共财政支出的比重（0.1633）	地区生产总值增长率（0.1338）	市辖区建成区面积占的比重（0.1314）

311

续表

年份	城市	障碍因子			城市	障碍因子		
2012	宜昌	每万人公共图书馆图书总藏量(0.0735)	每万人普通高等学校学生数(0.0732)	职工平均工资(0.0723)	襄阳	流动人口(0.0799)	每万人公共图书馆图书总藏量(0.0767)	金融机构年末各项贷款余额(0.0732)
2013		职工基本医疗保险参保人数(0.0673)	市辖区建设用地平均产出(0.0657)	市辖区建成区人口密度(0.0647)		职工基本医疗保险参保人数(0.0770)	流动人口(0.0761)	每万人公共图书馆图书总藏量(0.0761)
2014		每万人公共图书馆图书总藏量(0.0728)	人均供水量(0.0700)	教育支出占公共财政支出的比重(0.0668)		流动人口(0.0849)	市辖区GDP占全市GDP比重(0.0790)	每万人公共图书馆图书总藏量(0.0752)
2015		市辖区GDP占全市GDP比重(0.0816)	每万人公共图书馆图书总藏量(0.0770)	教育支出占公共财政支出的比重(0.0770)		市辖区GDP占全市GDP比重(0.0834)	职工基本医疗保险参保人数(0.0806)	市辖区建设用地平均产出(0.0791)
2016		市辖区GDP占全市GDP比重(0.0965)	职工基本医疗保险参保人数(0.0921)	每万人普通高等学校学生数(0.0917)		教育支出占公共财政支出的比重(0.0928)	职工基本医疗保险参保人数(0.0855)	市辖区GDP占全市GDP比重(0.0785)
2017		每万人普通高等学校学生数(0.0880)	市辖区GDP占全市GDP比重(0.0835)	职工基本医疗保险参保人数(0.0767)		职工基本医疗保险参保人数(0.0840)	教育支出占公共财政支出的比重(0.0790)	市辖区建成区人口密度(0.0781)
2018		每万人普通高等学校学生数(0.0994)	市辖区建成区人口密度(0.0959)	市辖区GDP占全市GDP比重(0.0894)		每万人普通高等学校学生数(0.0953)	市辖区GDP占全市GDP比重(0.0925)	市辖区建成区人口密度(0.0867)
2019		市辖区建成区人口密度(0.1126)	第二产业占第三产业的比重(0.1064)	教育支出占公共财政支出的比重(0.0934)		市辖区建成区人口密度(0.1158)	教育支出占公共财政支出的比重(0.1100)	职工基本医疗保险参保人数(0.1066)
2020		房价收入比(0.1069)	第二产业占第三产业的比重(0.1064)	人均一般公共预算收入(0.1060)		市辖区建成区人口密度(0.1322)	第二产业占第三产业的比重(0.1301)	职工基本医疗保险参保人数(0.1162)

续表

年份	城市	障碍因子			城市	障碍因子		
2012	衡阳	污水处理厂集中处理率(0.0708)	每万人公共图书馆图书总藏量(0.0703)	流动人口(0.0689)	岳阳	每万人公共图书馆图书总藏量(0.0745)	每万人普通高等学校学生数(0.0743)	人均地区生产总值(0.0724)
2013		每万人公共图书馆图书总藏量(0.0657)	人均地区生产总值(0.0621)	每万人普通高等学校学生数(0.0621)		每万人公共图书馆图书总藏量(0.0661)	每万人普通高等学校学生数(0.0654)	科技支出占GDP比重(0.0624)
2014		教育支出占公共财政支出的比重(0.0750)	市辖区GDP占全市GDP比重(0.0743)	每万人公共图书馆图书总藏量(0.0703)		科技支出占GDP比重(0.0721)	金融机构年末各项贷款余额(0.0668)	每万人医生数(0.0627)
2015		工业企业数(0.0723)	教育支出占公共财政支出的比重(0.0722)	科技支出占GDP比重(0.0701)		科技支出占GDP比重(0.0717)	职工基本医疗保险参保人数(0.665)	每万人普通高等学校学生数(0.0636)
2016		工业企业数(0.0825)	科技支出占GDP比重(0.0806)	市辖区GDP占全市GDP比重(0.0787)		市辖区GDP占全市GDP比重(0.0737)	教育支出占公共财政支出的比重(0.0714)	职工基本医疗保险参保人数(0.0681)
2017		流动人口(0.0874)	科技支出占GDP比重(0.0732)	市辖区建成区面积占市辖区面积的比重(0.0728)		工业企业数(0.0841)	教育支出占公共财政支出的比重(0.0769)	职工基本医疗保险参保人数(0.0740)
2018		流动人口(0.0848)	第二产业占第三产业的比重(0.0767)	职工基本医疗保险参保人数(0.0735)		教育支出占公共财政支出的比重(0.0910)	职工基本医疗保险参保人数(0.0834)	工业企业数(0.0732)
2019		第二产业占第三产业的比重(0.0976)	流动人口(0.0905)	职工基本医疗保险参保人数(0.0869)		教育支出占公共财政支出的比重(0.1115)	职工基本医疗保险参保人数(0.1104)	第二产业占第三产业的比重(0.0897)
2020		地区生产总值增长率(0.1702)	第二产业占第三产业的比重(0.1659)	职工基本医疗保险参保人数(0.1487)		市辖区建成区人口密度(0.1575)	教育支出占公共财政支出的比重(0.1556)	地区生产总值增长率(0.1484)

注：括号内数值为障碍因子的障碍度。

附表 5-6 各年份中部地区省域副中心建设城市活力障碍因素

城市	2012 年	2013 年	2014 年	2015 年	2016 年	2017 年	2018 年	2019 年	2020 年
大同	金融机构年末各项贷款余额 (0.2094)	工业企业数 (0.1486)	工业企业数 (0.1551)	工业企业数 (0.1670)	每万人普通高等学校学生数 (0.1446)	每万人普通高等学校学生数 (0.2107)	每万人普通高等学校学生数 (0.2241)	每万人普通高等学校学生数 (0.2885)	市辖区建成区人口密度 (0.3639)
长治	金融机构年末各项贷款余额 (0.1822)	职工平均工资 (0.1661)	科技支出占GDP比重 (0.1744)	地区生产总值增长率 (0.1455)	市辖区建成区人口密度 (0.1686)	市辖区建成区人口密度 (0.1619)	科技支出占GDP比重 (0.1996)	科技支出占GDP比重 (0.3106)	工业企业数 (0.4306)
临汾	每万人普通高等学校学生数 (0.2098)	地区生产总值增长率 (0.1885)	工业企业数 (0.2009)	地区生产总值增长率 (0.1732)	工业企业数 (0.1985)	工业企业数 (0.1892)	流动人口 (0.2049)	流动人口 (0.2798)	科技支出占GDP比重 (0.3107)
芜湖	流动人口 (0.1454)	流动人口 (0.1572)	每万人普通高等学校学生数 (0.1984)	每万人普通高等学校学生数 (0.2213)	流动人口 (0.2652)	流动人口 (0.2334)	每万人普通高等学校学生数 (0.2449)	工业企业数 (0.2244)	工业企业数 (0.3605)
赣州	每万人普通高等学校学生数 (0.1437)	每万人普通高等学校学生数 (0.1575)	每万人普通高等学校学生数 (0.1754)	流动人口 (0.1790)	流动人口 (0.2206)	流动人口 (0.2323)	流动人口 (0.2705)	流动人口 (0.3295)	地区生产总值增长率 (0.6135)

续表

城市	障碍因子 2012年	2013年	2014年	2015年	2016年	2017年	2018年	2019年	2020年
洛阳	科技支出占GDP比重（0.1554）	职工平均工资（0.1515）	科技支出占GDP比重（0.1828）	流动人口（0.1785）	流动人口（0.2223）	流动人口（0.2107）	流动人口（0.2470）	市辖区建成区人口密度（0.2991）	地区生产总值增长率（0.4316）
宜昌	每万人普通高等学校学生数（0.1698）	市辖区建成区人口密度（0.1756）	职工平均工资（0.1703）	每万人普通高等学校学生数（0.2463）	每万人普通高等学校学生数（0.2427）	每万人普通高等学校学生数（0.2128）	每万人普通高等学校学生数（0.2158）	市辖区建成区人口密度（0.2617）	人均一般公共预算收入（0.2293）
襄阳	流动人口（0.1733）	流动人口（0.1941）	流动人口（0.2398）	流动人口（0.2081）	流动人口（0.2097）	市辖区建成区人口密度（0.2041）	每万人普通高等学校学生数（0.2418）	市辖区建成区人口密度（0.2596）	市辖区建成区人口密度（0.2941）
衡阳	流动人口（0.1696）	每万人普通高等学校学生数（0.1512）	科技支出占GDP比重（0.1547）	工业企业数（0.1681）	工业企业数（0.1808）	流动人口（0.2093）	流动人口（0.2286）	流动人口（0.2117）	地区生产总值增长率（0.5139）
岳阳	每万人普通高等学校学生数（0.1605）	每万人普通高等学校学生数（0.1545）	科技支出占GDP比重（0.1701）	科技支出占GDP比重（0.1845）	每万人普通高等学校学生数（0.1647）	工业企业数（0.2100）	工业企业数（0.1787）	市辖区建成区人口密度（0.2432）	市辖区建成区人口密度（0.3515）

注：括号内数值为障碍因素的障碍度。

附表 10-1 省域副中心建设城市"六普"、"七普"人口数据

指标		时间	城市												
			长治	大同	临汾	芜湖	赣州	洛阳	宜昌	襄阳	衡阳	岳阳	汕头	湛江	柳州	桂林
人口总量层面	全市常住人口数(万人)	"六普"	333.46	331.81	431.66	226.31	836.84	654.99	405.97	550.03	714.83	547.61	538.93	699.48	375.87	474.80
		"七普"	318.09	310.56	397.65	364.44	897.00	705.67	401.76	526.10	664.52	505.19	550.20	698.12	415.79	493.11
	家庭户户数(万户)	"六普"	92.35	108.61	114.86	78.14	207.96	180.63	129.40	157.22	194.29	150.49	116.95	178.44	111.64	144.84
		"七普"	115.29	128.01	140.26	136.02	265.06	229.40	143.28	181.00	229.94	169.31	136.43	200.44	139.55	171.86
人口结构层面	户结构	平均家庭户人口数(人)	"六普"	3.41	2.94	3.55	2.59	3.81	3.48	2.91	3.27	3.48	3.37	4.32	3.74	3.16	3.11
			"七普"	2.59	2.27	2.67	2.46	3.07	2.85	2.65	2.71	2.67	2.76	3.66	3.30	2.75	2.68
	性别结构	总人口性别比(%)	"六普"	105.35	103.79	104.02	106.23	103.58	101.95	105.11	102.45	107.76	107.19	100.68	109.19	108.98	107.21
			"七普"	103.57	102.48	104.02	105.24	105.43	101.20	103.15	102.41	106.50	104.92	101.85	108.95	107.74	103.33
	年龄结构	0~14岁人口数(万人)	"六普"	58.46 17.53%	56.02 16.88%	77.68 18.00%	28.45 12.57%	205.85 24.60%	131.31 20.05%	44.13 10.87%	82.49 15.00%	146.06 20.43%	87.70 16.02%	119.58 22.19%	160.80 22.99%	63.73 16.96%	76.66 16.15%
			"七普"	52.43 16.48%	45.93 14.79%	68.99 17.35%	52.98 14.54%	207.16 23.09%	147.15 20.85%	47.07 11.72%	91.72 17.43%	139.58 21.00%	93.24 18.46%	122.60 22.28%	182.06 26.08%	79.24 19.06%	96.81 19.63%
		15~64岁人口数(万人)	"六普"	252.08 75.60%	249.12 75.08%	324.59 75.20%	173.50 76.66%	564.70 67.48%	470.56 71.84%	318.36 78.42%	420.83 76.51%	505.05 70.65%	409.96 74.86%	381.54 70.80%	476.96 68.19%	278.04 73.97%	349.48 73.61%
			"七普"	224.44 70.56%	220.93 71.14%	280.25 70.48%	252.75 69.35%	590.43 65.82%	467.02 66.18%	282.67 70.36%	356.04 67.68%	427.03 64.26%	336.17 66.54%	368.90 67.05%	432.79 61.99%	284.82 68.50%	323.24 65.55%

316

续表

指标		时间	城市												
			长治	大同	临汾	芜湖	赣州	洛阳	宜昌	襄阳	衡阳	岳阳	汕头	湛江	柳州	桂林
人口结构层面	年龄结构	65岁以上人口数（万人）	"六普"	22.91 6.87%	26.66 8.03%	29.39 6.81%	24.36 10.76%	66.28 7.92%	53.12 8.11%	43.47 10.71%	46.72 8.49%	63.73 8.92%	49.95 9.12%	37.81 7.02%	61.72 8.82%	34.10 9.07%	48.66 10.25%
			"七普"	41.23 12.96%	43.71 14.07%	48.41 12.17%	58.72 16.11%	99.41 11.08%	91.52 12.97%	72.02 17.93%	78.34 14.89%	97.92 14.74%	75.78 15.00%	58.71 10.67%	83.28 11.93%	51.74 12.44%	73.07 14.82%
		总抚养比（%）	"六普"	32.28	33.19	32.99	30.44	48.19	39.19	27.52	30.70	41.54	33.58	41.25	46.65	35.19	35.86
			"七普"	41.73	40.57	41.89	44.19	51.92	51.10	42.13	47.76	55.62	50.28	49.15	61.31	45.99	52.56
	人口质量层面	大学（指大专及以上）人口数（万人）	"六普"	24.71 7.41%	25.83 7.78%	29.93 6.93%	30.05 13.28%	38.39 4.59%	51.33 7.84%	35.71 8.80%	36.14 6.57%	42.62 5.96%	37.52 5.85%	23.04 4.28%	35.62 5.09%	32.64 8.68%	39.01 8.22%
			"七普"	48.50 15.25%	48.93 15.76%	54.89 13.80%	63.18 17.34%	83.83 9.35%	94.13 13.34%	60.57 15.08%	56.65 10.77%	59.27 8.92%	48.96 9.69%	45.42 8.26%	61.56 8.82%	57.58 13.85%	64.42 13.06%
		高中（含中专）人口数（万人）	"六普"	48.25 14.47%	56.51 17.03%	65.69 15.22%	34.63 15.30%	89.90 10.74%	100.44 15.33%	85.57 21.08%	87.62 15.93%	92.97 13.01%	125.83 22.98%	78.37 14.54%	93.45 13.36%	54.81 14.58%	62.82 13.23%
			"七普"	51.78 16.28%	53.34 17.18%	64.51 16.22%	49.48 13.58%	138.26 15.41%	123.04 17.44%	91.83 22.86%	88.74 16.87%	107.53 16.18%	129.54 25.64%	94.24 17.13%	97.64 13.99%	64.66 15.55%	69.86 14.17%
		初中人口数（万人）	"六普"	156.31 46.88%	141.63 42.68%	214.07 49.59%	75.08 33.18%	317.34 37.92%	287.04 43.82%	156.37 38.52%	242.58 44.10%	300.75 42.07%	209.87 38.32%	200.78 37.26%	289.41 41.38%	139.29 37.06%	185.54 39.08%
			"七普"	129.17 40.61%	118.66 38.21%	172.92 43.49%	108.13 29.67%	342.77 38.21%	281.36 39.87%	133.53 33.24%	201.23 38.25%	259.04 38.98%	168.47 33.35%	183.91 33.43%	257.54 36.89%	146.77 35.30%	175.01 35.49%

317

续表

指标		时间	城市											
			长治	大同	临汾	芜湖	赣州	洛阳	宜昌	襄阳	衡阳	岳阳	汕头	湛江	柳州	桂林
人口质量层面	拥有小学文化程度的人口数（万人）	"六普"	76.14 22.83%	78.46 23.65%	87.23 20.21%	60.76 26.85%	271.08 32.39%	144.78 22.10%	97.42 24.00%	122.48 22.27%	195.43 27.34%	127.83 23.34%	180.95 33.58%	197.86 28.29%	107.70 28.65%	134.84 28.40%
		"七普"	64.69 20.34%	66.94 21.55%	74.73 18.79%	98.84 27.12%	240.75 26.84%	138.19 19.58%	90.89 22.62%	131.17 24.93%	176.59 26.57%	113.46 22.46%	156.21 28.39%	180.79 25.90%	103.44 24.88%	131.37 26.64%
人口分布层面	城区常住人口数（万人）	"六普"	76.48	173.75	94.41	130.70	64.27	192.61	179.60	219.97	113.40	123.15	532.90	161.19	143.66	97.56
		"七普"	168.80 53.07%	203.02 65.37%	95.92 24.12%	239.53 65.73%	201.18 22.43%	225.05 31.89%	160.47 39.94%	231.96 44.09%	136.11 20.48%	133.57 26.44%	543.76 98.83%	193.15 27.67%	251.91 60.59%	172.59 35.00%
	城镇常住人口数（万人）	"六普"	139.50	182.21	176.03	147.50	314.16	288.84	202.41	275.24	318.09	251.96	368.97	256.57	216.69	184.02
		"七普"	179.61 56.74%	225.75 72.69%	211.45 53.17%	263.53 72.31%	496.17 55.31%	458.53 64.98%	256.20 63.77%	324.39 61.66%	360.65 54.27%	306.45 60.66%	389.02 70.71%	317.35 45.46%	290.77 69.93%	259.29 52.58%

后　记

窗外的蝉鸣将记忆拉回五年前的仲夏，2019年7月参加工作至今正好五年时光。如此，书稿的成文正好可视作职业生涯第一个五年的主要成果。"后记"应该写些什么？在博士论文同样的位置应该是"致谢"，所以表达谢意必不可少；在同类专著中，更多谈及对研究主题的展望，目前我的"功力"尚不足以提出值得学术界研究的深层次问题，却可以谈谈我五年来的学习感受。

在高等教育由精英化向大众化跨越的今天并不缺少高学历人才。而我能有机会主持长治市经济社会发展研究专项课题、开展社会调研、撰写研究书稿，首先要感谢长治学院党委、长治市委和市政府的大力支持，若没有学院与政府提供的科研平台与锻炼机会，或许我早已迷失在时代的洪流之中；其次要感谢我的博士生导师宋迎昌，工作后继续向他学习真正打开了我理论联系实际的大门；再次要感谢辛勤工作的同事与勤奋好学的学生，正是他们的无私帮助，才使我在"一五"时期就取得如此"硕果"；最后要感谢不弃不离、不怨不悔的家人，尤其是吾妻若宇，她更多承担了看护幼女、照顾家庭的重任，质量不高的书稿也作为送给她和女儿的礼物。时常觉得自己是个幸运的人，因为无论何时何处总有人给我帮助与关怀。一再的体会，一再的确信，是大家用爱心与宽容组成了"硕果"的点点滴滴。真心感谢大家！

从北京到长治不过600公里，回到学院工作最难适应的其实是研究对象的变化。博士阶段的研究对象通常是宏观视域下的城市与区域发展热点，工作后更多落脚于长治地方实际。如何在服务地方经济社会发展的同时，将地方问题上升到理论层面进而发现趋势与规律，长久以来一直困扰着我。2021年，在主持长治市经济社会发展研究专项课题"赣州省域副中心城市建设经验及对长治的启示"时，我依旧懵懵懂懂、亦步亦趋，所幸在宋老师的指导下顺利完成研究工作，结题报告中的主要内容也在书稿里有所展示。2022年，在主持长治市经济社会发展研究专项课题"平顺潞党参全产业链优化路径探究"时，我才仿佛找到了嫁接地方实际与学术理论的桥梁，即研究问题来自地方实际，但解决地方实际问题需要科学理论作指导，比照实地调研与科学理论即可发现制约地方经济社会发展的主要因素，继而借鉴先进地区经验，尝试提出解决地方实际问题的发展路径。那么，从地方实际演绎出的学术理论即是理论创新，可以促使自身不断提升理论素养；从学术理论与先进经验归纳出的地方重点发展方向即是实践创新，可以促使自身不断提升实践素养，这或许是"理论指导实践、实践验证理论"的一个维度。正是在这样的思路指导下，我持续围绕"省域副中心城市建设的理论与实践"主题，完成了书稿撰写。

大千世界，经济社会纷繁复杂，科学探索永无止境。1990年出生的我研究经验浅薄，知识储备不足，书稿中难免存在肤见谫识，恳请读者谅解，多提宝贵建议。

2024 年 6 月 30 日

图书在版编目(CIP)数据

省域副中心城市建设的理论与实践/任杲著.北京：社会科学文献出版社，2024.12. -- ISBN 978-7-5228-4344-5

Ⅰ.F299.21

中国国家版本馆 CIP 数据核字第 2024YY9758 号

省域副中心城市建设的理论与实践

著　　者 / 任　杲
出 版 人 / 冀祥德
责任编辑 / 陈　颖
责任印制 / 王京美

出　　版 / 社会科学文献出版社·皮书分社（010）59367127
地址：北京市北三环中路甲 29 号院华龙大厦　邮编：100029
网址：www.ssap.com.cn
发　　行 / 社会科学文献出版社（010）59367028
印　　装 / 三河市龙林印务有限公司
规　　格 / 开　本：787mm×1092mm　1/16
印　张：20.5　字　数：312 千字
版　　次 / 2024 年 12 月第 1 版　2024 年 12 月第 1 次印刷
书　　号 / ISBN 978-7-5228-4344-5
定　　价 / 108.00 元

读者服务电话：4008918866

▲ 版权所有 翻印必究